学級経営サポートBOOKS

豊富な実例ですべてがわかる！

中学校 クラスが輝く 365日の学級通信

川端 裕介 著

明治図書

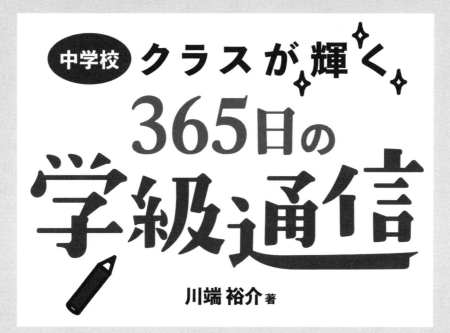

まえがき

かつて，私はある生徒のクリアファイルがプリントで膨らんでいるのを見つけたことがありました。プリントを整理するように指導すると，その中に学級通信がありました。数週間前に発行したものです。見つけた時は，悲しく，悔しい気持ちになりました。それと同時に「生徒が大切にしたくなる通信や，保護者が読みたくなる通信を書けないものか」と考えるようになりました。それが，学級通信に工夫を図ろうとしたきっかけです。

現在，私にとって学級通信は教師としての最大の武器であり，学級経営を行う上で不可欠のツールになりました。通信に力を入れるようになってから，生徒の反応が変わりました。真剣に，時には目を輝かせて通信を読んでくれます。また，発行を心待ちにしてくださる保護者もいます。卒業式の際に，保護者の代表の方から次のような言葉をいただいたことがあります。

「『亀の湯』最高でした。毎週月曜日に発行される学級通信をとても楽しみにしておりました。もう読めなくなると思うと残念でなりません。学校での子どもたちの様子がよくわかり，先生が子どもたちに寄り添い，見守って下さっていると伝わって来ました。感謝の気持ちでいっぱいです。本当にありがとうございました。」

卒業式でこのような言葉をもらえることは，感無量です。教師をしていて良かったと，心から思えました。学級通信が，保護者や生徒と心を通わせるための大切なものになりました。

私の学級通信は，斬新なアイディアや特別な工夫にあふれているわけではありません。他の先生方の通信から技を学び，自分なりの工夫を付け加えているだけです。私の通信の持ち味は，自分なりに工夫を徹底していることと，事前に発行方針と発行計画を立て，必要に応じて修正を図りながら，1年間を通じて工夫を継続していることにあります。

本書で紹介する実例は，八雲町立熊石第二中学校の学級通信「ジャンプ」（2013年度）と「喜怒哀楽」（2014年度），函館市立亀田中学校で発行した学級通信「亀の湯」（2015年度・2016年度），「根っこ」（2017年度）です。熊石第二中学校は全校生徒が30名に満たない小規模校であり，亀田中学校は全校生徒が700名近くにのぼる大規模校です。実例を見ると，学校の規模の大小に関わらず，学級通信の工夫は可能であると実感できると思います。

また，過去に発行した通信の中から選りすぐった結果，3年生の実例が多くなりました。しかし，3年生の例であっても，すべての学年や小学校にも共通する工夫を含んでいます。

学級経営に自信がもてない先生こそ，学級通信に力を入れましょう。すぐに，生徒と保護者の反応が変わります。そして，工夫を続けると，生徒は自己有用感を高め，学級への所属感と愛着を深めます。また，保護者は学級のことを力強く応援してくれるようになります。本書を手にした先生方に，学級通信の魅力と意義が伝われば幸いです。

2018年2月

川端　裕介

目　次

準備編

学級通信作成のヒント

実践編

4月の学級通信

5月の学級通信

6月の学級通信

7月の学級通信

8月の学級通信

9月の学級通信

10月の学級通信

11月の学級通信

12月の学級通信

1月の学級通信

2月の学級通信

3月の学級通信

学級通信作成のヒント

準備編

学級通信作成の道のり

1 熱意と工夫が信頼を生む

学級通信の発行は，教師が絶対に行わなくてはいけない仕事ではありません。そのため，先生方によって，形式や内容，発行の頻度はまちまちです。だからこそ，工夫の余地があります。

私の場合は，学級通信を学級経営の柱として位置付けました。なぜなら，通信は学級の記録として生徒と保護者の手元に残るからです。教室の中での言葉による指導を補完し，学級経営を充実，発展させるために，学級通信を最大限に活用しようと考えました。

学級通信に熱意を込めて様々な工夫を図ると，学級が変わります。生徒は通信を手にするのを楽しみに待ち，配布すると熱心に読んでくれます。また，通信に掲載されることを意識して，作品の制作にそれまで以上に力を入れてくれる生徒も出てきます。

保護者の反応も変わります。生徒が保護者に通信を渡さないと「今日，学級通信が出る日でしょ！　早く見せなさい！」と声かけをしてもらえた家庭もありました。保護者間でSNSを利用して通信が出たことを確認している例もありました。保管のためにファイルを用意していただいた家庭もあれば，生徒と保護者で通信の「取り合い」になったという話も聞いています。

▲　このような良い表情で読んでくれるから，通信の工夫はやめられません。

熱意と工夫をもって学級通信を変えると，学級が変わります。担任と生徒，生徒同士，そして担任と保護者との信頼の糸が驚くほど太くなります。次項からは，工夫のあり方を具体的に紹介します。

2 発行方針を固める

教科指導や生徒指導と同様に，学級通信の方針がぶれることは生徒や保護者の信頼を損ねます。そこで，年度初めの学級開きの準備をする間に，学級通信の発行方針を固めましょう。

私の場合，学級経営の根幹に学級通信を位置付けるという大原則を立てています。したがって，学級通信の第１号では学級経営の方針を必ず伝えるようにしています。その上で，学級通信の１～３号くらいまでの早い段階で，発行方針を生徒・保護者に向けて明示します。例えば，2017年度は「わかる・読まれる・参加する」というスローガンを発行方針にしました。

3 発行計画を立てる

どのくらいの間隔で通信を発行するか，計画を立てるのはもちろん，生徒や保護者にも明示すべきです。私の場合，学級通信の第１号の裏面には，発行日と予定内容を公表しています。発行日は原則として週の初めとし，予定内容には学校の年間計画などを参考に，行事や道徳・総合・特活などを掲載しました。おそらく，通信では他に例を見ない工夫だと思います。それゆえに，学級が始まる４月の段階で，生徒や保護者から信頼を得るきっかけとなります。

発行計画を明示するようになって４年，合計で200号近くの通信を発行しましたが，発行日を変えたり号数を減らしたりしたことはありません。内容については，予測できずに変更することもあります。その際は，裏面に次号予告を載せるので，そこで修正してお知らせします。

4 必要に応じて改善する

学級通信の内容と形式は，発行方針や発行計画と矛盾しない範囲で，必要に応じて年度の途中でも改善するようにしました。とくに，2016年度までは学級通信のコンクールに応募していたので，他の入賞作を参考にしたり，自分の作品への助言を生かしたりして，内容や形式を修正しました。例えば，囲み記事に使う罫線の太さなど，細かな所も改善を図りました。

他にも，保護者からの意見を参考にしました。例えば，懇談や電話連絡などの機会に合わせて通信の感想を尋ねて，家庭学習に関する話題を載せてほしいと言われた時には特集を組み，「この文字が読みづらい」と言われればフォントを変えるなど，改善しました。また，他の学級や学校の先生方の通信からも，参考にできる記事はないか，情報収集に努めました。改善を続けた結果，自分の発行方針をよりいっそう具現化した通信へと磨き上げることができました。

5 責任をもって発行を継続する

学級通信は必須の仕事ではないため，一般的には急な生徒指導や家庭訪問の必要が生じたり，他の仕事に追われたりしていると，後回しになりがちです。とくに，時間割の連絡を兼ねて金曜日に発行する場合，前日に急な仕事が入ると，発行が難しくなります。しかし，通信がいつ出るかわからないと，生徒はもちろん，保護者は通信への関心を低下させるでしょう。また，私たち教師は生徒に対して普段から計画の大切さを伝えなければいけない立場でもあります。

そこで，私は週明けの月曜日（祝日の場合は翌日）に発行するようにしています。平日の後半から記事をまとめ，万が一仕事が入っても（良くない働き方かもしれませんが）休日に通信を仕上げることができます。また，発行計画を示すことで責任はいっそう高まります。

さらに，週末の発行だと，通信の内容を週が明けると生徒が忘れていることもありますが，月曜発行だと当然生徒の記憶に残っています。したがって，週のはじめに通信を読むと，生徒が学級の課題や担任の思いを忘れずに，行動をすぐに改善できるという良さもあります。責任をもって継続して発行することが，生徒・保護者からの信頼獲得と学級の成長につながります。

学級通信作成のヒント

1　学級経営の柱にしよう！

1　学級目標と関連付ける

学級目標は，学校の方針と担任の学級経営方針をふまえながら，生徒の意見を元に作成するものです。そこで，学級通信では積極的に学級目標との関連を図ることで，学級目標の達成に向けて生徒の意識をまとめることができるようになります。

学級目標の決め方も大切です。学級経営とかけ離れた目標は，避けるべきです。学級目標を決める際に，学校の方針や担任の願いを明示した上で，生徒に話し合いをさせましょう。

学級目標が決まると，私の場合は通信の中に目標を入れます。さらに，見出しには積極的に目標の文言を組み込むようにしています。また，記事でも「学級目標の～に，また一歩近づいた」という表現などを多く用いるように心がけました。そのような工夫を図ることで，生徒は学級目標を念頭に置きながら学校生活を送るようになります。他にも，定期的に学級目標の達成度に関するアンケートを行い，その結果を紙面で紹介する方法なども良いでしょう。

2　日常生活や行事のねらいを示す

学校行事の意義や，学習や学校生活に対する望ましい姿勢について，学級通信で繰り返し伝えることが大切です。学級通信では終わった出来事ばかり伝えがちですが，事前に通信で教育的な意義について伝えることで，生徒はねらいを理解し，前向きに取り組むようになります。

例えば，合唱コンクールに向かって，集中力を欠いた練習に危機感を抱き，練習への姿勢を変えた生徒がいたとします。その生徒を意図的に通信に取り上げて認めることで，他の生徒の練習への姿勢が変わることがあります。話すだけよりも，通信で文字にすることが効果的です。

3　学級の成果と課題を明確にする

学級通信を作成する時間は，自分の学級経営や課題を振り返る，貴重な時間でもあります。通信によって，頭の中が整理され，学級経営の方針がさらに明確になるものです。

私は普段の学校生活や行事に関して，丁寧に学級の到達点と課題を明示し，担任の考えを伝えます。ただし，個別の生徒の問題行動など，生徒指導に関する内容は掲載を避けます。別に隠蔽するわけではなく，特定の生徒の問題を記録に残る形で伝える必要がないからです。一方，学級全体に関する内容は，成果も課題も積極的に掲載します。通信を読むことで，生徒一人一人が，自分のためや学級のためにすべきことを理解できるように工夫しています。そして，生徒・保護者が学級経営方針を理解し，連携して学級づくりを進めることにもつながります。

学級通信作成のヒント

2 形式を整えて読まれる通信にしよう！

1 レイアウトを工夫する

私たち教師は，授業でも生徒指導でも，何を伝えるかと同じくらい，どのように伝えるかということに工夫を図ります。伝え方で，教育的な効果が変わるからです。しかし，学級通信などの配布物については，伝え方の工夫が不十分のように感じます。通信で最も一般的なのはA4サイズの横書きのベタ組みですが，意外と読みづらく，生徒も保護者も印象に残りません。

そこで私が採用しているのが，新聞型の通信です。紙面の一覧性が高く，見出しやリード文によって伝えたいことが一目でわかるからです。改善を重ねながら，現在の形式に落ち着きました。また，読みやすくするために，本文の文字の間隔は広めにしています。また，イラストのカットのような「定番」は避けます。「普通の通信と違う」という感覚をもってもらえます。

なお，新聞型といっても，新聞とすべて同じではありません。例えば，新聞では左上は「タタミ」といい，罫線は左右のみですが，私はすべて罫線で囲みます。記事の位置を下げることがあり，囲んだ方が読みやすいからです。発行方針に沿って，最善の形式を決めましょう。

2 掲載情報を明確にする

学級通信に掲載する情報は，あらかじめ決めておきます。私の場合は，学級経営の内容に関わることとして，学級全体や生徒の成長と課題，学校の諸活動の意義や活動の様子，生徒や保護者の意見，担任の考えなどを掲載するようにしています。

時間割や事務的な連絡などは，現在は一切掲載せず，必要に応じて別途連絡します。とくに，時間割は載せてしまうと，生徒が保管し続けて保護者に見せないという問題が起きやすくなります。事務連絡の手段は他にもあるので，通信は学級経営に関する内容に特化させるべきです。生徒や保護者が，読むことで学級の様子や目指す方向性を理解できる通信にしましょう。

3 色を工夫する

私の場合は，2015年度の一時期を除き，通信をすべてカラーで印刷しています。モノクロに比べると写真が映え，読み手に与える印象は大きく変わります。ただし，カラーの場合はつい文字や罫線などに色を多用しすぎて，かえって見づらくなるおそれもあります。

現在の私の場合は，トップ記事の見出しは黄色で，他の見出しと本文は黒，罫線や見出しの背景は緑にし，派手になりすぎないようにしています。また，掲載する写真の色は，落ち着いたトーンになるように工夫しています。見やすく，読んでも疲れない紙面を心がけています。

学級通信作成のヒント

3　感動できる通信にしよう！

1　シャッターチャンスを逃さない

やはり文章だけの通信よりは，写真を活用した方が伝えたいことが明確になります。ただし，必ずキャプションを付け，本文でも写真に触れることで，写真を掲載した意図が伝わるようにします。紙面の余白を埋めるために写真を掲載するような，意図が伝わらない使い方は避けます。また，節目の行事などを除いては全体が写っている写真は使わず，１人または数人の生徒が写っているものを選びました。その方が，躍動感が伝わりますし，その写真を選んだことについての担任の思いが伝わり，選ばれた生徒や保護者の心にも残ると考えるからです。

また，行事の時を中心に普段からカメラを持ち歩くようにしました。担任だからこそ，生徒の行動の予測ができることがあるからです。生徒理解に基づいて予測を立て，生徒の活躍の瞬間や素敵な表情を捉えるために，シャッターチャンスを逃さないようにしました。

2　輝く姿を見逃さない

学校行事や部活動の大会などでの華々しい活躍だけでなく，普段の生活の中で見落とされがちな生徒のがんばりや，仲間に対するさりげない心遣いなども，紙面を通して紹介するように心がけています。そうすると，次第にお互いを認め合う風土が，学級の中に形成されます。また，紙面に自分が取り上げられることで，自信を深めた生徒もいました。学級通信を通して生徒が自己有用感を深め，学級に支持的風土が醸成される効果があります。

また，発信者として常にアンテナを張り，生徒の行動を観察すると，生徒理解が深まる効果もありました。結果的には，年間約50号の学級通信で，特定の生徒ばかりが登場するのではなく，どの生徒も複数回登場するようになります。

3　見出しに思いを込める

見出しは，記事の中で最も伝えたい言葉を生かし，表現を工夫して，興味を引くようにしましょう。例えば，私は合唱コンクールの成果を伝える通信で「結果は銀　努力は金　一体感はグランプリ」という見出しにしました。単に「合唱コンクール銀賞！」などの見出しにするよりも，読む人の関心を引きますし，伝えたいことが明確になります。新聞でいえば，社説などの見出しが参考になります。慣れるまでは，時間をかけて何度も推敲することが大切です。

また，見出しを写真と効果的に組み合わせましょう。「これぞ！」という写真を撮影できた場合，写真に負けない見出しを付けることで，生徒の成長の瞬間を的確に伝えることができます。

学級通信作成のヒント

4 双方向性をもたせよう！

1 生徒の意見や作品を精選する

学級通信は，担任と生徒や担任と保護者をつなぐ，最大のコミュニケーションの手段になります。あまり良くない学級通信の例として，事務連絡ばかりで伝えたいメッセージが不明瞭なものもありますが，逆に担任の思いばかりを書きすぎて，生徒と気持ちが乖離している通信も目にします。後者については，通信に力を入れている先生ほど，陥りやすいように感じます。

そこで，私の場合は，生徒一人一人の輝きが伝わるように，顔の見える記事づくりや，状況が思い浮かぶ文章を心がけ，生徒の発言や行動を積極的に紹介します。その際に，なぜその発言や行動に価値があるのか，担任の立場からの具体的な評価を加えながら記事にまとめます。

また，記事の中に生徒の発言を引用したり，優れた作文や作品を掲載したりしています。とくに，学級会など学級全体のことに関わる意見は，丁寧に取り上げます。それによって，生徒がより良い学級づくりや学級目標の達成を目指して，主体的に考えて行動するようになります。

さらに，裏面で学活や道徳の時間を取り上げ，生徒の様子を伝え，感想には選りすぐったものを紹介します。同時に，掲載を判断した基準も示します。このような工夫を図ることで，選ばれた生徒は自信を深めます。また，掲載された意見を目にすることで，どのような姿勢や行動，あるいは作品が望ましいのか，他の生徒と保護者も理解し，納得するようになります。

2 保護者が参加する通信にする

保護者との連携を深めるために，保護者を学級通信の読者だけではなく，参加者にもしたいと私は考えています。そのために，まずは保護者ができる限り目を通してくれるように，通信の魅力を高める工夫をしています。何かと忙しい月曜日の発行ながら，その日の内に読んでくれる保護者もたくさんいます。学級経営への保護者の理解も深まります。学級通信の工夫を図り続けると，保護者は学級にとって大きな力を与えてくれる存在だと再認識できます。

その上で，懇談会などでの発言や，生徒の家庭での様子に関するコメントを通信に掲載し，保護者が学校や生徒のことをどのように考えているのか，紹介するようにしています。多くの保護者が，保護者だからこそ書けるような，生徒の心に響くメッセージを寄せてくれます。

さらに，例えば生徒の悩みに保護者が答えるような，保護者参加型の企画も実施しています。教師や自分の保護者ではなく，他の大人が自分たちの悩みに答えてくれたことに，生徒は感激していました。学校・家庭のコミュニケーションの促進に，大いにつながります。学級通信を通して，生徒・保護者・教師が一体となった学級をつくりあげることができます。

4月の学級通信

実践編

■3年生　■「亀の湯」第1号表（2016年4月7日発行）

実例 1

安心と夢いっぱいの教室に

2016年4月7日（木）　函館市立亀田中学校　3年6組　学級通信「亀の湯」　第1号

安心と夢いっぱいの教室に

亀の湯

第1号
函館市立亀田中学校
発行　3年6組学級担任　川端裕介

3年6組学級目標
（まもなく決定）

温泉のような学級
未来へ歩み出す三十七名

中学校生活最後の一年間が始まりました。目指すのは、六組全員が安心して過ごせる学級です。安心感に包まれながら、三十七名の皆さんが仲間と共に未来へ向かって歩き出せるように、私は全力で皆さんを支えます。

三年六組三十七名の皆さん、一年間よろしくお願いします。この学級通信「亀の湯」を読んでいる今、皆さんの胸の中には、新しい環境への不安があるかもしれません。よくわかります。

その**不安を安心へと変える**のが私の役目だと考えます。仲間と同じ時を過ごす中で、お互いを理解し合い、安心できる学級へ成長させましょう。目指すのは、**教室にいるとほっとするような学級です。まるで温泉に入っている時のように、リラックスして自分を出せる場所。三年六組を、皆さんにとっても、私にとっても大切な空間にしたいと考えます。**

また、この一年は中学校生活最後の一年でもあります。学校生活を送る中で、進路への不安が徐々に増すことでしょう。その不安を乗り越えるためには、仲間の存在が不可欠です。共に励まし合いながら、人生の大きな山場を乗り切ってほしいと思います。

受験を乗り切るためには、仲間や家族の存在に加え、夢の存在も大切です。皆さんは、夢を口に出すのが恥ずかしい年頃でしょう。しかし、夢は努力の源泉です。夢を語る雰囲気や、仲間の夢を認めて応援する雰囲気を、学級に育みたいと考えます。目指すのは、**夢いっぱいの教室**です。

また、夢の実現に向け、目標を立てましょう。それは、本校が掲げる「未来の力」の獲得にもつながります。

二〇一七年三月十五日。卒業の日に、「六組で良かった。六組にいたから卒業してもがんばることができる。」と感じられるように、一緒にがんばりましょう。

夢の後押しを共に　保護者の皆様へ

一年間、三年六組の学級担任を務めさせていただきます、川端裕介（かわばたゆうすけ）と申します。現在三十四歳で、四歳と二歳の育児にてんてこ舞いの父でもあります。親としては保護者の皆様の後輩ですが、教師として、六組三十七名の未来のために力を尽くす覚悟があります。よろしくお願いします。

さて、これからの一年、生徒たちはこれまでにない不安や葛藤に悩み、苦しむかもしれません。受験が控えているからです。この大きな壁を乗り越えるためには、周囲の大人による、温かくも厳しい支えが不可欠です。生徒が中学校生活に満足し、思い描く夢の実現へ一歩を踏み出すための後押しをしたいと、私は考えています。子どもたちの夢の実現に向けて、共に歩んでいきましょう。

夏につながる音色
吹奏楽部定期演奏会　大成功

吹奏楽部の定期演奏会でリズムを刻む陽加里さん

春休みの間、六組の皆さんは新年度に向けて思い思いの形でリフレッシュを図ったと思います。一方で、部活動や学習に打ち込む人もたくさんいました。

吹奏楽部は、三月二十七日（日）に定期演奏会を行いました。六組では武さん、天斗さん、悠太さん、陽加里さんがクラシックからポップな曲まで、素晴らしい音色で演奏していました。今後の活躍が楽しみです。

共に歩む　37＋1名

大田　武さん	中村倫太郎さん	佐藤陽加里さん
大塚　翔天さん	長谷川佑樹さん	柴田古乃実さん
大塚　倭さん	麓　天斗さん	白石　花心さん
川浪　潤也さん	松居　航大さん	谷口　愛子さん
木下　侑汰さん	峯山　大輝さん	塚田　琉香さん
木村　圭吾さん	吉井　晴歩さん	土谷　玲愛さん
小向　将吾さん	板橋　紀佳さん	年代　麻優さん
坂田　和希さん	梅岡　萌乃さん	平沢　綺さん
佐々木悠太さん	蠣崎　茉惟さん	古川　美月さん
角　雄太郎さん	笠谷梨々香さん	増田璃梨加さん
高館　航稀さん	金澤亜由美さん	森　遥菜さん
時田　悠宇さん	○○○○○さん	
中野　敦史さん	川村　まみさん	担任　川端裕介

【格言～未来へ歩む参考に～】人生は奇跡ではない、軌跡である。（種田山頭火『砕けた瓦』より）

本校では「未来の力の育成」を掲げ、学級では夢を育み、目標を明確にしてほしいと考えています。そこで、この欄では未来や夢に関する格言を紹介します。

第1号では，学級経営の方針が生徒と保護者に明確に伝わる内容にします。この例では，安心と夢をキーワードにしています。また「温泉のような」という表現で，タイトル「亀の湯」とも関連させています。さらに，3年生の場合は卒業式の日を意識させる文章も入れています。

実例 2

■3年生　■「亀の湯」第1号裏（2016年4月7日発行）

「亀の湯」も未来を見据え

２０１６年４月７日（木）　　函館市立亀田中学校　３年６組　学級通信「亀の湯」　　第１号

「亀の湯」も未来を見据え

学級通信「亀の湯」は、以下の発行計画に従って週に１回（原則月曜日）、１年間発行する予定です。事前に計画を提示するねらいは２つあります。１つ目のねらいは、生徒の皆さんに１年間の見通しをもってもらうことです。中学校生活最後の１年を、これまでよりも計画的に過ごしてほしいという思いがあります。また、すべてではありませんが、学活や道徳の予定も記入しました。「亀の湯」では道徳の時間などの様子も積極的に紹介します。

もう１つのねらいは、保護者の皆様に事前に発行予定を理解してもらい、生徒の渡し忘れを防ぐことです。万が一、発行予定日に学級通信が渡されない場合は、お子さんに「亀の湯は？」と尋ねていただけると助かります。

号数	発行予定日	学級通信の主な内容（予定）
1	４月　７日（木）	目指す学級の姿／学級通信発行計画／6組メンバー紹介／春休み中の生活
2	４月１１日（月）	学級目標／対面式／学級組織づくり
3	４月１８日（月）	授業参観／認証式／「亀の湯」の意味／１０日間の様子
4	４月２５日（月）	部活動発足式／連休中の過ごし方／道徳「集団と役割」／作文「最高学年になって」
5	５月　２日（月）	保護者懇談を終えて／ピクチャーコラージュ／夢マップ
6	５月　９日（月）	修学旅行事前準備／連休中のがんばり／道徳「希望に向かって」
7	５月１６日（月）	生徒総会／修学旅行に向けて／道徳「郷土への思い」／掲示物作成
8	５月２３日（月）	修学旅行特集／体育大会に向けて
9	５月３０日（月）	体育大会に向けて／学級目標完成／修学旅行を振りかえって／避難訓練
10	６月　６日（月）	体育大会を終えて／期末テストに向けて
11	６月１４日（火）	陸上大会を終えて／期末テストに向けて／道徳「仕事に生きる」
12	６月２０日（月）	期末テスト３日前／中体連総合大会に向けて／コンセンサスゲーム／朝の１分間トーク
13	６月２７日（月）	期末テストを終えて／道徳「限りある命」
14	７月　１日（金）	中体連総合大会直前／道徳「仲間への感謝」
15	７月１１日（月）	中体連総合大会特集／期末テストの保護者のコメントから
16	７月１９日（火）	１学期を振り返って／学級目標達成度調査
17	７月２２日（金）	夏休みに向けて／学級懇談会／１学期の思い出
18	８月　６日（土）	夏休み中の生活（暑中見舞い）
19	８月１７日（水）	２学期について／夏休み中の生活／吹奏楽コンクール
20	８月２２日（月）	実力テストに向けて／高校学習に向けて／夏の思い出
21	８月２９日（月）	実力テストを終えて／高校学習会／夏休みの生徒反省と保護者の声
22	９月　５日（月）	最後の美原祭への準備開始／Ａ・Ｂ・Ｃテストの季節／夢マップ２／進路学習まとめ
23	９月１２日（月）	美原祭特別時間割開始／合唱集会／総合Ａテストに向けて／道徳「心のふれあい」
24	９月２０日（火）	最後の合唱へ向けて／総合Ａテストを終えて／道徳「愛情について」
25	９月２６日（月）	合唱直前／道徳「友情に支えられて」
26	９月２９日（木）	明日の美原祭に向けて
27	１０月　３日（月）	美原祭特集／折り返し地点
28	１０月１１日（火）	中間テストを終えて／総合Ｂテストに向けて／美原祭作文紹介／道徳「自律」
29	１０月１７日（月）	生徒会のバトンタッチ／進路を固める時期に／半年を振り返る
30	１０月２４日（月）	全国音研に向けて／学問の秋にしよう／道徳「家族愛」
31	１０月３１日（月）	二者面談を終えて／期末テストに向けて／道徳「友情」
32	１１月　７日（月）	全国音研を終えて／最後の実力テストに向けて
33	１１月１４日（火）	総合Ｃテストを終えて／期末テストに向けて／入試への第一歩
34	１１月２１日（月）	期末テストを終えて／道徳「生きがいを求めて」
35	１１月２８日（月）	進路決断の時／道徳「人間の悲しみ」
36	１２月　５日（月）	第２回学級目標達成度調査結果／自分を理解して進路を実現しよう
37	１２月１２日（月）	入試に向けて／クリスマス企画
38	１２月１９日（月）	願書完成へ／綱引き大会／道徳「情報モラル」
39	１２月２２日（木）	２学期を振り返って／３学期に向けて／冬休みの過ごし方
40	１月　１日（日）	２０１７年について（年賀状）
41	１月１７日（火）	中学校生活のまとめ／冬休み中の生活／学年末テスト
42	１月２３日（月）	すべてのテストを終えて／入試に向けて／道徳「自分の生き方」
43	１月３０日（月）	入試に向けて／公立倍率発表／道徳「人類愛」
44	２月　６日（月）	いよいよ入試／「未来の力」の育成のために／夢マップファイナル／節分
45	２月１３日（月）	私立入試直前／別れと旅立ちまで１か月／道徳「命をいとおしむ」
46	２月２０日（月）	私立入試を終えて／卒業文集／道徳「思いやり」
47	２月２７日（月）	公立入試に向けて／道徳「自然を守る」
48	３月　６日（月）	公立入試直前／道徳「母校愛」／未来を見据えて
49	３月１３日（月）	学級目標を達成できたか？／入試を終えて／卒業式に向けて／道徳「感謝」
50	３月１５日（水）	卒業

次回（第２号）の予告…学級目標／対面式／学級組織／「亀の湯」の意味　他（４月１１日（月）発行予定）

私の通信では，第１号で発行計画（発行日と内容）を明示します。保護者の信頼を得るきっかけになると共に，生徒が渡し忘れても保護者の方から声をかけてくれるようになります。なお，発行計画を示すようになってから４年が経ちますが，発行日の変更は一度もありません。

実例

3 未来の力の根をはろう

1年生　「根っこ」第1号表（2017年4月6日発行）

2017年4月6日（木）　函館市立亀田中学校　1年1組　学級通信「根っこ」　第1号

未来の力の根をはろう

根っこ

第1号
函館市立亀田中学校
発行 1年1組学級担任 川端裕介

1年1組学級目標
（まもなく決定）

土台作りの一年に 安心しながら伸び伸びと

一年一組の皆さん、入学おめでとうございます。ようこそ、亀田中学校へ。皆さんが安心感をもって学校生活を送ることができるように、担任として全力で支えます。安心感の中で伸び伸びと中学校生活の土台を身につけましょう。

一年一組三十六名の皆さん、一年間よろしくお願いします。この学級通信「根っこ」を読んでいる今、皆さんの心の中には、中学校生活への期待と同じくらい、不安があるかもしれません。

その不安を安心へと変えるために、まずは亀田中学校での生活に慣れましょう。大丈夫です。私が支えます。

そして、この仲間たちと同じ教室で一緒に経験を重ねる中で、安心できる学級へ成長させましょう。私が目指すのは、教室にいると誰もが「ほっ」とするような学級です。

一年間、三十六人で笑い合い、そして励まし合いながら、絆を深めて、偶然の出会いを運命へと変えましょう。本物の仲間になってほしいと願います。

そして、未来の自分や未来の仲間、未来の家族に役立つ力を、中学校の三年間で磨きましょう。この一年は、その土台づくりの時です。三十六人それぞれが、かけがえのない存在であり、すばらしい個性をもっていることでしょう。**教室で、一組全員が安心感に包まれながら、伸び伸びと個性を発揮できるように**、担任としてできる限りのことをします。

そして、中学校生活で意識してほしいことがもう一つあります。それは、**将来の夢**です。夢は、学校生活の活力になります。そこで、この一年で将来の夢を少しずつ明確にさせましょう。そして、教室で仲間と夢を語り合いましょう。

この一年間を、皆さんの人生にとって宝物といえる年にします。そして、一組を大切な居場所にします。一緒にがんばりましょう。

「根っこ」に込めた意味 中学校生活の基本の確立

一年一組の学級通信のタイトルは「根っこ」です。昨年までの二年間は「亀の湯」というタイトルだったのですが、一年生を担任するにあたり、一新させました。

タイトルの「根っこ」に込めた意味は、この一年間で中学校生活の「根っこ」、すなわち基本を身につけてほしいからです。中学校で過ごす時間は、小学校の半分です。しかし、中学校で経験することの密度は、小学校と同等かそれ以上です。義務教育最後の三年間は、それだけの重みがあります。**思春期の嵐の中でも折れないだけの芯の通った人になるために、深く、広く、強い「根っこ」を張ってほしい**と思います。そのような願いを学級通信のタイトルに込めました。ゆっくりと、しかし、確実に中学校生活の基本を身につけましょう。

子どものために歩みを同じく 保護者の皆様へ

保護者の皆様、一年一組の担任を務めさせていただきます、川端裕介と申します。亀田中学校に赴任して三年目、教職に就いて十二年目になります。また、五歳と三歳の育児に頭を悩ませる父でもあります。親としては保護者の皆様の後輩ですが、教師として、生徒の安全と未来のために、全力を尽くす所存です。どうぞよろしくお願いします。

さて、生徒たちは中学校に入学し、これまでにない不安や葛藤を経験するかもしれません。思春期の難しい時期を乗り越えるためには、周囲の大人による厳しくも温かい励ましの言葉が不可欠です。学校と保護者の皆様が歩みを同じくし、子どものために同じ方向を見ながら、教育活動に取り組みたいと考えます。

入学当初の大きな課題は、中学校生活に慣れ、学習面と生活面の両方で基礎・基本を定着させることです。とくに、家庭学習の習慣化が大切です。ご家庭では学校での出来事の話を聞きつつ、家庭学習を促すように声かけなどのご協力をお願いします。

亀中大好き３５歳

学級担任の自己紹介をします。川端裕介（かわばたゆうすけ）、３５歳です。休日は、長男の千太（せんた）と次男の文也（ふみや）、この２人の幼稚園児と遊んでいます。職業柄、休日は決して多くはありませんが…。

亀田中学校には、２年前に赴任しました。最初は生徒も先生方も大人数で、戸惑うこともありました。しかし、普段の学校生活で生徒が生き生きと過ごす姿や、エネルギーの溢れる行事を体験し、戸惑いは消え、（職員が言うのはおかしいかもしれませんが）亀田中学校が大好きになりました。1組の皆さんや保護者の皆様にも、ぜひ亀田中学校の良さを実感してもらえるように、がんばっていきたいと思います。

【勇気の出る格言】●●●●●●●●●●●●●●●●●●●●●●●●●●（●●●●：ドイツの哲学者）
※この欄では、世界や日本の偉人たちが残した言葉の中から、勇気や元気が出るものを厳選して紹介します。

入学式後の学活で配布した通信です。新入生と保護者に，学級経営方針を明確に伝えることを意図しました。見出しの「根をはろう」や小見出しの「土台作り」も，タイトル「根っこ」と関連付けました。中学校生活の基本を身につけることの大切さを，強調しています。

2年生　「ジャンプ」第1号表（2013年4月8日発行）

実例 4　飛躍の一年であれ

第1号　八雲町立熊石第二中学校　2年A組　学級通信「ジャンプ」　2013年4月8日（月）発行

飛躍の一年であれ

ジャンプ

第1号
熊石第二中学校
発行　川端裕介

「またこの十人の担任ができて、うれしい。」

それが、今の率直な気持ちです。「幸せな一年間だった」と結んだ修了式の日から二週間。再び皆さんの担任ができることを、心からうれしく思います。

変わること

ただし、これからの一年間は、一Aでの一年間とは、またちがうはずです。大きく二つの変化があると考えます。

一つ目の変化が、慣れです。昨年度で二中の生活の流れはわかったはずです。慣れは心の余裕を生むと同時に、慢心にもつながります。中学二年生は「中だるみ」と言われることもありますが、たるみすぎに注意しましょう。

二つ目の変化が、中堅学年となることです。とくに、二Aの皆さんにとって「こわ～い」存在だった先輩方が卒業したことは大きいでしょう。好き勝手な行動をするのか、良さを伸び伸びと発揮するのか、大きな分かれ目です。

このような環境の変化は、学級という集団の性質も変化させるでしょう。**その変化が、悪い方向へ落ちていくものではなく、良い方向へ飛躍するものであってほしい。**そのような願いから、学級通信のタイトルを「ジャンプ」にしました。二Aの十名の大いなる飛躍を期待しています。

変えたくないこと

その変化の中でも、変えたくないことがあります。それはこの学級の持ち味である、楽しい雰囲気です。担任としての方針は、昨年度と変えません。その方針は、**「教室に入るのが楽しみな学級」**です。そして、楽しく感じるのは全員でなければいけません。誰か一人でも教室にいるのが嫌だと感じていれば、学級としてはダメです。

昨年度は、本当に「教室に入るのが楽しみ」な一年間でした。副担任だった西村先生が転出される際に、「卒業まで一緒に過ごしたかった」と言ってくれるような学級でした。今年度は、もっと楽しく、もっと安心できる学級を一緒につくりましょう。私が、皆さんの「ジャンプ」のための土台として支えます。

「月曜日が楽しみ」

二十年ほど前、毎週月曜日の朝に、近所のセブンイレブンに行くのが日課でした。『週刊少年ジャンプ』を買うためです。月曜日が楽しみで仕方なかった、少年時代の思い出です。

さて、二Aの学級通信の「ジャンプ」も、毎週月曜日に定期発行をする予定です。昨年度は、即時発行と二二二号という「量」にこだわりました。

今年度は何よりも「質」にこだわった紙面づくりをしたいと考えています。数ある学校からの配布物の中でも、学級通信を一番に見てもらうことが私の目標です。そのために、通信の内容はもとより、読みやすさにもこだわりたいと考えております。

「教室に入るのが楽しみな学級」を目指すだけではなく、「月曜に読むのが楽しみな学級通信」を目指します。一年間、ご愛読していただければ幸いです。

保護者の皆様へ

昨年にひきつづき、学級担任を務めさせていただくことになりました、川端裕介です。一年生の頃と比べ、良くも悪くも慣れが出てくるのが二年生です。保護者の皆様のご意見に耳を傾けながら、生徒のより良い成長のため、これまで以上に連携を密にできればと考えております。

一年間、どうぞよろしくお願いいたします。

まずは学級目標

より良い学級をつくるために、まずは学級目標を立てて一年間の方針を明確にすることが大切です。明日の学活の時間に、さっそく目標を考えます。

一Aの学級目標「MOTEKING」は、「みんなに優しく、みんなを思いやり、みんなで協力し合える学級」や「笑顔あふれる学級」など、それぞれが理想とする学級像の頭文字をとったものでした。四回に及ぶ学級目標到達度調査で、次第に達成率が増し、最終的には全項目で目標を達成しました。

学級目標は、立てて満足してしまうことがよくあります。学級の生徒が目標を言えない、なんていうこともあります。それでは目標の意味がありません。毎日の学校生活で、目標を意識しながら生活することが大切です。そのためには、内容はもちろん、覚えやすい「インパクト」のある目標が望ましいと考えます。

中堅学年となる今年度、「MOTEKING」以上の良い目標を考えましょう。どんな目標ができるか楽しみです。

四月前半の予定

九日（火）街頭指導
十日（水）尿検査
　　　　歓迎会打合せ
十一日（木）知能検査
　　　　三計測
十二日（金）新入生歓迎会
十三日（土）PTA歓迎会
十五日（月）学力検査
十六日（火）家庭訪問開始（二十三日まで）

午後七時より学校にて、PTA歓迎会の役割分担などを決めます。二A保護者の皆様の出席をお願いします。

また一年間、一緒に語り合い、一緒に笑い合おう

来週の「ジャンプ」予告…学級目標決定，新入生歓迎会ほか

2年生の学級担任となった時に，始業式で配布した通信です。中だるみをせず，中堅学年として飛躍することを願って「ジャンプ」という題にしました。また，この年には発行計画は明示していませんが，毎週月曜日に発行する方針であることを宣言し，月曜発行を続けました。

実例

5 最高の学級を目指して

3年生　「喜怒哀楽」第1号表（2014年4月7日発行）

2014年4月7日（月）　八雲町立熊石第二中学校　3年A組　学級通信「喜怒哀楽」　第1号

最高の学級を目指して

喜怒哀楽

第1号
熊石第二中学校
発行　川端裕介

3年A組学級目標
最高の学級

ゴールは三月十三日　最高の形で卒業を

いよいよ三年生に進級した十人。目指してほしいのが、「最高の学級」です。達成を目指し、これから一年間がんばりましょう。

三Aの保護者の皆様、今年度も担任を務めさせていただくことになりました、川端裕介です。「やっぱり」という声が聞こえてきそうですが、最後の一年で、生徒にさらなる成長を促したいと考えています。卒業まで、よろしくお願いします。

そして、三Aの皆さん。最高学年になったあなたたちには、これまで以上に期待をしています。

皆さんと一緒に目指したいのが、「最高の学級」です。単に学年が一番上という意味の「最高」ではなく、最もすばらしいという意味の「最高」を目指しましょう。

三Aの皆さんが熊石第二中学校を旅立つのは、二〇一五年三月十三日です。卒業式の日に、「このクラスは最高だった」と思えるように、また、周囲の人たちからも認められるように、この一年間で学級の力を高めましょう。

三Aの学級目標は、この「最高の学級」にしたいと考えます。非常に高い目標ですが、三Aの皆さんは達成できる力を秘めています。

そして、今週の学級会で、「サブ」の目標について話し合います。最高の学級になるための具体的な条件について、全員で考えましょう。

新入生に安心を　歓迎の気持ちを形に

新入生を歓迎する気持ちが、行動に表れていました。四日（金）の前日準備のことです。担当は、女子がステージの装飾、男子が会場設営でした。男子も女子も、自分たちで話し合いながら効率良く作業を進めることができました。手を抜かず、かつ時間も無駄にしない行動は、さすがです。これで、気持ちよく新学期を迎えることができます。

次は、緊張や不安でいっぱいの新入生に、安心感を与えることが大切です。その役割を担うのは、三年生です。

無理に威厳を出そうとせずに、三Aらしく明るく接すれば良いでしょう。まずは新入生歓迎会です。歓迎する気持ちを形で表すために、出し物や各種紹介にひと工夫を加え、新入生に楽しんでもらえるようにしましょう。

『ちゃんとする』　家庭でも声かけを

義務教育の最後の一年となり、最高学年となった三Aの十人。これまで以上に「ちゃんとする」ことが求められます。

基本的な礼儀作法はもちろんのこと、学校行事での行動や毎日の学習など、生活のあらゆる場面で適切な判断と行動が求められます。とくに、場に応じた行動と思いやりのある言動を心がけましょう。

そのような期待がある分、注意されることが多くなるかもしれません。保護者の皆様も、ご家庭で「三年生なんだからちゃんとしなさい！」という声かけをしていただければと思います。

最初から入試モードで　第一回学力テスト　四月十一日

四日後に、今年度最初の学力テストがあります。三年生になると、学力テストは三百点満点（各教科六十点満点）になります。これは、公立高校入試と同じです。つまり、三年生の学力テストは、入試の模擬試験の意味合いがあります。

昨年度までは、「学力テストは成績に関係ないからがんばらない」という声もありましたが、もうそんなことは言えません。気持ちを「入試モード」にしなければいけません。

また、「学力テストは範囲が広いから勉強の仕方がわからない」という声もあります。たしかに、四日間でできることは限られます。そこでおすすめなのが、これまでの学力テストや定期テストを解き直すことです。さっそく今日から始めましょう。

わくわく

4月4日（金）の前日登校日に感じたのが，わくわくする気持ちでした。教室で，久しぶりに全員で顔を合わせた時。また，「ハッピーバースデー」の歌で仲間の誕生日を祝った時。

それらの場面で伝わってくる温かい雰囲気こそ，三Aの持ち味です。その様子を見て，この十人と卒業まで一緒に過ごせることを，とてもうれしく感じていました。

生徒の皆さんは私に飽き飽きしているかもしれません。しかし，私は皆さんと挑戦したいことが，まだ山ほどあります。一緒にがんばり，一緒に楽しみましょう。

送別会ありがとうございました

3月27日（木）のＰＴＡ送別会では，年度末の平日という忙しい時期にもかかわらず，幹事団として準備にご協力いただき，誠にありがとうございました。なお，白井さんがくじら入りの素麺をご用意してくださいました。とても美味しく，大好評でした。ありがとうございました。また，涼凪さんのお母さんには，私の不手際で数が足りなかった紙皿を提供していただきました。申し訳ありませんでした。

新年度も，お力をお借りする場面がたくさんあるかと思います。どうぞよろしくお願いいたします。

次回（第2号）の予告…学級目標決定，副担任から，最高学年一週目の様子　他（4月14日（月）発行予定）

小規模校で３年間クラス替えもなく，担任も変わらずに続けた時に発行した通信です。マンネリ化を防ぐために，最高学年の自覚を促し，卒業というゴールを意識させるような内容にしました。担任としての意気込みを，生徒や保護者にも理解してもらうことができました。

実例
6

1年生　「根っこ」第2号表（2017年4月10日発行）

笑顔いっぱいの1組に

2017年4月10日（月）　函館市立亀田中学校　1年1組　学級通信「根っこ」　第2号

笑顔いっぱいの1組に

根っこ

第2号
函館市立亀田中学校
発行 1年1組学級担任 川端裕介

1年1組学級目標
（まもなく決定）

凛とした姿勢
教室で次第に笑顔も

一組全員が、順調にスタートを切ることができました。入学式には立派な姿勢で臨み、翌日の教室での学活や集会にも、皆が真剣に参加していました。これからは、早く教室に慣れて、もっと笑顔を増やしてほしいと願っています。

一組の皆さん、入学式を含めた先週の二日間は、百点満点でした。入学式では、緊張の中でも動きや礼を全員が完璧に行っていました。また、入学式後や翌日の学活では、話を聞く姿勢の立派さが輝いていました。顔をしっかり上げ、反応を見せながら話を聞く姿は、凛としていて格好良さを感じました。この立派な姿勢を大切にしましょう。

もちろん、新しい環境への不安や緊張はあるはずです。そこで、七日（金）には自己紹介をした他、緊張をほぐすために班で「ミャンマー」というゲームをしました。ルールは簡単で、順番に回数を増やしながら「ミャンマー」と言い、詰まったら負けというものです。左上の写真の通り、笑顔を見せながら楽しそうにゲームを行っていました。気に入ってもらえたようで、休み時間にも友達と「ミャンマー」をする姿も見られました。

入学式後の学活で伝えた通り、私が目指すのは**全員が安心して過ごせる学級**です。そして、**教室で安心して過ごせているかどうかの大きな目安が、笑顔**です。嫌なことや不安なことがたくさんあれば笑顔は出ません。したがって、**一組全員が笑顔で過ごせるように努力し、安心できる教室にしていきたいと考え**ます。**仲間と笑い合いながら伸び伸びと過ごせる一組にしましょう。**

さくらさんが班の仲間と笑顔で「ミャンマー」をしています。

三十回の礼　美しく
第一回　学年集会

七日（金）には、初めての学年集会を体育館で行いました。内容は、一年生担当の先生方から、自己紹介や一年生に期待することを話しました。また、集会の後半には生活のきまりに関する話もありました。

さて、この日の学年集会では先生方が代わる代わる壇上で話をしたため、合計三十回も座礼をする場面がありました。生徒の皆さんは大変だったことでしょう。しかし、最後まで決して雑な礼になりませんでした。むしろ、次第に礼がそろい、より美しくなっていきました。すばらしい姿勢です。

礼だけではなく、顔を上げて話を聞く姿勢も立派でした。礼儀作法の基本がしっかりと身についています。今後が楽しみです。

学びの根を張ろう
授業開始・テスト実施

今週から、各教科の授業が始まります。また、十三日（木）には実力テストがあり、十四日（金）には授業参観も控えています。中学校での学習が本格化します。

自己紹介では「中学校では勉強をがんばりたい」という声を多くの人から聞くことができました。その心意気はとても立派です。やる気にあふれている今が絶好の機会です。

基本は、授業に意欲的に参することです。

家庭学習については、まずはそれぞれの教科書を開いて、どのような内容を学ぶのか確認しましょう。具体的な予習と復習は、実際に授業が始まってからで十分です。中学校の学習の「根っこ」を張り始めましょう。

学級通信根っこ発行方針

【基本方針】わかる・読まれる・参加する通信

「わかる」…本校や１組の教育方針や教育活動のねらいと成果について、学校と生徒・保護者の共通理解が得られるように、記事の内容を工夫します。

「読まれる」…第１号で発行計画を明示したり、読みやすい紙面構成を心がけたりすることで、生徒にも保護者にも読まれる通信を目指します。

「参加する」…生徒の作品や生徒の声、生徒の姿を積極的に紹介すると共に、保護者の皆様の声も随時紙面に掲載します。それによって、学校と生徒・家庭と双方向のコミュニケーションを盛んにしたいと考えています。学校と家庭の連携の柱として学級通信を機能させたいと考えます。

【勇気の出る格言】●●●●●●●●●●●●●●●●●●●●●●●●（●●●●●●●●●●●：アメリカの体操選手）

入学１週目の様子について，笑顔をキーワードに，写真を厳選して紙面をつくりました。中学校生活への生徒と保護者の不安を和らげる効果があったと考えます。学級開きの際に，生徒の笑顔が見られるような活動を設定し，機会を逃さずに写真を撮影し，記事で取り上げました。

実例 7

3年生 「亀の湯」第2号表（2016年4月11日発行）

本気で目指そう　本当の自由

２０１６年４月１１日（月）　函館市立亀田中学校　３年６組　学級通信「亀の湯」　第２号

本気で目指そう　本当の自由

亀の湯

第２号

函館市立亀田中学校

発行　3年6組学級担任　川端裕介

３年６組学級目標
みんなGU（自由）　みんなAU（英雄）
～37+1の挑戦！～

学級目標決定
英雄への挑戦始まる

三年六組の学級目標が決定しました。「みんなGU（自由）　みんなAU（英雄）～三十七＋一の挑戦！～」です。印象に残りやすく、良い目標です。ただし、達成は簡単ではない目標だと考えます。

学級目標を決めたのは、八日（金）の学級の時間でした。個人の意見を元に班ごとに目標の案を考え、多数決で選びました。その結果、健康班の案が選ばれました。決まるまでの様子を見ていて、私が驚いたことが二つあります。

一つは、どの班もきちんと話し合い、立派なアイディアを出せたことです。学級が動き出してわずか二日で、話し合い活動が円滑にできるのは驚きでした。もう一つは、学級委員長として話し合いを進めた航稀さんの手際の良さと、航稀さんの進行に協力的な学級の雰囲気です。**六組始動からわずか二日で主体性や協調性が見られたことを、頼もしく感じました。**

さて、目標の文言に注目すると、覚えやすくて良い一方で、目標達成は、一筋縄ではいかない可能性があります。なぜなら、**「みんなが自由な学級」とは、油断すると「みんなが好き勝手な学級」になる恐れがある**からです。**本当の自由とは何かを**考え、共通理解を図る必要があります。

また、目標の「英雄」も、どのような存在が英雄なのか、学級で話し合いながら明確にしなければいけません。目標達成には、いくつもの壁があります。

しかし、その壁を乗り越え、**本当の「自由」が全員に保障され、全員が「英雄」になるような学級に成長することを期待します。いや、成長してみせましょう。それは、三十七名の生徒全員と私の挑戦です。もし、この目標を達成できたならば、中学校生活の最後を飾るにふさわしい、最高の学級になるはずです。**

全員集合？

右の絵は、学級目標決めの時に花心さんたちが描いた作品です。この目標が選ばれた理由の一つかもしれません。三十八人の描き分けが難しかったようで、ちょんまげ姿の人もいますが…。このイラストのように、全員が良い表情で過ごせる学級にしたいですね。

緊張を解く『ミャンマー』の声
なごやかに交流

ミャンマーゲームの様子。和希さん、良い笑顔です。

四月七日（木）の学級の時間に「ミャンマー」ゲームを行いました。私が「学級開き」によく行うゲームです。旧二年二組の綺さんや萌乃さんからは「出た～」という声が上がっていました。保護者の皆様も、ぜひお子さんから方法を聞いて、ご家庭で試してみてください。盛り上がること間違いなしです。

さて、教室では最初の席替えの直後に行いました。皆さん、和気あいあいと笑顔を見せながら楽しんでいました。不安を安心へ変えるため、これからも、親睦を深めるようなゲームを続けます。

気遣いに感謝
別の機会に恩返しを

七日（木）に、前期の係と各委員を決めました。お互いのことがよくわからない状況である上に、係ごとの男女の人数が決まっていたため、生徒の皆さんにとっては本当に大変だったと思います。しかし、時間内に無事に決めることができました。

それは、当初希望していた係から移ってくれた人が多数いたからです。とくに、希望が集まってしまった文化班では、たくさんの人に気を遣ってもらいました。感謝の気持ちでいっぱいです。

係が決まった直後にも話しましたが、特定の誰かがいつも我慢するのではなく、皆が皆を配慮できる学級にしましょう。互いの思いやりが大切です。

甲乙つけがたい名案

学級目標は上記の通りに決まりましたが、他の班からも良いアイディアが出されていました。たとえば、「暖結（だんけつ）」（温かい雰囲気の中で学級として団結する学級）や「馬鹿真面目」（楽しむ時は大いに盛り上がり、がんばる時は大いに真面目になる学級）などです。他の班や個人で考えた案の中にも、学級目標にふさわしいものが多数ありました。

６組の皆さんの発想の豊かさに、驚かされました。これから一年間、様々な場面で意見を発表したり、話し合ったりすることがあります。これからも、自信をもって自分の考えを表明してほしいと思います。

【格言～未来へ歩む参考に～】●●●●●●●●●●●●●●●●●●●●（●●●●）

学級目標を生徒はもちろん保護者にも認知してもらうために，第２号のトップ記事で学級目標が決まったことを大きく報じました。また，新聞のタイトルの下には学級目標を小さく掲げています。生徒に学級目標を意識させ，同じ方向へ努力を促す効果があります。

選手の躍動　拍手に感動

2016年4月11日（月）　函館市立亀田中学校　3年6組　学級通信「亀の湯」　第2号

選手の躍動　拍手に感動

4月8日（金）の午後から、新入生を迎える会（対面式）が開催されました。委員会活動や部活動の紹介で、6組の中からも多くの人が全校生徒の前に立ち、発表をしていました。その様子を紹介します。

実は、私が一番感動したのは、航大さんの拍手でした。その場面が、右の写真です。校長先生が「一年生のあいさつが立派だと思ったら、在校生は拍手をしてほしい」と呼びかけ、在校生が元気に「こんにちは」とあいさつをした瞬間の様子です。私の確認した限り、航大さんは在校生の中で最も早く反応し、力強い拍手で在校生を賞賛していました。人前に出て発表することはもちろん立派です。しかし、他の人に注目されないような場面で一生懸命に行動するのも立派ですし、簡単にはできません。航大さんが、その大切さを教えてくれました。

しかも、航大さんはこの夏限りの廃部が決まっている、男子バレーボール部の唯一の部員です。後輩を誘えないことに、悔しさもあるでしょう。しかし、その気持ちを表に出さずに、このような素晴らしい行動をとっていました。航大さんこそ、この日のMVPでした。

航大の拍手

場をつくる倫太郎

野球部の紹介では、倫太郎さんがひときわ大きな声で雰囲気を盛り上げていました。そして、ノックでは会場から「おぉ～」という感嘆の声を引き出すほどの好返球。ムードメーカーとしても選手としても、実力をしっかりと発揮していました。

明朗な美月の説明

美月さんは文化委員長として、委員会の活動内容を説明しました。原稿を見ずに良く通る声で説明していたので、新入生も内容をきちんと理解していました。

多数活躍！

6組の中で部活動紹介に参加した生徒は、22名です。学級の約3分の2の生徒が、全校生徒の前で立派な姿を披露できました。

次回（第3号）の予告…実力テストを終えて／認証式／「亀の湯」の意味／10日間の様子　他（4月18日（月）発行予定）

何人もの保護者から「感動した」という声をもらった記事です。1人きりの男子バレーボール部員が，募集停止のために新入生歓迎会で部活動紹介をできないにもかかわらず，誰よりも率先して拍手をした場面です。この瞬間を逃さずに撮影し，記事にするのが通信の醍醐味です。

挑戦・協力・尊重する１組に

2017年4月24日（月）　函館市立亀田中学校　1年1組　学級通信「根っこ」　第4号

挑戦・協力・尊重する１組に

根っこ
第４号
函館市立亀田中学校
発行 1年1組学級担任 川端裕介

1年1組学級目標
挑戦・協力・尊重

意見を出し合い目標決定
初の学級会は大成功

一組の学級目標が「挑戦・協力・尊重」に決まりました。皆の案を元に学級会で議論して決めることができました。話し合う姿はとても頼もしく、今後に期待がもてる出来でした。

良い学級目標が決まりましたが、決め方もとても立派でした。学級目標の作成に向け、まずは学校の教育目標や担任の願いと関連させながら、一組一人一人の願いを文字にしました。その上で、学級会を開き、どのような目標にすべきか、話し合いました。

入学してまだ十日余りで、お互いの顔と名前が十分には一致していない状況です。学級会で意見を述べるのは、相当な勇気がいることです。しかし、何人もの生徒が、自主的に意見を述べていました。

学級会で説得力のある意見を述べる愉仁さん。目標決定への流れをつくりました。

例えば、愉仁さんは根拠を明確しながらわかりやすく意見を述べ、他の生徒の支持を得ていました。また、遼大さんは他の人の意見につなげた発言をし、議論を深めました。陽翔さんは、皆が流されそうな時に反対意見を述べ、安易に結論を出さないようにしました。

遼大さんは「つなげる」発言をしました。

聞く側の姿勢も立派で、月碧さんは納得できる意見にしっかりとうなずいていました。このように反応することは、とても大切です。

そして、初めての学級会が活発に進んだのは、司会の龍翔さん、副司会の百華さん、記録の陽さんと神さんによる議長団の進行が立派だったからです。百点でした。

議長団の努力で初の学級会が成功しました。

学級会の結果、学級目標は「挑戦・協力・尊重」に決まりました。実は、梨緒さんが発案したものです。

今回の学級会には、すでに挑戦や協力の姿勢が見られました。さらに高め合いながら、目標を達成しましょう。

仲間・家族・顧問に感謝
部活動 始動

二十一日（金）に部活動発足式が開かれました。すべての部活動に加入する生徒が体育館に集まり、心構えなどを再確認した後に、各部に分かれてミーティングや練習に臨みました。一年生は、この日から正式に活動が始まりました。

さて、発足式で教頭先生も話していましたが、部活動で最も忘れてはいけないのが、感謝の気持ちです。部活動は「学校における教育課程外の任意の活動」という位置づけです。小学校のクラブ活動とは違います。加入を認め、費用の負担や送迎などで支えてくれる保護者に感謝し、ボランティアのような形で指導する顧問の先生方に感謝し、一緒にがんばる仲間や先輩に感謝しましょう。感謝を行動に移せば、部活動で多くのことを学べるはずです。

想像力を
スマホ安全教室

二十一日（金）に、スマホ安全教室を行いました。KDDIから講師の先生を招き、SNSやインターネットの危険性について学びました。

講義では、インターネットで起きたトラブルに関する事例が三つ紹介されました。生徒同士が話し合う時間もあり、下の写真のように熱心に意見を交わしていました。

SNSを含めたインターネットの世界では、相手の姿が直接は見えないため、自己中心的になりがちです。自分の書き込みによってどのような問題が起きるのか想像することが不可欠です。**学校と違い、ネットでの失敗は消せませんし、やり直しが効きません。**十分に気をつけましょう。

スマホ安全教室で話し合う様子。

安心できるか考えて

先週は気のゆるみが出てきたのか、ケガにつながりかねない行動が何度か見られました。１組の皆さん、もう一度思い出してください。私は、１組を「全員が安心できる学級」にしたいと願っています。

自分で何か行動をする前に、何かの発言をする前に、その言動が安心につながるのか、よく考えてください。それが大切です。

【勇気の出る格言】●●●●●●●●●●●●●●●●●●●●●●●●●●（●●●●）

実例７と同じく，トップ記事は学級目標の決定です。それに加え，目標を学級会形式で決めましたが，その際に予想以上に活発に議論が交わされたことを取り上げています。学級会に力を入れるという学級経営の方針を，生徒と保護者に理解してもらうことができました。

実例 10　はがき新聞で意欲を表現

2017年4月24日（月）　　函館市立亀田中学校　1年1組　学級通信「根っこ」　　第4号

はがき新聞で意欲を表現

今回は、1組の皆さんが書いた中学校生活への意気込みを紹介します。普通であれば作文用紙にまとめるところですが、今回は「はがき新聞」を使いました。これは、はがきサイズの新聞形式で考えをまとめるものです。作文に比べると、少ない文字で内容を端的に表現する必要があります。また、見出しなどにも工夫が必要です。

難しい分、表現力が向上します。また、読む側も楽しめるため、作文ではなくはがき新聞にしました。中学校生活への意欲が伝わってくる、すばらしい作品ばかりでしたが、紙面の関係で厳選した4人の作品を紹介します。

テストに向けた努力を

遼大さんのはがき新聞は、テストに注目して書いてあります。中学校のテストは確かに難しくなります。しかし、遼大さんのように高い意識で万全の準備をすれば、結果は良くなります。また「努力」の文字に文房具のイラストを合わせるセンスが秀逸です。

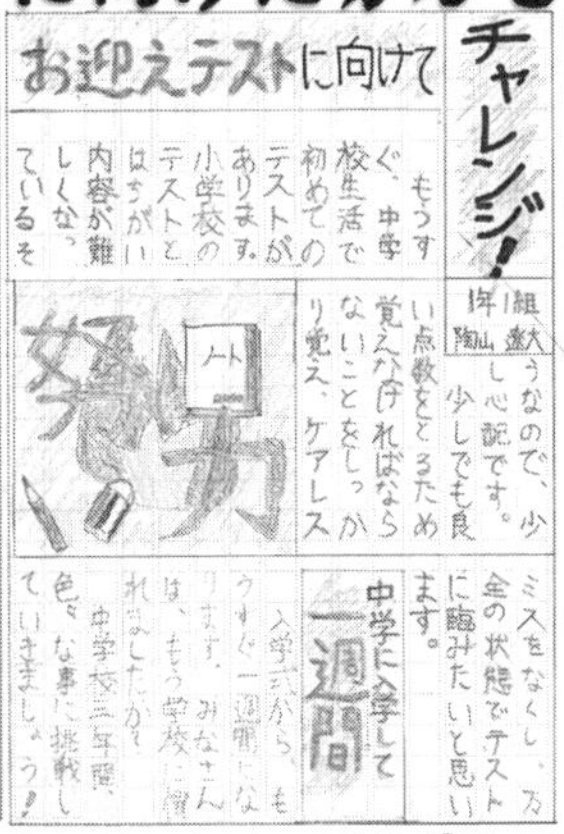

部活に燃える！

まおさんの作品です。中学校生活の中でも部活動に関する話を中心に書いてあります。文章がわかりやすく、部活動に対する意欲が十分に伝わってきます。大きく書いた「楽」の文字も工夫しています。「音楽」と「楽しい」という意味をかけたのでしょうか。

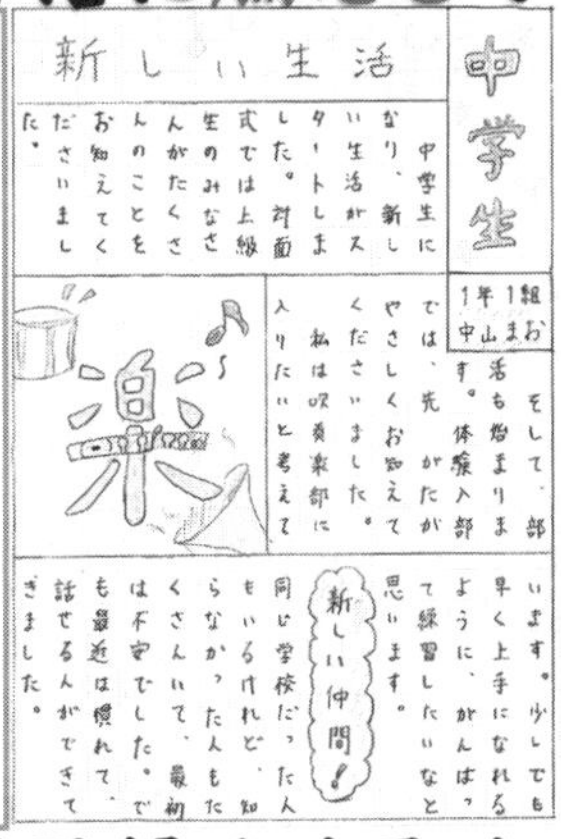

題と見出しが✿

さくらさんの作品は「初めの一歩」というタイトルや、記事の見出しの付け方がとても上手です。また「集団の力を身に付ける」という着眼点が良く、私は読んでいて「言いたいことを先に書かれてしまった…」と思ったほどです。「力」の字も丁寧です。

学級目標を先取り

栞奈さんのはがき新聞では「挑戦」をテーマにしています。くしくも「挑戦」は学級目標の一つになりました。先見の明があると言えます。

また、将来の夢についても書いてあります。夢を表明できるのは、とても大切なことです。

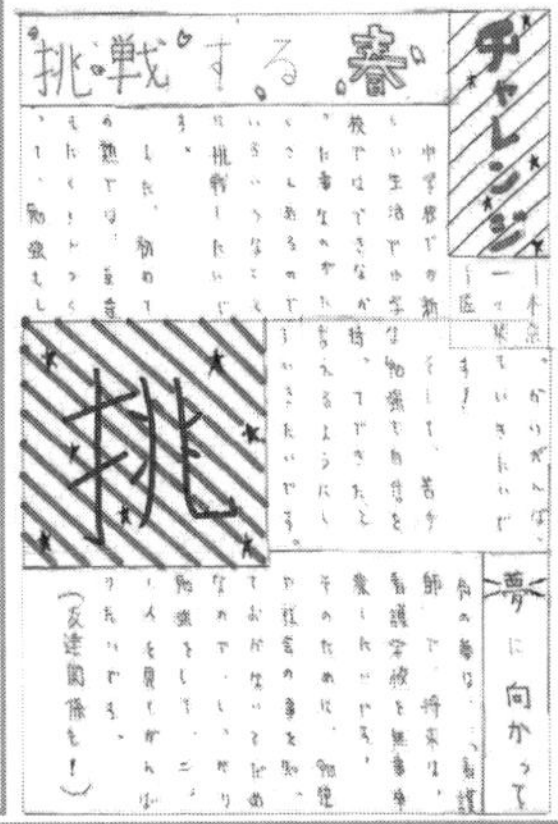

次回（第5号）の予告…家庭訪問を終えて／連休中の過ごし方／第2回学級会／道徳「責任の自覚」　他（5月1日（月）発行予定）

入学や進級に際して意気込みを作文に書かせることが多いと思います。私の場合は，はがき新聞の形で書かせます。作品をそのまま掲載できる上，短時間で完成して見栄えも良いからです。また，掲載した作品を選んだ理由として，優れた点を必ず書き入れるようにしています。

■3年生　■「亀の湯」第３号表（2016年４月18日発行）

11か月後　最高の「はい！」を

2016年4月18日（月）　函館市立亀田中学校　3年6組　学級通信「亀の湯」　第3号

亀の湯

第3号
函館市立亀田中学校
発行　3年6組学級担任　川端裕介

3年6組学級目標
みんなGU（自由）　みんなAU（英雄）
～37+1の挑戦！～

11か月後　最高の「はい！」を

生徒会認証式
航稀・翔天が代表に

四月十六日（火）に前期生徒会認証式がありました。委員会活動の本格始動です。この認証式では、各委員が返事をする場面がありましたが、残念ながら声の大きさは不十分でした。卒業式では全員が全力で返事ができるように、これからの学校生活の中で、人前で大きな声を出す訓練を積みましょう。

本校の認証式では、すべての委員が順番に、返事をしてから起立する場面があります。しかし、多くの人の返事が小さかったのが残念でした。十一か月後の卒業式。その晴れの舞台で、六組の皆さん一人一人が声を出す唯一の場面が、卒業証書授与での返事です。このままでは、その返事が心配です。**卒業式で万感の思いを込めた返事をするためにも、普段からハキハキと返事をする意識をもってほしいと思います。**

その点、学習委員の航大さんは、三年生、いや全校生徒の中でも一番立派な返事をしていました。他の皆さんも身近な手本から学び、良い返事をいつでもどこでもできるように、練習していきましょう。

他にも、認証式で活躍した六組の生徒がいました。まず、中央委員の航稀さんが、代表生徒として堂々と抱負を述べました。また、整備委員の翔天さんは、認証書を代表して受け取りました。どの委員も、今後は日常の活動での活躍を期待します。主役は三年生です。

認証式で航稀さんが全校生徒を代表して委員としての決意を述べる様子。

参観日に見せた思考力
玲愛・璃梨加・大輝の見事な発表

社会の授業参観で発表をする大輝さん

十五日（金）には、今年度最初の授業参観が行われました。六組は、私の社会科の授業でした。「大正時代の護憲運動の特色を、明治時代の自由民権運動と比較して考える」という難しい課題の授業でした。しかし、グループで協力しながら話し合い、頭を使い、見事に答えを導き出していました。新学期早々に仲間と協力して話し合いができるのは立派です。

また、授業では玲愛さんと璃梨加さん、大輝さんが発表者として皆の前で説明をしました。三人とも、わかりやすい説明でした。

学級通信発行方針

①継続性…学級通信の第１号で示した計画に沿って一年間発行します。計画を示すのは、生徒の皆さんが見通しをもって中学校生活最後の一年間を過ごすためです。主体性を磨くきっかけにしましょう。また、保護者の皆様に学校の教育活動の流れあらかじめ伝えることで、連携を強めたいという思いもあります。

②双方向性…学級担任の考えを述べるだけではなく、生徒の作品や生徒の声、生徒の姿を積極的に紹介すると共に、保護者の皆様の声も随時紙面に掲載します。それによって、学校と生徒・家庭と双方向のコミュニケーションをさかんにしたいと考えています。目指すのは、学校と家庭が連携する柱の一つとして学級通信「亀の湯」が機能することです。

亀の湯に込めた意味

学級通信の「亀の湯（かめのゆ）」。このタイトルに込めた願いは、二つあります。

一つ目は、温泉のように温かい気持ちになる学級にしたいという願いです。第一号で述べた学級経営方針を、学級通信のタイトルにも反映させています。

二つ目は、銭湯のように語り合える場として、学級通信を活用したいという願いです。江戸時代から、公衆浴場は人々の交流の場でした。学校と家庭の交流や生徒同士の交流、生徒と保護者の交流を活発にする一つの手段として、この「亀の湯」が役立つように今後も発行を続けます。全五十号の発行計画ですが、卒業までご愛読いただけるとうれしく思います。

【格言～未来へ歩む参考に～】 ●●●●●●●●●●●●●●●●●●●●●（●●●●）

下の囲み記事で，学級通信のタイトル「亀の湯」に込めた意味を説明しました。タイトルは，学級経営の方針を反映させた上で，覚えやすいものにすることが大切です。この例の場合，多くの生徒も保護者も「学級通信」ではなく「亀の湯」と，愛着をもって呼んでくれていました。

実例 12

■3年生 ■「亀の湯」第3号裏（2016年4月18日発行）

10日で感じる　37人のすごさ

２０１６年４月１８日（月）　　函館市立亀田中学校　３年６組　学級通信「亀の湯」　　第３号

10日で感じる　37人のすごさ

３年６組での生活が始まり、約１０日。これだけ短い期間の中でも、６組の皆さんの良さやすごさ、感謝したい行動や姿勢がたくさん見られました。ごく一部ですが、ここで紹介します。

学級目標の「みんなＧＵ（自由）　みんなＡＵ（英雄）」を達成するためには、学級の全員が学校行事や日常の生活の中で活躍することが不可欠です。わずか１０日間でもこれだけ立派な行動が見られたのは収穫です。幸先の良いスタートを切ることができました。

これからもさらに皆が個性を発揮しながら、得意な分野で活躍しましょう。苦手なことも協力して乗り越えられる学級になってほしいと思います。

大田　武さん	出席番号１番のため、最初に当たった日直の仕事。しかし、緊張に負けずきちんと役目を果たしました。トロンボーンの演奏もさすがです。
大塚　翔天さん	認証式での代表生徒の大役を務めました。校長先生から認証書を受け取る時の礼の角度、ばっちりです。
大塚　倭さん	班ノートや学級日誌に、持ち前のユーモアが発揮されています。社会の授業では、達筆な文字で鋭い意見を書いていました。
川浪　潤也さん	バスケットボールでの素早いプレーが、学校生活でも生かされています。掃除やワーク運びなど、体がすぐに反応するのは立派です。
木下　侑汰さん	係・委員決めでは利他的な姿勢が立派でした。話術に長け、新しい仲間と積極的にコミュニケーションをとってくれてありがとう。
木村　圭吾さん	整備班の話し合いでは、ユーモアを交えながら良い雰囲気づくりに努めていました。傘バケツ係を引き受けてくれて、助かりました。
小向　将吾さん	ピクチャーコラージュ作りでは、思わず笑ってしまう見事な作品を完成させていました。班ノートのコメントも秀逸です。
坂田　和希さん	新しい学級で慣れない生徒がいる中で、どんどん話しかけてコミュニケーションを図る姿勢が立派です。登校時間も、良い感じです。
佐々木　悠太さん	始めの号令が、日に日に立派になっています。毎日の学校生活での順調なスタートは、悠太さんの声のおかげです。
角　雄太郎さん	初の委員として、給食委員になりました。今年は一味違う予感があります。新入生を迎える会での、サッカーの技術はさすがの一言です。
高舘　航稀さん	学級委員長に立候補してくれたことに、何より感謝です。学級のリーダーとして、大活躍の１０日間でした。
時田　悠宇さん	３年生になっての作文が、とても深い内容で立派でした。寡黙な中でも皆が一目置く理由が、よくわかりました。
中野　敦史さん	休み時間には、いつも敦史さんの周りに友人の輪ができています。仲間を引き付けるやさしさと面白さが抜群です。
中村　倫太郎さん	学級の要としての存在感を発揮しています。生活委員として他者に注意をするのも立派です。また、細かな仕事によく気づき、よく働いてくれるので本当に助かります。
長谷川　佑樹さん	新しい学校に慣れない中でも、何事も一生懸命に取り組むのが立派です。ファイル運びの手伝い、ありがとう。
麓　天斗さん	号令係として、良く通る声で学級を引き締めています。話題の多さや面白さ、そして隣の机をそっと直すような気遣いも素敵です。
松居　航大さん	認証式でのキレの良い返事、新入生を迎える会の立派な拍手…大切なことをきちんとできる姿は、６組の生徒の鑑です。
峯山　大輝さん	自己紹介から社会の発表まで、面白く、印象に残る発表をさせればピカイチです。２年生の頃より生活面をきちんとしようとしているのも偉いです。
吉井　晴歩さん	給食当番の余り牛乳や汚れ拭きなど、忘れやすい仕事にもばっちりと気付き、きっちりと仕事をこなす姿が立派です。
板橋　紀佳さん	進級し、昨年以上にがんばる気持ちを感じます。そして、行動にも移しています。班の話し合いでもどんどん意見を述べるなど、立派です。
梅岡　萌乃さん	学級目標決めでは積極的に意見を出し、学級目標決定に大きな役割を果たしていました。
蠣﨑　茉惟さん	生活委員に立候補して早速活躍する、しっかり者です。写真撮影で他の女子にヘアピンを貸すやさしさも、素敵です。
笠谷　梨々香さん	中央委員に名乗り出てくれて、本当に助かりました。修学旅行の話し合いでは、先を見通して質問をしたり意見を出したりするなど、力を発揮しています。
金澤　亜由美さん	男女関わらずコミュニケーションを図ることができるので、話し合いなどでとても助かっています。修学旅行の話し合いをリードしてくれてありがとう。
○○　○○○さん	春休み中に登校して数学の復習をする姿に、進路への意識の高まりを感じました。一年後やその先の自分の道について考えている○○○さんは、本当に立派です。
川村　まみさん	周りを和ませる行動が何度も見られました。まみさんの大らかさが、学級の雰囲気をとても良くしています。
佐藤　陽加里さん	相手を気遣いながら話し合いを進めるなど、持ち前の調整力を早速発揮しています。持ち前の面白さも発揮しつつあるようで、良い感じです。
柴田　古乃実さん	話を聞く姿勢が、教室でも集会でも誰よりも立派です。背筋が伸びて顔を上げている姿、いますぐ入試に行けるレベルだと思います。
白石　花心さん	すばらしい学級目標をありがとう。ホワイトボードにイラストと合わせて目標の案を書く発想は見事です。高いプレゼンテーション能力を感じます。
谷口　愛子さん	元気な返事と声で、学級や班の雰囲気を明るくしてくれてありがとう。班の話し合いにもきちんと参加する姿が立派です。
塚田　琉香さん	自分の考えをきちんと伝える姿、傘バケツ運びを忘れずにきちんと行う姿。しっかり者です。ロジックの問題、私も挑戦したいです。
土谷　玲愛さん	目を見て、うなずきながら人の話を聞く姿勢、そしてハキハキと発表する姿勢。他の生徒への気遣い。どれも模範的で感動的です。
年代　麻優さん	文化班として修学旅行や掲示物のアイディアの相談でも、中心になって話し合いを進めてくれて、助かっています。６組では少数派のバド部ですが、部活動もがんばっています。
平沢　綺さん	昨年からの川端級メンバーのため、色々仕事をお願いしていますが、嫌な顔一つせずに引き受けてくれて、本当に感謝です。かなり助かっています。
古川　美月さん	一日の目標の整って美しい文字に感動です。自己紹介プロフィールも丁寧に書いて（描いて）くれました。仕事の質の高さに驚きです。
増田　璃梨加さん	明るい性格を十分に発揮し、まだおとなしい学級の雰囲気を盛り上げてくれて、助かっています。社会の授業での発表も立派でした。
森　遥菜さん	優しさや気配りのできる姿が何度も見られました。給食の器を戻す時にやさしく置くなんて、簡単にできそうで、なかなかできないことです。

次回（第４号）の予告…部活動発足式／連休中の過ごし方／道徳「集団と役割」／作文「最高学年になって」他（４月２５日（月）発行予定）

学級通信で，生徒の作品や学習目標などを全員分掲載する例を目にしますが，羅列的で効果に少し疑問を感じます。しかし，この実例のように，生徒全員の良さを取り上げることは意味があります。担任が，生徒一人一人をしっかり見ているというメッセージになるからです。

実例 13

■3年生 ■「亀の湯」第4号表（2016年4月25日発行）

青春７割　学習も３割

2016年4月25日（月）　函館市立亀田中学校　3年6組　学級通信「亀の湯」　第4号

青春7割　学習も3割

亀の湯

第4号
函館市立亀田中学校
発行　3年6組学級担任　川端裕介

3年6組学級目標
みんなGU（自由）　みんなAU（英雄）
～37+1の挑戦！～

有意義な連休に 夢に関わる時間の確保を

今週末からゴールデンウィークが始まります。時間を有意義に使い、心身のリフレッシュを図るには、絶好の機会です。ただし、受験生である以上、好きなことばかりに時間を割くのではなく、三十％ほどで良いので、学習にも力を入れましょう。

週末からの連休は、三連休→学校→三連休→学校→二連休という日程です。一度の連休が長くありません。遠出をするには、あまり適さないかもしれません。それでも、合計八日間の休日の間は、友達と遊んだり買い物に出かけたり、アニメを見たりゲームをしたりと、自分の好きなことに思う存分時間を使えるはずです。もちろん、残り数カ月となった部活動に打ち込む人もたくさんいるでしょう。それも青春です。

しかし、六組の皆さんは受験生です。好きなことだけではなく、すべきことにも時間を使う必要があります。すべきこととは、学習です。

先週、実力テストの結果を返却しました。その際には、ため息や苦笑いと共に「親に見せられない…」「過去最低な順位だ…」などの、悲しいつぶやきが聞こえてきました。今回のような後悔を繰り返してはいけません。一学期末テスト、さらには入試本番で満足できる結果を出すためには、連休中に、学習にも力を入れるべきです。

使う時間は、連休全体の三十％で十分です。睡眠時間や食事等を除けば、皆さんには一日十四～十五時間くらいがあるはずです。その内の三十％は、四～五時間です。今の時期であれば、それだけ家庭学習の時間を確保できれば、十分です。

一日四時間でも、連休中にすべて達成できれば三十二時間。全く家庭学習をしなかった人とは大差がつきます。夢の実現のため、学習を忘れない連休にしましょう。

梨々香の高い調整力 席も部屋も円滑に決定

修学旅行で例年、必ずと言って良いほどもめるのが、部屋のメンバーやバス座席を決める時です。楽しいはずの旅行の準備が、けんかのきっかけになることさえあります。

私もある程度のトラブルは覚悟していましたが…結果的には取り越し苦労でした。とくに女子は、部屋もバス座席も、とても円滑に決まりました。

最大の功労者は、学級副委員長の梨々香さんです。梨々香さんは、複数のグループに対してどうすべきか、具体的な計画を示しながら調整を図りました。女子の話し合いでは笑顔が多く見られたことからも、**最善の方法でより良い結果**になったことがわかります。

さらに梨々香さんは、気を遣って譲った人のことを心配していたという話を、後で藤根先生から聞きました。**素晴らしい思いやりと、リーダーシップです。人前に立つのはもちろん大切ですが、陰で皆の和を保つのも同様に大事なことです。**

前進への勇気湧く　陽加里の文

２週間前に、全員で作文を書きました。題は、「３年生になって」です。その中から代表して、陽加里さんの文章を紹介します。通信で紹介する時、普段は打ち直すのですが、素晴らしい内容ときれいな文字、そしてかわいい絵なのでそのまま掲載しました。作文の通り、前向きな心構えで困難を乗り越え、最高の思い出をつくりましょう。

三年生になって

3年6組38番　佐藤　陽加里

私が、三年生と聞いて思い浮かべる事があります。それは「最後の○○」です。

最後の体育祭、最後の表原祭など、とても楽しいイベントが最後になってしまうと考えると、やはり心残りだと感じます。

もちろん、三年生ならではの楽しいイベントもあります。修学旅行や三年生を送る会などといったイベントも多数。

そして私には一つやっておきたい事があります。それは、「このクラスで良かった」と思えるように、皆と沢山の思い出を作ることです。

時には辛い事、苦しい事、逃げだしたい事も沢山あると思いますが、私はそれでこそ三年生だと思うのです。「辛い時こそ笑え」という言葉のように、何か大きな壁に行く手をふさがれようと、楽しくゆっくり確実に一歩ずつ進んでいけば大丈夫。そんな風に考えていけば、「辛さ」、「苦しさ」、「悲しさ」も「楽しさ」、「喜び」、「感動」につながり、心の迷いや友人とのトラブルさえも消え去ることだろうと思います。

三年生は、受験もあり、部活や友達関係の内容が難しくなりますが、この一年間を後悔して終わらせたくないので、勉強、部活、さまざまなイベント…どれに関しても全力で取り組み、後悔のない一年間にしたいです。

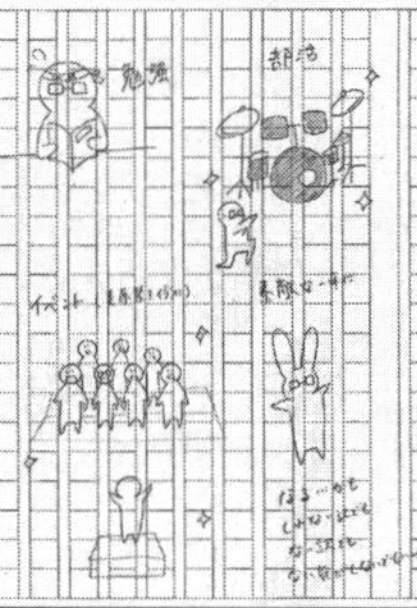

【格言～未来へ歩む参考に～】[redacted]（[redacted]）

春の連休の過ごし方に関する通信です。見出しに数字を入れることで，印象に強く残る効果があります。記事の中でも，３日間の連休で４～５時間程度は家庭学習をするように，具体的な数値目標を掲げています。それによって，保護者が子どもへ声をかけやすくなります。

5月の学級通信

実践編

■3年生 ■「亀の湯」第５号表（2016年５月２日発行）

この１枚　宝物になれ！

2016年5月2日（月）　函館市立亀田中学校　3年6組　学級通信「亀の湯」　第５号

亀の湯

第５号
函館市立亀田中学校
発行　3年6組学級担任　川端裕介

3年6組学級目標
みんなGU（自由）　みんなAU（英雄）
～37+1の挑戦！～

初の集合写真
来年は別の桜の下で

先週は桜の下で、集合写真を撮りました。撮影しながら、学級の絆や一年後の皆さんの進路について、私は考えていました。

上の写真が、六組最初の集合写真です。この写真を見ながら、私の胸には二つの思いが去来しました。

一つは、**来年の三月にこの写真を見た時に、誰もが笑顔になるような中学校生活を送らせたい**という思いです。

今はまだ、学級に馴染めない人もいれば、「前のクラスが良かったなあ」と感じる時もあるでしょう。そのような不安を消し、六組の一員であることに誇りと喜びを感じられるようにすることが、担任としての私の使命です。皆さんも、卒業学年だからこそ、六組の仲間との絆を大切にしてほしいと思います。

もう一つ考えていたのは、皆さんにとっては、亀中の桜の下での集合写真が、今年で最後だということです。

一年後の桜の季節に、六組の皆さんは新しい場所で新しい生活をしています。もし、一年後に桜の下で写真を撮ることがあった時、「亀中でも写真を撮ったなあ。**あの時は良かった。でも、亀中の時以上の思い出をつくろう**」というような前向きな気持ちになることを願っています。

前向きな気持ちになるためには、希望する進路を実現することが大切です。この一年を、仲間と絆を深め、夢の実現へ一歩踏み出す年にしましょう。

上の写真の二日後、満開の桜の下で「ジャージバージョン」を撮りました。

期待に応える「亀の湯」を

保護者の皆様におかれましては、お忙しい中、二者懇談に足をお運びいただき、誠にありがとうございました。お子さんや学級についての認識を共有できたことが、私にとっての収穫です。今後も生徒の未来のために、共に歩んでいきましょう。

さて、二者懇談では何人もの保護者の方から、学級通信「亀の湯」への期待の言葉をいただきました。（自分で紹介するのは恥ずかしいですが）「生徒の様子がよくわかる」「こんな学級通信があるなんて驚いた」「亀の湯のファンになった」など、もったいないお褒めの言葉ばかりです。

学級通信は、学級の様子を伝えると共に、**担任と生徒と保護者が一体となって学級をつくるための大きな武器になる**と私は考えます。保護者の皆様の期待を裏切らないように、紙面の一層の充実に努めたいと、あらためて決意しました。

なお「学級通信を全く受け取っていない」というご家庭もありました。**生徒の皆さん、「亀の湯」は絶対に発行日に渡してください！**

【格言～未来へ歩む参考に～】●●●●●●●●●●●●●●●●●●●●●●（●●●●）

学級で集合写真を撮影して通信に掲載する際に，写真に何らかの意味付けをすることで，読み手の生徒や保護者に伝わる印象が変わります。この例では，学校の桜の下での写真がもう最後になることに触れ，卒業後にこの写真が宝物になるような学級にしようと呼びかけました。

実例 15　■3年生　■「亀の湯」第5号裏（2016年5月2日発行）

夢と憧れで華やかに

2016年5月2日（月）　函館市立亀田中学校　3年6組　学級通信「亀の湯」　第5号

夢と憧れで華やかに

進級して1か月が経とうとしています。この1か月間、新しい環境への不安をなくし、6組への所属感を高めるために、様々な試みを行いました。その方法の一つが、自分の夢や憧れを作品として表現し、それを教室に飾るという取組です。夢や好きなことをテーマにした活動をすることで、前向きな気持ちになるのではないかと考えました。今回は、夢マップとピクチャーコラージュという2つの作品づくりについて紹介します。

六組の夢マップ

美月さんの作品です。

夢マップとは、自分の夢を思いつく限り、1枚の紙に表現した作品です。条件は、叶えたい夢ほど大きく描くことと、他人の夢をばかにしないことの2点です。あっという間に完成させた人もいれば、なかなか思いつかずに苦労した人もいました。

左は、美月さんの作品です。私はこれまで約100人分の夢マップを見てきましたが、この作品の美しさと丁寧さは一番だと感じています。

夢マップは、右のように教室の中の「夢コーナー」に掲示しています。堅実な夢から途方もないものまで、カラフルに様々な字体で書かれています。眺めているとワクワクした気持ちになります。

荒唐無稽に見えても、努力や巡り合わせによって実現できる夢はたくさんあります。10年後や20年後に、この中の夢のどれだけが実現しているのか、楽しみです。

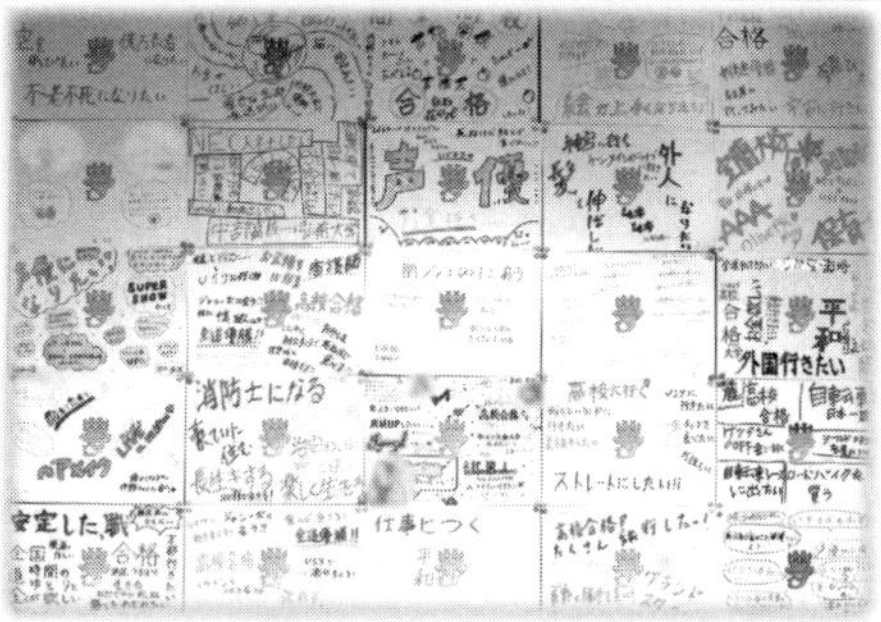

ピクチャーコラージュ

ピクチャーコラージュとは、自分の好きな絵や写真を1枚の紙に切り貼りした作品です。事前に雑誌の切り抜きや写真、インターネットの画像などを用意してもらって作業しました。作業中はとても楽しそうでした。完成した作品を見ると、6組の皆さんの趣味が良くわかります。作品を見ながら、話も弾んでいました。

遥菜さんのコラージュ。大好きないちごがいっぱいです。

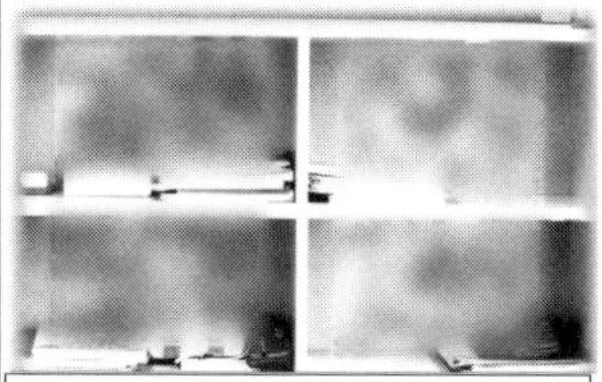

個人ロッカーに貼りつけると、華やかになりました。

完成したピクチャーコラージュは、左のようにラミネート加工をして個人ロッカーに貼りつけています。自分のロッカー、そして教室に愛着をもってほしいという願いがあります。

実はこのアイディアは、私の子どもが通う幼稚園の下駄箱を見て思いつきました。その幼稚園では、下駄箱に敷く段ボールに好きなキャラクターを貼りつけて、園児が自分の場所をわかりやすくするように工夫しています。幼稚園や小学校の掲示や飾り付けの工夫は、参考になります。

次回（第6号）の予告…修学旅行事前準備／連休中のがんばり／道徳「希望に向かって」　他（5月9日（月）発行予定）

教室の掲示物を紹介した記事です。保護者に対して，教室の環境を具体的に伝えることで，保護者に安心感をもってもらえるようになります。また，中学校の場合，意図的に華美にしない場合もあるかと思いますが，学習の妨げにならない程度に掲示を工夫することは大切です。

実例 16 進むは自治の道

2017年5月15日（月）　函館市立亀田中学校　1年1組　学級通信「根っこ」　第7号

進むは自治の道

根っこ

第７号
函館市立亀田中学校
発行 1年1組学級担任 川端裕介

1年1組学級目標
挑戦・協力・尊重

議事進行に熱視線　生徒総会

十日（火）に、今年度の生徒総会が体育館で行われました。一組の皆さんは、総会に真剣な態度で参加していました。今回参加して学んだことを、普段の生徒会活動に生かしつつ、校歌にある通りに「自治の道」を進みましょう。

一組の皆さんにとっては初めての生徒総会でしたが、参加態度がとても立派でした。顔を上げて話を聞いたり、議案書にじっくりと目を通したりして、真剣に参加する様子が十分に伝わってきました。

生徒総会で代表生徒の話を真剣に聞く様子。

総会が終わった後に感想を聞くと「疲れました」という人がほとんどでした。集中していたからこそ、疲れたのでしょう。

しかし、来年以降は生徒総会で異なる疲れを感じることを期待しています。異なる疲れとは、**活発な議論に参加すること**による疲れです。

本校の生徒総会は、議事進行の円滑さや生徒の静かに聞く姿勢については、とても素晴らしいものがあります。一方で、各委員会への要望や質疑応答は、さらに深めることができるはずです。

今後は、**各委員会の活動を実際に見て経験することで改善点を見つけて、後期や来年以降の生徒会活動をより良くする方法を考えましょう。**

また、**生徒会活動の基盤は学級会です。一組の学級会をさらに活発に行いましょう。**

本校の学校教育目標は「融合・開拓・自治」です。**協力して、自治の力を高めましょう。**

「やります」「良いよ」に感謝　体育大会種目決定

六月三日（金）の校内体育大会に向けて、先週に出場する個人種目を決定しました。その際に、多くの人の献身的な姿勢が見られました。

女子については、一組は運動に苦手意識のある生徒が多く、二人三脚などの特定の種目に希望が集中しました。そのため、話し合いで調整を図ることにしましたが、時間内に無事に決まりました。話し合いの様子を見ていると、お互いの意見を示しながらも「良いよ」「（別の種目に）移るよ」と譲る人も出て、とても和やかな雰囲気でした。

また、男子は二種目に出場する選手が必要で、体力を使う八〇〇m走と、経験者の少ない走り高跳びが残っていました。長引くことも覚悟していましたが、八〇〇m走は陽さん、走り高跳びは愉仁さんや陽翔さんが「やります」と申し出てくれました。

このような気遣いに、私は感動しました。ただし、いつも同じ人が気遣いをするのではなく、誰もがお互いを助け合う関係をつくりましょう。

あたたかい拍手　休んだ仲間へ思いやり

先週の一組では欠席者が多く、七人もの生徒がいない日もありました。連休中に部活動の練習に熱心に参加していたために、体調を崩してしまった人が多かったようです。

がんばりすぎるために疲れがたまってしまうことは、よくあります。部活動の練習などを自分で調整するのは難しいでしょうが、休日や夜の時間を上手に使い、休息をとるように心がけましょう。まだまだ中学校生活は長いので、無理をしすぎてはいけません。

欠席者の多かった一週間でしたが、金曜日に印象的なできごとがありました。朝に、インフルエンザで休んでいた生徒が久しぶりに登校した所、すでに教室にいた生徒たちが、拍手と歓声で迎えていました。仲間を自然と歓迎する雰囲気が感じられ、とても素敵な瞬間でした。

学校を休むと、登校するのが少し不安になる人もいるでしょう。そんな時、休んでいた人を温かく迎える雰囲気があれば、不安は安心に変わります。一組が、そのような学級であり続けてほしいと願います。

こだわりの学級目標　作成中

先週から、学級目標「挑戦・協力・尊重」の教室掲示用作品を作成しています。担当は、文化班の月碧さん・萌加さん・白土理子さん・結斗さん・遥十さん・和哉さんです。

文字の形や素材、色合いなどにこだわり、手を抜かずに取り組む姿勢は、まさに「挑戦」です。１１日（木）の放課後には、約２時間にわたって協力して作業をしていました。掲示用の学級目標は今週の「根っこ」で紹介予定でしたが、予定を変更して来週の８号で紹介します。

【勇気の出る格言】●●●●●●●●●●●●●●●●●●●●●（●●●●●●●：米国の政治家）

記事としては，左下の記事（欠席生徒が翌日登校した時に拍手で迎えたこと）の方が，あえて学級に広めたい内容です。しかし，中学校３年間を通して生徒の自治力を高めるため，生徒総会の内容をトップ記事にしました。先を見通して，記事の構成を考えることも大切です。

実例 17　■1年生　■「根っこ」第7号裏（2017年5月15日発行）

おいしく楽しい団らんの時

2017年5月15日（月）　函館市立亀田中学校　1年1組　学級通信「根っこ」　第7号

おいしく楽しい団らんの時

　入学して1か月が過ぎ、中学校生活にもすっかり慣れてきました。今回は学校生活の憩いの時間、給食の様子を紹介します。

　給食時間は、当初は準備にかなり時間がかかり、食べる時間が非常に短くなったり、昼休みに食い込んだりする状況でした。しかし、当番も他の皆さんも準備の要領を得て時間がかからないようになってきました。

　栄養バランスが考えられた多種多様な料理を食べながら皆で談笑することで、心も体も健康になります。給食の時間を大いに楽しんでほしいと考えています。

　給食当番は手洗い後にエプロンとバンダナを身につけ、並んで給食を受け取りに行きます。最初はひもを結ぶのに時間がかかる生徒もいましたが、今では素早くなりました。

　盛り付けは、自分の給食を各自でランチトレイに載せる形です。数年前までは、ランチトレイがなかったので時間がかかりました。

　温食やご飯は大盛を希望して良いことになっています。現在、大盛は少数派です。今後はきっと増えるでしょう。

　上の写真は2班の皆さんです。カメラ目線で応えてくれました。この日の献立はご飯、若竹汁、いかと大豆の甘辛煮、ミニトマト、牛乳でした。

　黙々と食べる人や、話に花が咲く人など、給食中も個性が出ます。下の写真の月碧さんと百華さんのように、楽しくて笑いすぎて食事が進まない時も…（その後、きちんと食べていました）。

　右の写真は、牛乳の「おかわりじゃんけん」です。献立の種類や残っている量によって、じゃんけんや自由、希望者で等分するなどの方法で、おかわりをしています。じゃんけんは盛り上がります。

　給食の片付けの場面です。写真の陽翔さんは、音を立てないようにそっと食器を重ねていました。給食では、普段の授業ではなかなか見えない、一人一人の性格が意外と見えてきます。

　最後は手を合わせて「ごちそうさま」です。小学校に比べて、給食時間が短くて大変ですが、次第に慣れてきたようです。

次回（第8号）の予告…体育大会に向けて／1学期末テスト1か月前／道徳「かけがえのない自然　他（5月22日（月）発行予定）

　中学1年生の場合，中学校生活の様子を具体的に保護者に伝えることが重要です。この例は，給食時間です。写真を多く掲載していますが，必ず説明文を付けることで，写真から伝えたい内容が明確になります。写真だけで余白を埋めるようなことは避けた方が良いでしょう。

■3年生　■「喜怒哀楽」第7号表（2014年5月19日発行）

熊石の中学生代表として

2014年5月19日（月）　八雲町立熊石第二中学校　3年A組　学級通信「喜怒哀楽」　第7号

熊石の中学生代表として

喜怒哀楽

第7号
熊石第二中学校
発行　川端裕介

3年A組学級目標
最高の学級
［全力疾走］
～二中を支える柱となれ～

数千人の前で伝統芸能披露
あわびの里フェスティバル

昨日の熊石あわびの里フェスティバルで、郷土芸能の相沼奴を全校生徒で披露しました。三Aの生徒が中心として練習を重ねた成果を、十分に発揮できました。

お祭りで相沼奴の「七つ道具」を披露する風香さん。

晴天に恵まれたお祭り当日。町外からも多くのお客さんが詰めかける中、三Aの皆さんは二つの伝統芸能を披露しました。オープニングを飾ったのは、泊川太鼓の会です。三Aからは拓海さんと悠馬さん、紫帆さんが参加し、一糸乱れぬ演奏を披露しました。大勢の人が集まった会場に、太鼓の音が響き渡っていました。

続けては、全校生徒が参加しての相沼奴の披露です。観客の多さに委縮することもなく、傘取の慧さんから挟箱の紫帆さんまで、堂々とした演舞を披露しました。余裕さえ感じられる三Aの皆さんの表情に、成長を感じました。

相沼奴は、どの役も三年生が中心になって練習を重ねてきました。とくに、七つ道具の風香さんは、自分以外がすべて後輩で、しかもメンバーの多くが入れ替わりました。その厳しい状況にめげずに、粘り強く練習を続けました。そして、本番では練習の成果を十分に発揮していました。

風香さんは生徒会の書記やバドミントン部の副部長として、普段からリーダーシップを発揮しています。相手のことを考えながら、柔らかい口調で建設的な意見を述べることができます。七つ道具も、風香さんだからこそメンバーを上手にまとめることができたのだと思います。

九月の文化祭が、中学校生活最後の相沼奴になります。伝統文化の担い手として、今後も練習に励みましょう。

逆境を乗り越え見事な演技
紫帆さん　挟箱の「師匠」として

昨年度から、相沼奴で挟箱を担当する紫帆さん。今年度は保存会の師匠さんが不在となる厳しい状況の中で、後輩と二人で練習を続けてきました。

挟箱は二人の息を合わせるのが、とても難しい役です。これまでの一か月間、紫帆さんが「師匠」役になって練習を続けてきました。

総練習でも、二人のタイミングがずれて苦労していましたが、本番はすばらしい出来映えでした。

努力で逆境を乗り越えました。立派です。

満開の桜の下でリフレッシュ

下の写真は、相沼奴の後に会場で撮影したものです。学級通信の裏面も桜の写真なので、桜特集号のようになってしまいました。

この写真撮影の後に着替えて解散となり、思い思いにお祭りを楽しんだようです。忙しい毎日を過ごす中で、良い気分転換になったことでしょう。運動会への充電ができました。

たのもしい姿
運動会練習大詰め

運動会まで一週間を切る中、紅白の練習や応援練習、係活動にも熱が入ってきました。その中でも目を見張るのが、女子応援の練習です。

女子は応援でダンスを行います。例年、選曲から練習の進行まで、三年生が責任をもって担当します。

今年度は、涼凪さんと風香さん、知恵美さんの三人が中心です。三人は早い時期から、昼休みなどを使って振り付けを練習してきました。また、運動会練習が始まってからも、休み時間にノートを開いてフォーメーションの形や歌詞に合わせて動くタイミングを考えています。

事前の準備が万全のため、短い練習時間を効率的に活用できています。また、練習中の指示や助言、ほめ方も的確です。私は一度だけ練習を見ましたが、指示を出す涼凪さんの姿がとてもたのもしく見えました。最高学年にふさわしい成長ぶりです。本番がとても楽しみです。

女子ダンスで、フォーメーションの指示をする涼凪さん。

次回（第8号）の予告…最後の運動会，中間テストに向けて　他（5月28日（水）発行予定）

総合的な学習の一環として，地域の祭典で郷土芸能を披露する様子を紹介した記事です。家庭に配った通信は，保護者だけではなく同居する家族も目を通します。地域との関わりを通して生徒が成長する姿を詳細に伝えることで，学校と地域のコミュニケーションが促進されます。

実例 19 ■3年生 ■「喜怒哀楽」第7号裏（2014年5月19日発行）

3年目の桜

2014年5月19日（月）　八雲町立熊石第二中学校　3年A組　学級通信「喜怒哀楽」　第7号

先日、校庭の桜が満開になったので、記念写真を撮りました。桜の木の下での集合写真も、今回で三度目です。三年間の写真を見比べると、次第に大人の顔になっていることがわかります。

しかし、変わらないものもあります。それは、十人の楽しげな表情と、学級全体の明るい雰囲気です。これからも持ち味を大切にしながら、個人としても学級としても成長してほしいと思います。そして、来年の三月には、この桜に負けないような「満開の笑顔」で卒業することを願っています。

一年生の時は、今年のような満開の桜の下で写真を撮ることができました。まだあどけなさの残る顔をしています。桜に関するクイズを何問か出しましたが、三Aの皆さんは覚えているでしょうか。

二年生の時は、寒さと雨のせいで、桜がきれいに咲きませんでした。しかし、明るい表情が桜以上に輝いています。この年は、桜の下でトランプをして遊びました。

おまけ

我が家の庭にある、小さな桜の木も満開になりました。長男が生まれた年に買った桜の盆栽を、庭に植え直したものです。

【最高の学級ためのひと言】満開の桜での相沼奴。そして笑顔の集合写真。1年後の旅立ちの時に，素敵な旅立ちの桜が見られるように。

3年間持ち上がりで担任をしたことを生かし，同じ桜の下での写真を3年分並べて掲載しました。生徒の成長の様子がわかり，卒業への意識を高める効果もあります。クラス替えのある場合は，4月と3月に同じ構図や場所で撮影した写真を並べて掲載する方法を勧めます。

実例 **20** 3年生　「喜怒哀楽」第8号表（2014年5月28日発行）

逆境をバネに最高の運動会

2014年5月28日（水）　八雲町立熊石第二中学校　3年A組　学級通信「喜怒哀楽」　第8号

逆境をバネに最高の運動会

喜怒哀楽

第8号
熊石第二中学校
発行　川端裕介

3年A組学級目標
最高の学級
［全力疾走］
～二中を支える柱となれ～

見せた前向きな姿勢

五月二十五日に開催された運動会。プログラムが大きく変更になるという厳しい状況をはねのけ、すばらしい運動会にしました。

運動会の「生徒会縦割り種目」の最後に行われた、ムカデ競争の様子。

運動会当日の朝まで降り続いた雨の影響で、グラウンドにはたくさんの水たまりができていました。そのため、プログラムを大幅に変更せざるを得なくなりました。長縄跳びや玉入れ、応援合戦は体育館で行い、学年種目や縦割り種目はコースや内容を減らすことになりました。一〇〇m走など、競技自体が中止になったものもありました。

三年生にとっては最後の運動会です。これまでの練習の成果を、万全の状況で発揮したかったに違いありません。このような変更に、悔しい思いや不満を感じたとしても、仕方のない状況でした。しかし、三Aの十名は不満などおくびにも出しませんでした。練習以上に声を出し、後輩を励まし、自らを奮い立たせながら、すべての競技に臨んでいました。その姿勢は、とても立派でした。

一生懸命な姿勢が、競技の結果にも表れました。四つの団体種目はいずれも接戦で、紅白で二つずつ勝ちを分け合いました。結局、学年別の運命走の得点差から紅組が優勝しましたが、勝敗は問題ではありません。すべての競技で見せた、楽しみながらも真剣に取り組んだ経験こそ、三Aの皆さんの財産です。厳しい状況でも、すべきことを理解し、できることを全力で行う姿は、感動的でした。

競技以外の、係の仕事も立派に務めました。実行委員は、良い写真や映像のために、ぬかるむフィールドに入って記録をとっていました。放送係は順番や内容の変更に、臨機応変に対応できました。用具係も片づけまでテキパキと行っていました。

また、拓海さんが自主的に朝早く来て準備を手伝ったり、慧さんと紫帆さんが学年種目の道具を素早く片付けたりと、係の仕事以外でも随所で三Aのがんばりが見られました。

運動会終了後の帰りの学活。疲れながらも充実した十人の表情を見て、安心しました。逆境をものともせず、良い思い出をつくったようです。

讃える姿勢を讃えたい

運動会でうれしかったのが、互いの健闘を讃える姿勢が見られたことです。プログラムの変更で、最初の種目は長縄跳びでした。いきなりの団体種目です。緊張もあったと思いますが、どちらも二回の合計が百回を超える好記録でした。わずか三回の差で白組が勝利しましたが、結果発表を聞いた時に、紅組のメンバーが、白組以上に大きな拍手をしていました。

逆に、玉入れで紅組が勝った時には、白組から大きな拍手が聞こえてきました。そのように自然と相手を賞賛する姿勢に、とても感心しました。

勝ち負けや自分の立場に関係なく、他者の努力や成果を讃える心が、着実に芽生えています。成長を感じました。

いよいよ「本職」
中間テスト九日前

六月六日（金）は、前期中間テストです。今年度最初の定期テストです。

話を聞くと、運動会前日の土曜日に、長時間、テスト勉強をした人が多かったようです。受験生としての自覚の表れかもしれません。

昨年度までと同様に、学級独自の「二四〇〇分大作戦」を実施中です。テスト前二週間で家庭学習を二四〇〇分（四十時間）行うという試みです。昨年度までは、二四〇〇分に届かない人も数人いました。しかし、受験生になった今、二四〇〇分は最低条件です。家庭学習時間が不足している人は、今日の夜から、趣味の時間や自由時間を削りましょう。

学ぶことが、中学生の一番の仕事です。運動会で見せた力を学習でも発揮しましょう。

保護者と地域あっての

あいにくの天候とグラウンド状況の中，多くの保護者の皆様にご参加いただき，誠にありがとうございました。例年と変わらないご声援をいただき，生徒にとって大きな力となりました。また，雨でぬかるむグラウンドの整地や水吸いを，朝早くから手伝っていただき，ありがとうございました。午前１１時前から外で競技を行えるようになったのも，ご協力のおかげです。

運動会も文化祭も，保護者の皆様の協力があってこそ，現在のような規模での実施ができます。大きな行事を経験するたびに，二中は生徒だけでなく，保護者にも恵まれているとあらためて感じます。

お力を借りている以上，９月の文化祭も，生徒だけではなく，保護者の皆様や地域の方々に満足していただけるよう心がけます。とくに学年劇に，今年もご期待ください。

次回（第９号）の予告…中間テストに向けて　他（６月２日（月）発行予定）

悪天候の中で運動会を実施した翌週に発行した通信です。最後の運動会を，予定通りに実施することができませんでした。しかし，悪い条件の中でも精一杯に努力した姿を，具体的に取り上げました。通信を読んでいた生徒も，運動会を振り返りながら，満足感を得たようでした。

実例 21

■3年生 ■「喜怒哀楽」第8号裏（2014年5月28日発行）

今しかいない仲間と共に

2014年5月28日（水）　八雲町立熊石第二中学校　3年A組　学級通信「喜怒哀楽」　第8号

今しかいない仲間と共に

運動会では、三Aの十名が輝く姿を多くの場面で見ることができました。全力で競技に臨む姿や、雰囲気を盛り上げようと努力する姿、運動会を楽しもうとする姿などです。ほんの少しですが、写真で運動会を振り返ります。

紅組団長の翔さんの、応援の様子。紅組を見事勝利に導きました

長縄跳びで回し手を務める知恵美さん。とても上手でした。

応援でアイドルになりきる涼凪さん。

「ふるさと熊石」を楽しそうに踊る慧さん。

応援で「ゴミ取り」を務めた拓海さん。祈りが通じたのか、午後からは快晴になりました。

学年種目で風船を膨らますのに苦戦する風香さん。仮装はバレリーナです。

「パンツマンリレー」で私におんぶをされるななみさん。

紅白リレーで昨年の雪辱を果たし、一位でゴールテープを切る悠馬さん。

生徒会縦割り種目のおぼんリレーで，見事な連携を見せる紫帆さんとあまねさん。

【最高の学級ためのひと言】逆境をバネに，最後の運動会を最高に盛り上げました。さすが3Aです。

少人数の学級だったため，運動会の写真を全員分掲載しました。一人一人の個性と努力が伝わる写真を選びました。また，見出しは，この仲間との運動会が最後であることを感じさせるようにしました。生徒たちは通信を読むと，笑いながらも，どこか感慨深げな様子でした。

■1年生 ■「根っこ」第8号表（2017年5月22日発行）

走力を補う協力

2017年5月22日（月） 函館市立亀田中学校 1年1組 学級通信「根っこ」 第8号

走力を補う協力

根っこ

第8号
函館市立亀田中学校
発行 1年1組学級担任 川端裕介

1年1組学級目標
挑戦・協力・尊重

体育大会練習開始
本番での奇跡を目指して

先週から体育大会に向けた練習が始まりました。一組は、運動を苦手とする生徒が比較的多いのですが、協力する姿勢は抜群です。個の力で負けていても、それを集団の力で補い合って、充実した体育大会にしましょう。

校内体育大会に向けて、十九日（金）に初めての学年練習が行われました。行進や全員リレーの練習を行いましたが、全体的に切り替えが素早く、円滑に練習が進みました。今後も、切り替えを意識し続けましょう。

さて、全員リレーでは、一組は苦戦することが予想されていました。廊下に掲示されている短距離タイムベスト五〇に、一組の生徒があまり入っていないからです。周回遅れになることも、覚悟していました。

しかし、実際には序盤に首位に立ち、終盤になっても上位に食い込んでいました。予想外の大健闘に、皆で驚いていました。

健闘した理由は、協力の姿勢です。走るのが苦手な人も得意な人も、一生懸命に努力したことが良い結果につながりました。

また、忘れてはいけないのが朝練でのバトン練習です。がんばって朝早くに集まり、意欲的に練習した成果が、早くも表れました。

全員リレーでの経験を通して、**力を合わせれば不思議な力が生まれる**ことを、一組の皆さんは実感したはずです。それが、団結することの意義です。**学級目標「挑戦・協力・尊重」の通り、運動が苦手な人も得意な人もお互いを尊重し、学級のために協力し、力を合わせて各種目に挑戦しましょう。**必ず、実りの多い体育大会になるはずです。

全員リレーの練習でさっそうと走る結斗さん。良いフォームです。

目指すは本音で本気の議論
道徳「自然を守る」

道徳の時間にペアで意欲的に話し合う様子。

十七日（水）の道徳の時間に「ハチドリのひとしずく」という話を題材にして、自然を守ることについて考えました。これは南米のエクアドルの民話で、山火事で動物たちが逃げる中、一羽のハチドリが水を一滴ずつ運んでは燃え盛る火にかけるという内容です。教室では、ハチドリの立場と森の動物の立場に分かれ、ロールプレイ（役割演技）という方法で、ハチドリの行動の是非について考えました。

上の写真のようにペアで活発に議論が交わされていました。ハチドリの立場からは「例え火が消えなかったとしても、何か行動してみるべき」（さくらさん）という意見などが出されました。一方、森の動物の立場からは「一部ではバカにしているが、一部では少し期待している」（萌加さん）という意見や「手伝いをしようと思っている動物もいる」（茨苑さん）という意見が出されました。

発言を聞いていると、**教科書的な正解を求めるのではなく、自由な発想からの多様な意見が増えています。本音を出し合い、考えて議論する道徳になってきました。**

二百人の生徒の前で
陽翔・美香が種目説明

体育大会の全体練習では、健康委員が学年種目の説明を担当しました。一組からは、美香さんが全体の進行を務め、陽翔さんが大縄跳びのルール説明をしました。左の写真の通り、原稿を見ずに立派に話をしていました。

体育大会では、健康委員の他、学年種目の競技別のリーダーなどが学級のまとめ役として練習を進めます。まとめ役の人たちは自信をもってリーダーシップを発揮し、他の皆はリーダーを支えましょう。そうすることで、学級のまとまりが増します。そして、学級が伸び伸びと過ごせる場所になります。

学年種目を説明する美香さんと陽翔さん。

テスト1か月前

ちょうど1か月後の6月22日（木）に、1学期末テストがあります。9教科で行われる、1組の皆さんにとっては初めての定期テストです。

4月の実力テストでの厳しい結果を思い出し、早めにテスト対策を始めましょう。中学1年生の家庭学習の目安は、1日平均2時間です。5時間授業の日や部活動が休みの日、そして土日を有効に使えば、実現できます。毎日地道に努力しましょう。

【勇気の出る格言】●●●●●●●●●●●●●●●●●●●●●●（●●●●●）

体育大会のような学級対抗の学校行事で，生徒の力を考えると入賞が厳しいと予想される場合があります。そのような状況で生徒の意識を高めるためには，適切な目標を設定することが不可欠です。この例では，体育大会のねらいは生徒間の協力にあることを強調しました。

実例 23　深まる絆　最高の３日間

2016年5月23日（月）　函館市立亀田中学校　3年6組　学級通信「亀の湯」　第8号

深まる絆　最高の3日間

亀の湯

第8号
函館市立亀田中学校
発行　3年6組学級担任　川端裕介

3年6組学級目標
みんなGU（自由）　みんなAU（英雄）
～37+1の挑戦！～

修学旅行で見せた成長
反応　自主性　そして絆

十七日（火）から十九日（木）まで三日間の**修学旅行が無事終わりました。二泊三日の旅では、様々な面でのがんばりが見られ、成長を感じました。そして、学級の絆が深まりました。**

上の写真は、修学旅行二泊目の夜に撮影したものです。疲れの中にも、充実感の漂う表情です。三日間の旅で、六組の皆さんは真剣に学び、思い切り楽しむ姿勢を貫いていました。その結果、学級として大きく成長できました。

とくに三つの点で、学級としての成長を感じました。一つは、反応の良さです。普段から良くも悪くもおとなしいと言われる六組。しかし、修学旅行では違いました。バスガイドの「りっちゃん」の話にもよく反応していましたし、バスレクも大いに盛り上がりました。修学旅行を楽しもうとする意識が行動に表れていました。

楽しむだけではなく、話を聞く場面や約束を守る姿勢も立派でした。学年全体の課題だった切り替えの遅さを、見事に克服しました。

成長を感じた二点目は、自主性です。室長や班長など、場面ごとに様々なリーダーが活躍しました。なかでも、中央委員の航稀さんと梨々香さんの働きぶりは見事でした。二人は旅行中、数十回に及ぶ人数確認と、整列や移動の指示を行いました。

とくに印象に残ったのが、旅行の終盤、仙台駅から新幹線に乗る前の場面です。前の学級が隊形を変えるのを見て、梨々香さんがすぐに反応し、「先生、二列から一列にしますか。」と申し出て、列を変更させてくれました。経験したことのない状況であっても、瞬時にすべきことを判断し、全体に指示していました。

指示を聞く側も立派でした。同じ仙台駅の場面で、梨々香さんに続いて航稀さんが移動の指示をした時、男子が皆で「はい！」と元気に返事をしていました。**リーダーが的確な指示を出し、他のメンバーがきちんと反応して行動する形ができていました。生徒が主体となって、学級がきちんと動いていました。**

成長の三つ目は、学級の絆が深まったことです。普段はほとんど話をしたことがなかった人と、トランプをして遊んだり、部屋で語り合ったりする場面が何度も見られました。学級ミーティングの時やバスの中では、旅行前よりも一体感を強く感じました。**温かい雰囲気の中でそれぞれが個性を発揮できる土壌が整いつつあるようです。**今の六組には学級目標の通り、「みんなGU（自由）」に活躍できる雰囲気を感じます。体育大会や美原祭、そして入試で、「みんなAU（英雄）」となることができるでしょう。

修学旅行では、寝食を共にすることで、学級が一気に成長することがあります。今回の修学旅行が、まさにそのケースです。皆が努力した結果、六組は大きく成長しました。

出発前から和む六組
一円玉ゲームでこぼれる笑顔

修学旅行では、普段以上に皆で楽しもうとする姿勢が見られました。実は、その姿勢は旅行前日から表れていました。

結団式の後の学活で、修学旅行に向けて学級の雰囲気を盛り上げるために、「一円玉ゲーム」を行いました。ルールの説明は割愛しますが、目を見つめ合うのがポイントのゲームです。

和気あいあいとした中で、時折歓声も響いていました。この雰囲気を、これからも大切にしたいですね。

一円玉ゲームで、悠宇さんと和希さんが笑顔を見せる様子。

【格言～未来へ歩む参考に～】●●●●●●●●●●●●●●●●●●●●●●●（●●●●）

修学旅行や宿泊研修は，保護者にとっては状況がまったくわからないので詳しく知りたい行事です。一方で，教師は生徒と接する時間が長いため，伝えたいことが多すぎる面があります。この例では，伝えたいことを３点に絞り，絆の深まりの象徴として，集合写真を掲載しました。

3年生　「亀の湯」第９号表（2016年５月30日発行）

あのハイタッチのように

２０１６年５月３０日（月）　函館市立亀田中学校　３年６組　学級通信「亀の湯」　第９号

あのハイタッチのように

亀の湯

第９号
函館市立亀田中学校
発行　3年6組学級担任　川端裕介

3年6組学級目標
みんなGU（自由）　みんなAU（英雄）
～37+1の挑戦！～

楽しもう体育大会　結果より姿勢

今週の金曜日に、校内体育大会が実施されます。先週はその練習が本格的に始まりました。運動を苦手とする人が多い六組です。予想通り、前途多難なスタートになりました。しかし、大切なのは一生懸命に参加し、楽しむ姿勢です。

修学旅行を終えたばかりですが、亀田中を代表する大きな行事の一つ、体育大会が迫っています。六組の皆さんにとっては、中学校生活最後の体育大会です。先週は、朝練が始まった他、学年練習が二度行われました。

印象的、そして衝撃的だったのは、二度目の学年練習での全員リレーでした。全クラスで一番遅いと噂される六組。個の能力を団結力と戦術で補うべく、健康委員を中心に練りに練ったオーダーを組みました。しかし、結果は圧倒的最下位…。悔しかったです。

しかし、工夫の余地は山ほどあります。実際、練習の終了後から、何人もの生徒からたくさんの改善策が出されました。それを生かし、できることを精一杯に努めましょう。**大切なのは、苦手なことにも挑戦する姿勢と、皆で協力する姿勢です。**順位は二の次です。

その姿勢に関わって、感心したのが学年練習でのウォーミングアップでした。学級ごとに二列になって体を動かす中で、女子が走り終えた人にハイタッチをし始めました。次第にタッチする人が増え、中盤からは女子全員（と倫太郎さん）が笑顔でハイタッチをしていました。とても楽しそうで、良い雰囲気でした。

大切なのは、このように**正しく楽しむ姿勢**です。走るのが遅くても構いません。手を抜かずに一生懸命走れば良いのです。そして、応援などの他の場面でも、全力でどんどん楽しみましょう。**勝っても負けても態度を変えず、楽しむ姿勢を忘れずに、体育大会に臨みましょう。**

広がる輪　新しい絆

修学旅行を終えてから、学級の雰囲気が少し変わったように感じます。例えば、昼休みのトランプやウノを、男女混合で和気あいあいと楽しんでいます。また、体育大会の大縄跳びや３人４脚の練習では、これまであまり見られなかった組み合わせの人たちで協力ができていました。

学級における理想的な人間関係を、私は次のように考えます。**仲良しで深く信頼し合える仲間がいて、それ以外の級友とも交流や協力ができる関係ができている。**「仲良しグループ」の壁を越えて協力できるかどうかが、体育大会などの学校行事の成功の鍵です。その意味で、上述したトランプや大縄跳びの場面、さらにはトップ記事で紹介した「ハイタッチ」が見られたことを、うれしく思います。私が願う「温泉のような学級」に、６組は近づいています。

優秀かな？　八十三%　避難訓練　ハンカチ所持率

二十六日（木）に避難訓練が実施されました。今回は火災を想定した訓練でしたが、静かで迅速に避難することができたようです。なお、私は幼稚園の親子遠足参加のためお休みをいただいていました。申し訳ありません。

さて、避難訓練の反省用紙を見てみると、「ハンカチを忘れてしまった」という反省が散見されました。当日のハンカチ所持率は八十三%と、昨年までに比べると悪くはありませんでした。

しかし、普段は手洗いをした後に水飲み場で手を振って乾かしたり、制服で拭いたりする姿も見られます。エチケットとしても、緊急の備えとしても、普段からハンカチを持ち歩く習慣を身に付けてほしいところです。火災はもちろん、出血時などにもハンカチは使えます。あるいは、涙を流す人にそっと差し出すような時も…。

三年生の皆さんは、あと十か月で義務教育を終えます。将来に備え、必要最低限のマナーを身に付けることも大切です。

覚えてますか？　テストのことを　受験生であることを

修学旅行、体育大会と行事が続きますし、中体連も約一か月後と迫っています。そのような状況で、忘れてはいないでしょうか。期末テストまで三週間しかないことを。六月二十三日（木）・二十四日（金）が今年度最初の定期テストです。

受験生の皆さんは当然理解していると思いますが、三年生の評定はいわゆる「ランク」の七分の三を占めます。とても重要です。しかし、その重大さを理解した上で十分な対策を取っているかというと、疑問を感じます。

昨年度と変わらず、朝や休み時間に宿題を慌てて解く姿が多数見られるからです。「絶対に家庭学習をしていないだろう！」と言いたくなります。

現在、第一回の進路希望調査を集計中ですが、その希望する進路を本当に実現したいのであれば、今から努力するしかありません。**まだ、間に合います。疲れていても、忙しくても、まずは机に向かいましょう。テストは待ってくれません。**

【格言～未来へ歩む参考に～】●●●●●●●●●●●●●●●●●●●●●（●●●●）

実例22と同様に，体育大会に向けた内容です。この例では，生徒たちが勝ち負け以上に大切なこととして，最後の体育大会を楽しむことを自然と見出していました。生徒の行動や発言の中から，光るものを通信に取り上げると，学級全体でも保護者とも，意思の統一ができます。

実例 25 ■3年生 ■「亀の湯」第9号裏（2016年5月30日発行）

皆で作った学級目標…ついに完成！

2016年5月30日（月）　函館市立亀田中学校　3年6組　学級通信「亀の湯」　第9号

皆で作った学級目標…ついに完成！

６組の掲示用学級目標が完成しました。遥菜さんをリーダーとし、文化班と多くのボランティアの力があって、見事な作品が出来上がりました。私は全校ＮＯ．１の出来で、これまで担任を務めた学級の中でも一番の出来だと確信しています。眺めるだけで、学級目標達成への意欲と学級への愛着が高まるような、素晴らしい作品です。

無数の工夫を多数の手で実現

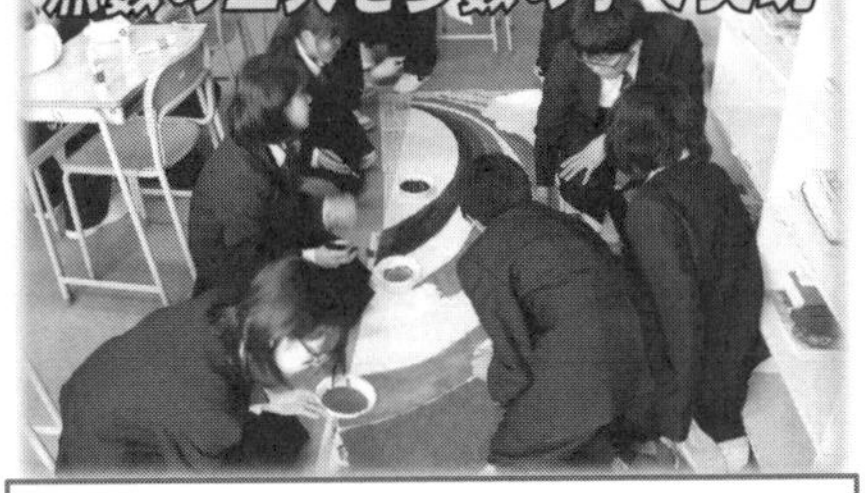

作業は4日間、合計7時間にも及びました。文化班の6名に加え、14名ものボランティアでの手伝いがありました。

悠太さんが作業中に「こだわりがすごい…」とつぶやいた通り、様々な素材を使い、デザインも凝っています。掲示物のデザインは、遥菜さんを中心に文化班の皆さんが考えました。

アクリル塗料で書いた空と虹に、画用紙と模造紙の雲が浮かび、その中には仲間の自画像。学級目標の文字は、「みんな」が画用紙、「ＧＵ」と「ＡＵ」は分厚い発泡スチロールにスプレーで色を塗り、立体的に。サブタイトルは墨で書きました。そして、華を添えるのが、色鉛筆で描かれた「6組公式ゆるキャラ」のサボテンです。

空に浮かぶ豊かな個性

右端の雲に浮かぶのは、６組の仲間たちの「自画像」です。円を生かして、自転車の車輪やサッカーボールとして自分を表現している人もいます。アイディアの豊富さから、６組の皆さんの個性の豊かさが伝わってきます。それにしても皆さん、上手です。

魂を込めた武の書

サブタイトルを習字で書いたのは武さんです。天斗さんの推薦で抜擢されましたが、期待に応える見事な筆さばきでした。

一発勝負の緊張の中で書き上げた文字は、「（パソコンの）フォントにしか見えない」（航大さん）、「跳ねの『シュッ』がすごい」（美月さん）など、絶賛の嵐でした。能ある鷹は爪を隠す、ですね。

そして…最高の作品が完成！

次回（第１０号）の予告…体育大会を終えて／期末テストに向けて／修学旅行作文紹介　他（６月６日（月）発行予定）

掲示用の学級目標を工夫して作ることで，学級目標や学級自体への生徒の愛着が増します。この例では，時間はかかったものの，生徒たちが主体的に制作に取り組んだ過程と工夫した点を詳細に取り上げました。来校の機会が少ない保護者にも，教室の様子が伝わりました。

自分の限界へ挑戦

2017年5月29日（月）　函館市立亀田中学校　1年1組　学級通信「根っこ」　第9号

自分の限界へ挑戦

根っこ
第９号
函館市立亀田中学校
発行 1年1組学級担任 川端裕介

1年1組学級目標
挑戦・協力・尊重

体育大会せまる　見せろ！一組魂！

六月二日（金）に校内体育大会を控え、学校の雰囲気は体育大会一色です。一組では、練習に加えてスローガンや個人目標を考え、心も体も体育大会への準備を整えています。仲間と協力し、楽しみながらも全力で競技に臨むことを期待しています。

体育大会に向けて、先週からは学年別の団体種目の練習が始まりました。長縄跳びと、四人一組で板に載せたボールを運ぶリレー、そして段ボールを後ろ向きに頭上で渡す競技を組み合わせたものです。一組の皆さんは、左上の写真のように真剣に競技に臨み、初めての練習では三位になりました。作戦を立て、練習を重ねながら、本番はさらに良いチームワークを見せましょう。

さて、先週には体育大会に向けて、学級のスローガンを決めました。候補の中から投票で選ばれたのは**「見せろ！一組魂！」**でした。結さんの発案です。体育大会に向けて気合の入る表現ですし、学級目標の一つである「挑戦」にも関連していて、良いスローガンです。

さらに、炎のデザインの紙に個人の目標を書きました。左下に紹介した時永海翔さんのように、個人目標でも学級目標を意識した文言がたくさんありました。

一組の皆さんがすでに意識している通り、体育大会は学級を大きく成長させる絶好の機会です。学級の成長は、勝つことによっても達成されるかもしれません。しかし、勝ち負け以上に大切なのが、体育大会に臨む姿勢です。運動が得意な人は周りの期待に応えましょう。逆に、苦手な人はできる限りの努力をしつつ、応援にも力を入れましょう。

個性の異なる仲間たちが、お互いを尊重しながら協力し、ゴールを目指して全力で挑戦する姿勢が大切です。一組の誰もが満足し、学級の成長を実感できるような体育大会にしましょう。

学年種目練習で段ボールを次々と渡していく様子。

海翔さんが書いた体育大会の意気込み。

発言の質が向上　毎週末の反省

一組では、毎週末の帰りの学活の時間に、一週間の目標に関連させた反省を行っています（「根っこ」第六号でも取り上げました）。最近、反省後の発言の質がどんどんと高まっています。

例えば、先週の目標は「授業中に積極的に手を挙げて発表しよう」でした。反省では「前よりも発表は増えたのは良かったが、全員ではない」という意見や「積極性が増した一方で、不必要な発言も増えてしまった」という意見などが出されました。一週間という短い期間ながら、学級の成長した点と課題を的確にとらえています。学級のことを皆が真剣に考えて、活発に話し合いができていることの表れです。

こうした取組をマンネリ化させるのではなく、次第に充実させていくことが、より良い学級をつくるために大切です。入学して二か月も経っていませんが、一組の成長には目を見張るものがあります。今後が楽しみです。

一秒でも素早い行動を　避難訓練実施

二十二日（月）に、今年度初の避難訓練を行いました。家庭科調理室からの出火を想定した訓練です。校長先生からは「生徒数が一番多い亀田中学校の避難訓練は、函館で一番ハードルが高い」というお話がありました。一組の皆さんは、その高いハードルを無事に越え、真剣に訓練に参加していました。

一組の皆さんには事前指導で話した通り、私は避難訓練の翌日に学校の隣が火事になった経験があります。安全で安心できる学校にするためには、災害への備えを万全にすることが極めて重要です。

今回は、避難を指示する放送が入ってから校外に出るまでの時間が、私の時計では四分ほどでした。実際の災害では、わずか数秒の違いが命に関わることもあります。今回の結果に満足せず、次回は一秒でも素早く行動するようにしましょう。

決戦のために無理をせず

体育大会の学年練習や朝練習が続き、１組の皆さんもかなり疲れがたまっています。しかし、先週には「まだまだ元気ですよ！先生！！」という頼もしい言葉も聞かせてもらいました。

元気いっぱいの人もいますが、無理は禁物です。今週は学年練習や体育がほぼ毎日続く中で、週末に体育大会を迎えます。ケガに気を付け、休息を十分に取った上で本番に臨みましょう。

【勇気の出る格言】●●●●●●●●●●●●●●●●●（●●●●：漫画家）

体育大会直前の記事です。見出しには学級目標の１つ「挑戦」を掲げ，本文でも「尊重」や「協力」を意識的に使うようにしています。学校行事は学級が成長する絶好の機会です。そこで，学級目標と関連付けた指導をし，通信にも反映させることで，成長の方向性が定まります。

6月の学級通信

実践編

実例 27　笑顔で満足の体育大会に

２０１７年６月５日（月）　函館市立亀田中学校　１年１組　学級通信「根っこ」　第１０号

笑顔で満足の体育大会に

根っこ

第１０号
函館市立亀田中学校
発行 １年１組学級担任 川端裕介

１年１組学級目標
挑戦・協力・尊重

延期をバネに一体感を　競技以外も全力で

六月二日（金）に予定されていた校内体育大会が、悪天候のため七日（水）に延期となりました。もう一度体育大会に向けて気持ちを高めましょう。そして、競技はもちろん、それ以外の場面でも全力を尽くし、皆が笑顔で満足できるような体育大会を目指しましょう。

中学校に入って初めての体育大会でしたが、週の後半から天気が崩れたため、延期になってしまいました。天気ばかりは仕方がありません。右下に紹介している、てるてる坊主の言葉の通り、気持ちを切り替えてがんばりましょう。

さて、先週の体育大会の練習では、感心する場面がたくさんありました。例えば、左上の写真の結斗さんです。開会式の行進練習で、誰よりも大きく手を振り、足を上げていました。間違いなく、全校で一番でした。このように、**競技とは直接関係のない場面でも全力を尽くす姿勢**は、とても立派です。

学級全体でも、一〇〇mのプレ競技で美香さんや福原理子さんが走っている時に、大きな声援を送っていました。その姿は、とても楽しそうで、学級全体が良い雰囲気でした。

何事に前向きな姿勢は、競技にも良い影響を与えたようです。走力では他の学級に劣る一組ですが、学年練習の全員リレーでは、後半まで一位で走るという大健闘を見せました。バトンリレーの練習をがんばった成果です。後は本番で「マル秘作戦」を実行できれば、奇跡の勝利もあり得ます。

体育大会は学校行事です。**競技だけではなく、体育大会で行われるすべてのことに全力で挑戦しましょう。そうすれば、勝敗を超えた満足感が得られるはずです。**皆で楽しみながら協力し、実りある体育大会にしましょう。

大きく手と足を動かしながら、堂々と行進する結斗さん。

ホワイトボードに百華さんが書いてくれたメッセージ。

亀チュウ　参上！　学級マスコット決定

一組のマスコットに決定した「亀チュウ」です。デザインは白土理子さん、名前は陽さんの発案です。

一年一組のマスコットが「亀チュウ」に決まりました。デザインも名前も公募し、投票で決定しました。

デザインした白土理子さんによると「クラスのみんながヒーローみたいに人助けや思いやりができれば良い」という思いが込められているそうです。また、頭の毛が「の」の字になっているのがチャームポイントです。

三十五人全員がお互いを尊重しながら、ヒーローのように個性を発揮しましょう。皆さんのことを、亀チュウが見守っています。

協力がリーダーを支える　自主的に練習

二十九日（月）に、体育大会に向けた最後の朝練と、学級別の練習を行いました。週末の雨の影響で、グラウンドの一部と体育館での練習となりました。場所が狭いため、あまり意味のない練習になるおそれもありました。

しかし、実際には充実した中身の練習ができました。それは、健康委員の陽翔さん、美香さんと、中央委員の龍翔さん、百華さんがリーダーシップを発揮して、効率的に練習を進めたからです。

また、他の生徒の協力する姿勢も立派でした。リーダーが的確な指示を出し、他の皆が協力するという、理想的な練習ができていました。成長しています。

リレー練習で的確に指示を出す美香さん。

あっという間に二週間前

期末テストまで２週間あまりとなりました。体育大会が延期になったため、まだテストの実感がわいていない人も多いようです。しかし、９教科のテスト対策を確実に行うためには、今から学習時間を倍増させなければいけません。

８日（木）から、テストに向けた取組として「２４００分大作戦」を開始します。詳細は明日、お知らせします。さあ、勉強の時です。

【勇気の出る格言】●●●●●●●●●●●●●●●●●●●●●●（●●●●●：英国の元首相）

トップ記事では，体育大会が雨天延期になったため，発行計画を変更し，開閉会式の練習に一生懸命取り組む生徒を取り上げました。競技の勝敗以外にも大切なことがあると伝えることができました。生徒の隠れた努力を見逃さないようにすると，急な出来事にも対応できます。

実例 28　学級力向上プロジェクト始動

２０１７年６月５日（月）　函館市立亀田中学校　１年１組　学級通信「根っこ」　第１０号

学級力向上プロジェクト始動

先週、１組の学級としての到達度と課題を明らかにするために「学級力アンケート」を実施しました。その結果は、下のグラフの通りです。このアンケートの特徴は、結果を生徒に開示して、学級の課題と改善策を生徒自らが考えるということにあります。開発した早稲田大学の田中博之教授によれば、学級の自治力を高める効果があると考えられています。

１組の皆さんも、アンケートの結果と真剣に向き合いながら、改善の方法を考えていました。改善策を今月中に実行し、来月に第２回のアンケートを行います。

第１回学級力アンケート結果

２４項目を６つの力に分けて集計。グラフ内の赤い数値は、アンケートの平均点を１００点満点に換算したもの。

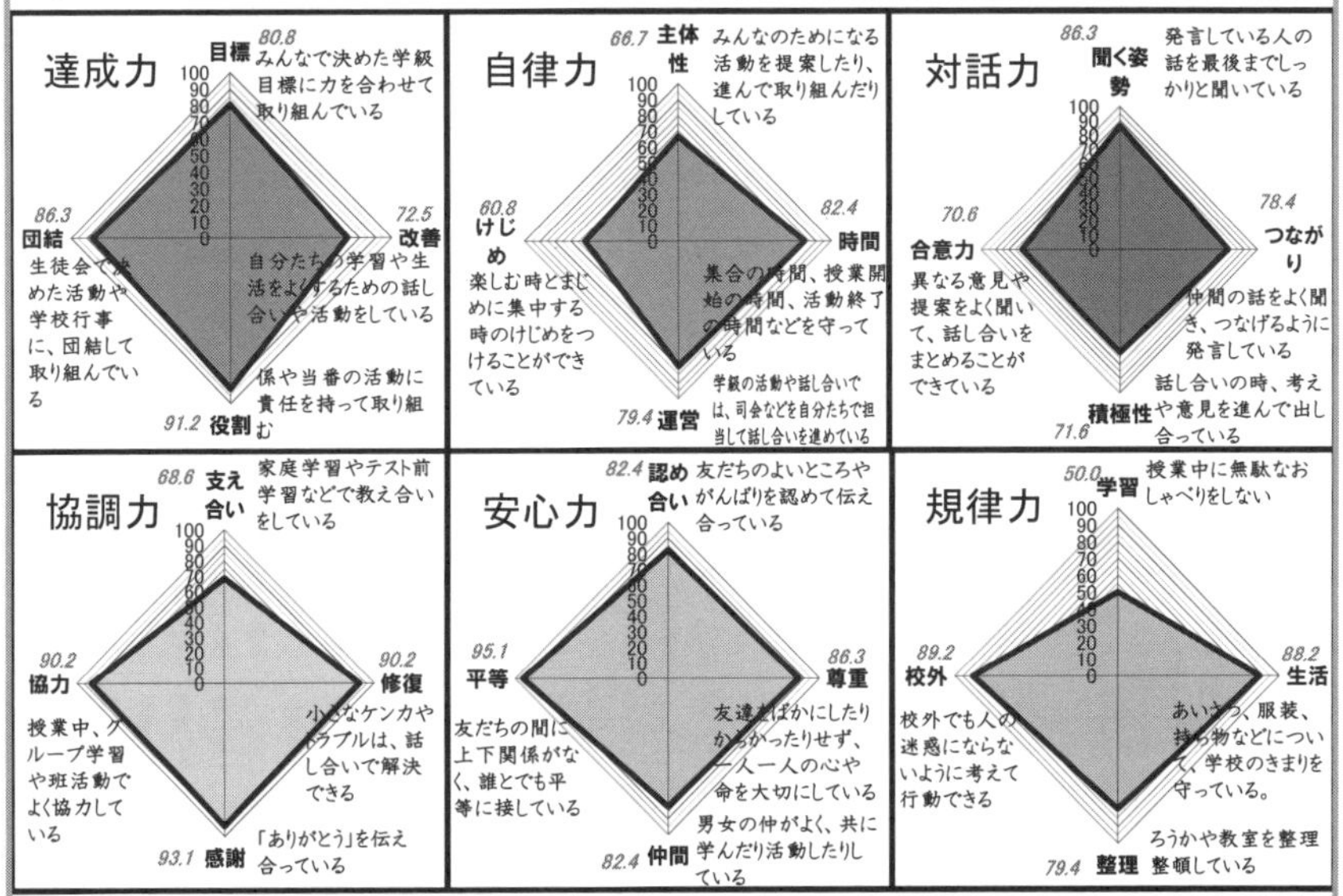

アンケート結果の分析（一例）

- ・無駄なおしゃべりがあり、けじめをつけることができていなかった。そこを直せば、もっと立派な１組になる【悠雅さん】
- ・けじめがない（２分前着席を自分でできていない）。周りにいる人が注意する。たまに注意せずに、自分で気づいて座るかを確かめる。【愉仁さん】
- ・「協力」はできているが「支え合い」はできていないから、ただ協力するのではなく、相手のことを考えて支えるのが大事。【百華さん】
- ・主体性が弱い。一人一人が皆のためになることを考え、提案すれば良い。【梨緒さん】
- ・安心力の４つの項目の点数がすべて高いため、川端先生の言っている「安心できるクラス」がほぼ達成に近い。上げる努力を続けると良い。【時永さん】

改善するための具体策

- ・学習ルールの作成・「規律はどこでも同じ」運動
- ・２分前着席週間の実施
- ・教室でのあいさつ運動
- ・サークルタイムなどを利用した交流の促進
- ・朝の学活での黙想
- ・体育大会大作戦の実施
- ・今日のひと言や友情スポットライトの実施
- ・「秘密の親切」の実施
- ・消しカスレクの実施
- ・席替え給食の実施　　　　など

次回（第１１号）の予告…体育大会を終えて／中体連陸上大会応援／期末テストに向けて／道徳「正義を貫く」　他（６月１３日（火）発行予定）

学級に関するアンケートの結果を学級通信で公表しました。結果を生徒に示すこと自体が珍しいかもしれませんが，通信に載せることで，生徒はもちろん，保護者も学級の現状を可視化できるようになります。教師と生徒，保護者が一体となった学級経営のきっかけになります。

全力だからこその悔しさ

2017年6月13日（火）　函館市立亀田中学校　1年1組　学級通信「根っこ」　第11号

全力だからこその悔しさ

根っこ

第11号
函館市立亀田中学校
発行 1年1組学級担任 川端裕介

1年1組学級目標
挑戦・協力・尊重

自主性光る体育大会　勝利は九月の合唱で

六月七日（水）に、校内体育大会が実施されました。晴天に恵まれる中、一組の皆さんは素晴らしい団結力と全力疾走を見せました。残念ながら、総合成績での入賞はかないませんでした。しかし、今回の団結力を生かし、そして悔しさをバネにして、九月の合唱コンクールでの金賞を目指しましょう。

上の集合写真は、体育大会の閉会式後に撮影したものです。笑顔の中にも、疲れと悔しさがにじみ出ているように感じます。今回の体育大会で得たこと、そして得られなかったことが、この一枚に凝縮されています。

一組には運動の苦手な人が多いのですが、個人でも団体でも、皆が全力で競技に臨んでいました。また、円陣を組んだり、工夫しながら仲間に声援を送ったりする自主性も見られました。練習の時から協力し、自分たちで創意工夫を図ってきた成果が、体育大会の当日に表れていました。

体育大会を通して、学級目標「挑戦・協力・尊重」の達成に向けて、着実に進むことができました。

しかし、今回の順位に満足できず、悔しい思いをした人も多いでしょう。それは、全力でがんばったことの証明です。悔しさをバネにして、一組をもっと挑戦し、もっと協力し、もっと尊重し合う学級へ高めましょう。目指すは、九月の美原祭、合唱コンクールでの金賞です。一組の挑戦は、まだ始まったばかりです。皆でより良い学級をつくりましょう。

仲間のために声を枯らせて　中体連陸上　理子・奏汰　三位入賞

十一日（日）に千代台陸上競技場で函館市中体連陸上競技大会が開催されました。函館では、陸上部員以外の生徒も出場し、一般生徒が応援を行うという、珍しい形で実施されています。

初めての応援を経験した一組の皆さんでしたが、下の写真のように、声を張り上げて全力で応援をしていました。立派でした。応援の力を受けてか、一組からは白土理子さんが八〇〇m走、奏汰さんが一〇〇m走で見事三位に入賞しました。

中体連陸上大会で、大きな声で応援する神さんや康太さん、遥十さんたち。

激論！真の正義の味方は？　道徳「正義とは何か」

先週の道徳の時間は、桃太郎・ウルトラマン・アンパンマンの内、正義の味方ナンバーワンは誰かということについて意見を交わしました。幼い頃を思い出したのか、目を輝かせながら議論していた人もいました。

話し合いでは、アンパンマンを支持する人が多数を占めました。アンパンマンの献身的な姿勢に共感したようです。その一方で、古典的な正義の味方である桃太郎や、地球を救うために戦うウルトラマンへの根強い支持も見られました。かなり白熱した議論になりました。

話し合いの後に「正義とは何か」について考えました。「愛されているから勇気が出て、自分を犠牲にしても戦うこと」（百華さん）や「人を笑顔にして、みんなを楽しく、幸せにできるのが正義」（龍翔さん）といった意見が出されました。身近なキャラクターを通して、正義についての考えを深めることができました。

ちなみに「正義の味方」という言葉を考えたのは月光仮面の脚本家で、函館出身の川内康範と言われています。

「人は正義そのものにはなることはできないが、正義の味方にはなり得る」という思いが込められているそうです。正義を貫くのが難しい世の中だからこそ、学級では正義を大切にします。

【勇気の出る格言】●●●●●●●●●●●●●●●●●●●（●●●●：随筆家）

体育大会後の学級通信です。健闘及ばずに入賞ができなかった場合，生徒にどのようなメッセージを伝えるか，悩むことも多いかと思います。この例では，悔しい結果だったことを認めた上で，自主的に練習を進めた姿勢に価値があることを強調し，合唱への意欲を喚起しました。

実例 30　■1年生　■「根っこ」第11号裏（2017年6月13日発行）

1組の良さが光った体育大会

２０１７年6月１３日（火）　函館市立亀田中学校　１年１組　学級通信「根っこ」　第１１号

1組の良さが光った体育大会

体育大会の団体競技や総合順位では、残念ながら満足のいく結果とはいえませんでした。しかし、体育大会を振り返ると、１組の皆さんのすばらしい姿が随所に見られました。写真を中心に、少しだけ紹介します。

これらの写真を見ると、勝つことだけが大切ではないと、あらためて実感します。体育大会を経て、１組はひと回り成長しました。残り９か月で、さらに成長して「挑戦・協力・尊重」する学級をつくり上げましょう。

カメラを向けると、しっかり反応してくれます。

陽の力走

左の写真は、陽さんが８００m走で力走を見せていた場面です。陽さんは、希望者が不足していた８００m走に、進んで手を挙げて出場してくれました。その献身的な姿勢には、頭が下がります。

笑顔の奏汰

手を抜かない理子

上の2枚は、４００m選抜リレーの様子です。女子では、アンカーの理子さんが6位でも決して手を抜かずに走り切る姿に感心しました。

男子は見事に3位入賞を果たしましたが、アンカーの奏汰さんの写真を拡大すると、なんと笑顔でした。すてきなフォームと笑顔です。

感動の円陣

百華さんたちの発案で、午後の部の開始前に円陣を組みました。**自主的に提案してくれたこと、円陣の言葉を自分たちで事前に考えたこと、そして全校のトップを切って円陣を行ったこと、すべてに感心し、感動を覚えました。**この場面を見られただけで、私は満足です。

笑顔で協力

団体種目は、細かなミスが重なったこともあり、5位に終わりました。しかし、楽しみながら一生懸命に取り組んだのが立派です。

全力でつないだバトン

摩尼華さんから愉仁さんへの完璧なバトンパス。全体的な走力不足を、努力で補いました。

優しい拍手

結果発表では、龍翔さんが他の学級へ温かい拍手を贈っていました。良い顔です。

次回（第１２号）の予告…期末テスト直前（２４００分大作戦）／学級力向上のために／はがき新聞「体育大会」　他（6月１９日（月）発行予定）

表面では体育大会全体を振り返り，裏面では個別に伝えたい場面を記事にしました。自主的に行った円陣を中心に，勝ち負けに関わらずに懸命に走る姿や，他の学級の入賞を称える場面など，心が温まるような場面を掲載しました。写真には，原則として説明を付け加えます。

■2年生　■「亀の湯」第９号表（2015年６月１日発行）

実例 31　綱引きの歓喜と充実感

２０１５年６月１日（月）　函館市立亀田中学校　２年２組　学級通信「亀の湯」　第９号

綱引きの歓喜と充実感

亀の湯

第９号
函館市立亀田中学校
発行　川端裕介

２年２組学級目標
A・Y・K！

体育大会閉会式で、二組の総合三位入賞という結果が発表された瞬間の様子。健康委員の大翔さんと里佳さんの表情が印象的です。

喜びを分かち合った体育大会
健闘の三位

五月二十九日（金）に、晴天の中で校内体育大会が開催されました。二組は見事に三位入賞を果たしました。後半の団体種目で点数を伸ばすという理想的な内容でした。とくに学年種目の綱引きでは、僅差で準優勝となり、学級の団結力を発揮しました。

体育大会で、二組三十八名の本気を見ました。雲一つなく、夏のような強い日差しの中、二組の皆さんの輝く姿をたくさん見ることができました。

とくに、学級全員の財産にしてほしいのが、学年種目の「じゃんけん綱引き」です。練習では高い勝率を誇った二組ですが、本番はやはり一筋縄には行きません。どの学級も声を出しながら全力で綱を引いてきます。しかし、二組も負けていません。「わっしょい」の掛け声に合わせ、一回戦・二回戦と制限時間いっぱいまで思い切り綱を引き続け、見事に勝利を収めました。

そして決勝戦。強敵五組との試合は、途中で相手が大幅にリードする苦しい展開です。しかし、粘りを見せて、終盤はじりじりと自分たちの側に綱を引き寄せていきます。皆、これまでにないほど大きな声を出しながら、最後の力を振り絞りました。そして、試合終了のホイッスル。結果はわずか数センチの差で敗れはしたものの、見事な準優勝でした。二組の皆さんの表情を見ても、悔しさの中に充実感が漂っていました。その充実感には、大きな価値があります。全員が団結し、全力を尽くした結果、勝ち負けに関係なく得られるものだからです。

もちろん、準決勝で勝利し、皆で歓喜した経験も大切です。それと同じくらい、決勝戦で最後まであきらめずに全力を尽くし、充実感を得たことも、二組の財産となりました。これが、「喜びを分かち合う」ということです。学級目標「A・Y・K！」の達成に、一歩近づくことができました。

次に「喜びを分かち合う」機会は、美原祭です。学級全体でさらに協力できる集団をめざし、より大きな喜びを得ることを目指しましょう。

自分との戦い
期末テスト二週間前

体育大会では、学級として団結することや協力することの大切さが問われました。二組の皆さんにとっての次の課題は、個人で努力をすることです。期末テストまで、残り二十日を切りました。

四月の実力テストでは、春休みからの「サボり癖」が直らずに深刻な結果となった人がたくさんいました。次の期末テストは、評定に大きく影響を与える、極めて重要な試験です。実力テストのような失敗を繰り返すわけにはいきません。

中学生の仕事は、学習をすることです。大人の仕事のように、お金が得られるわけではありません。しかし、将来の自分の進む道を大きく左右するのが、学習です。自分が希望する進路を実現するためには、二年生の今が勝負です。希望する進路がまだ定まっていない人も、進路の選択肢を多くするためには、やはり学習です。

自分に厳しく、努力あるのみです。テストは自分との戦いです。

スマホ・ゲームとさようなら
四日から家庭学習強調週間

本日、亀田中学校の校区内の小中学校の学校長とPTA会長の連名で、「家庭学習強調週間のご協力の依頼について」という文書を配布しました。これはテスト二週間前からゲームやスマートフォンなど、家庭学習の妨げになる道具の使用を制限するように、各家庭にお願いするものです。

ゲームもスマートフォンも、本来であれば、生徒が自主的に判断し、自分で制限すれば良いことです。しかし、SNSのように他者とのやり取りが前提のものもあり、一人の生徒や一家庭の努力だけでは制限が難しい状況があります。そこで、すべての家庭に協力をお願いしています。

生徒の皆さんの中には「制限なんてたまらない」という思いもあるでしょう。気持ちはわかりますが、がまんする力を身につけるのも大切です。ゲームやスマホは、夢のような道具です。しかし、皆さんの夢の実現を妨げる道具にもなります。「したいこと」より「すべきこと」を理解し、「したいこと」をがまんできる人間になりましょう。

次回（第１０号）の予告…陸上大会に向けて、期末テストに向けて、教育相談、係活動の活性化　他（６月８日（月）発行予定）

２年生の体育大会後の学級通信です。惜しくも優勝を逃し，３位となった瞬間の写真を掲載しました。悔しさと疲れと満足感がにじみ出ているような表情をしています。参観できなかった保護者にも，体育大会で生徒が全力を尽くし，多くの収穫を得たことが伝わりました。

実例 32　3年生　「亀の湯」第10号表（2016年6月6日発行）

結果でブレない　この笑顔！

2016年6月6日（月）　函館市立亀田中学校　3年6組　学級通信「亀の湯」　第10号

結果でブレない　この笑顔！

亀の湯

第10号
函館市立亀田中学校
発行　3年6組学級担任　川端裕介

3年6組学級目標
みんなGU（自由）　みんなAU（英雄）
～37+1の挑戦！～

団体種目　僅差で二位
全力で走り　全力で楽しんだ一日

六月三日（金）、中学校生活最後の体育大会が終わりました。雨の中でも、優勝に届かない中でも、聞こえてきたのは満足の声でした。結果に関わらずに前向きな姿勢でいられたことが、学級としての最大の収穫です。

最後に体育大会にふさわしい、数々の印象深い出来事がありました。最も運動部が少ない学級ということで、不利は予想されていました。しかし、美月さんが模造紙に書いた「奇跡の勝利を願って」という言葉の通り、皆ができる限りの努力をして競技に臨みました。

その結果、途中経過で奇跡の一位という情報が入り、皆のやる気は最高潮に。午後の部は、倫太郎さんたちの発案による円陣で気持ちを高め、団体種目の「人生いろいろ」に挑戦しました。運動の苦手さをチームワークで乗り越えながら、最後まで首位争いを演じました。結果はわずかの差で二位になりましたが、正々堂々と戦った結果です。胸を張りましょう。

最後の種目の全員リレーでは、結果に関わらず全力を尽くす姿勢が見られました。他の学級との走力の差は埋めきれず、次第に離され、最下位でのバトンパスが続きました。雨が降りしきる中でしたし、心が折れて手を抜いても仕方のない状況でした。しかし、アンカーの倫太郎さんまでの間、誰もが手を抜かず、全力で走り続けました。その姿は、とても感動的でした。

そして、体育大会を終えてから教室で撮影した写真が、上の一枚です。**疲れも悔しさもあったでしょうが、この笑顔です。雨にも、結果にも左右されずに、全員で協力して自分たちの全力を尽くしたからこそ、皆が満足できる体育大会になりました。**

また、体育大会の最中に、何人かの生徒から「六組楽しい」「このクラス良いわ」という声が聞こえました。学校行事を経験するたびに、絆が着実に深まっています。優勝はできなくても、大成功の体育大会になりました。

残す行事は、美原祭（合唱コンクール）です。最高の仲間と共に、最高の思い出となる美原祭にしましょう。

雨が降りしきる中、全員リレーのアンカーとして全力疾走する倫太郎さん。倫太郎さんは体育大会で、百m走、四百mリレー、そして全員リレーと大車輪の活躍でした。円陣の声出しなども含めて、六組の柱として活躍してくれました。

さあテスト　さあ中体連
投げ出さず　自分に厳しく

修学旅行に体育大会と、楽しい行事が終わった今、六組の皆さんに待つのは厳しい日々です。三年生最初の定期テストと最後の中体連・コンクールが控えています。これからは、家庭学習や部活動の練習など、地道な努力が必要になります。楽しさの見えない生活に嫌気が差し、重圧に負けて投げ出したくなる時があるかもしれません。

しかし、テスト勉強も部活動も、今しかできないことです。がんばりきれずに、終わってから後悔するのはもったいないことです。

少しの辛抱だと自分に言い聞かせながら、努力を続けましょう。我慢した人だけが得られる感動は、たしかに存在します。学級の仲間や部活動の仲間と励まし合いながら、自分に勝ち、テストにも試合にも勝ちましょう。

【格言～未来へ歩む参考に～】●●●●●●●●●●●●●●●●●●●●●●（●●●●）

3年生の体育大会後の通信です。入賞できなくても，中学校生活最後の体育的行事を満喫した様子を中心に伝えました。生徒たちは，練習段階から，勝つことよりも楽しみながら協力することに価値を見出していました。その姿勢の集大成として，集合写真を大きく掲載しました。

9分49秒の感動体験

2016年6月14日（火）　函館市立亀田中学校　3年6組　学級通信「亀の湯」　第11号

亀の湯

第11号
函館市立亀田中学校
発行　3年6組学級担任　川端裕介

3年6組学級目標
みんなGU（自由）　みんなAU（英雄）
～37+1の挑戦！～

9分49秒の感動体験

中体連陸上の応援の様子。一体感がすばらしい。

千代台に響く声援　女子応援の一体感

十二日（日）に、函館市中体連陸上大会が千代台競技場で行われました。肌寒い中でしたが、選手のひたむきな姿と全力で応援する姿は、とても感動的でした。

中体連陸上には、選手として六組からは潤也さんが一五〇〇m走、麻優さんが走り高跳びに出場しました。二人とも陸上が専門ではありませんが、亀田中学校の代表として大舞台に臆せず、精一杯の努力を見せました。潤也さんは、四位入賞というすばらしい結果も残しました。

他の生徒は、午後からの学年応援に参加しました。風が強く吹き、ジャージでは寒くて震えるほどでした。しかし、それに負けずに熱い声援を送ったのが、女子の皆さんです。

とくにすばらしかったのは、最後の三〇〇〇m走の応援でした。応援団長の「最後だからゴールまでずっと応援し続けよう」という声かけに応え、何とスタートしてからゴールするまでの約一〇分間、「いけおせコール」という応援をし続けました。しかも、上の写真のように手を抜かずに、声が枯れるほどの声援を送り続けました。

この応援での女子の一体感に、私は感動しました。**仲間のために自分ができることを全力で貫く姿勢は、とてもすばらしいものです。**また、女子の応援に感化されたのか、男子も次第に声が出て、拍手が力強くなっていったことに、ほっとしました。「おとなしい」と言われる六組ですが、いざという時の元気の良さでは負けません。総合大会の応援はもちろん、合唱コンクールが楽しみになってきました。

応援の力が後押しとなったのか、三〇〇〇m走の選手は見事三位に入賞し、全道大会標準記録も突破しました。函館市内の中学生が一堂に会する場で、選手も生徒も全力を尽くし、亀田中学校の底力を示すことができました。次は総合大会です。選手も応援生徒も、今回のように感動を巻き起こしましょう。

黙々とボランティア　手抜きゼロ

花街道ボランティアの様子。

十一日（土）の午前中、花街道ボランティアが行われました。函館新道沿いの歩道に花を植える活動です。六組の参加者は花心さんと璃梨加さんに、部として参加した倭さん、潤也さん、圭吾さん、亜由美さん、美月さん、遥菜さんの八名でした。

私も三度目の参加になりますが、今回印象に残ったのは、作業中の集中力の高さです。誰ひとりとして、ふざけたりだらだらと作業したりする人はいませんでした。そのひたむきな姿から、純粋なボランティア精神から活動に参加していることがよくわかりました。

作業は予定の時刻を大幅に短縮して終わり、最後は炊き出しの焼きそばを皆でいただきました。普段とは異なる形で、有意義な休日になったようです。

たまには弁当も良いね

8日（水）は体育大会予備日のため、昼食がお弁当でした。「高校生体験」ということで、席の移動を自由にして食事をしました。きちんと「席借りても良い？」「良いよ」というやり取りが交わされていて、良かったです。ちなみに、集計した結果、一番多かったおかずは卵焼きで、主菜はウインナーでした。

また、事前に声かけをしたこともあり、自分で弁当を作った人やお手伝いをした人もいました。美原祭の時には、さらに挑戦者が増えるとうれしいです。

仲間と楽しくお弁当。

【格言～未来へ歩む参考に～】●●●●●●●●●●●●●●●●●●●●●●（●●●●）

陸上競技大会での全校応援の様子です。学校行事として全員が参加するため，実態として，応援への意欲には温度差があります。しかし，一生懸命に声を出し続けた生徒たちを取り上げて賞賛することで，学級全体として場に応じた行動をとることができるようになります。

■1年生 ■「根っこ」第12号表（2017年6月19日発行）

誘惑に勝ち　机に向かおう

2017年6月19日（月）　函館市立亀田中学校　1年1組　学級通信「根っこ」　第12号

誘惑に勝ち　机に向かおう

根っこ

第12号
函館市立亀田中学校
発行 1年1組学級担任 川端裕介

1年1組学級目標
挑戦・協力・尊重

期末テスト三日前
今の努力が未来につながる

一学期末テストまで、残り三日です。中学校で初めての定期テストに向けて、残り三日間はテスト勉強を最優先にしましょう。誘惑に耐え、教室では共に学び合う雰囲気をつくることが大切です。さあ、テストへの挑戦です。

期末テストに向けて、一組では「二四〇〇分大作戦」を実施しています。テスト前の二週で二四〇〇分間（四十時間）の家庭学習を目指す取組です。先週の金曜日（テスト六日前）の段階で、すでに二四〇〇分を達成しそうな人もいます。まだテスト対策を本格化させていない人も含めて、**残り三日間は勉強最優先の生活を送りましょう。**

家では、**ゲームやインターネット、テレビは「封印」しましょう。**遊んでいても何とかなると思うのは、大間違いです。入学してすぐの実力テストの難しさを思い出しましょう。しかも、今回の期末テストは全九教科で実施されます。遊んでいる暇はありません。

一組の皆さんは、これから入試までの間、十数回に及ぶテストに挑戦します。すべてのテストが、皆さんの卒業後の進路につながります。今回の初めてのテストから、テスト勉強の「型」を確立させ、良い結果を出すのが理想です。自分の未来のために、テスト期間中くらいは自分の欲望を抑え、様々な誘惑を退けて机に向かいましょう。

また、テストは一人で臨むものですが、テスト勉強は仲間と協力することが大切です。まずは、毎時間の授業にこれまで以上に力を入れましょう。授業中の私語や、宿題を忘れてくることなど、もってのほかです。また、家庭学習中にSNSなどで友達の邪魔をすることも許されません。逆に、教室でわからないところを教え合ったり、問題を出し合ったりしましょう。

テストでも、学級目標を意識することが大切です。**仲間を「尊重」しながら「協力」して学び、テストに全力で「挑戦」しましょう。**残り三日ですが、まだ間に合います。

学級力向上をめざして
あいさつ週間など実施

今週から、一組では学級力向上プロジェクトとして「あいさつ週間」と「消しカスレク」を実施します。あいさつ週間とは、教室での生徒同士のあいさつを促す取組です。また、消しカスレクとは、消しゴムのくずをペットボトルにため、一定量になったらレクを行うという取組です。

いずれも、以前に実施した学級力アンケート（「根っこ」十号で紹介）の結果を受けたものです。一組をより良くするための方法について皆で意見を出し、総務班で決定しました。あいさつ週間には、学級内の交流を深めるねらいがあります。消しカスレクには、教室を美しく保つ意識を高めるねらいがあります。

また、機会を見て「席替え給食」や「サークルタイム」を実施することも、学級で決めました。席替え給食は、普段とは違う席で給食時間を過ごす企画で、サークルタイムは円になって座り、一つのテーマについて話し合う企画です。いずれも、男女関わらず中を深めるというねらいで実施を決めました。

学級力向上プロジェクトは、生徒自身がアンケート結果を分析し、改善策を実施することで、自治の力を育みながらより良い学級をつくるための取組です。

前回のアンケート（「根っこ」第十号で紹介）は、初回にしては良い数値でした。しかし、満足せず、皆の力を合わせてより良い学級をつくりましょう。

美しい姿勢で拍手
陸上大会　表彰式

十三日（火）に中体連陸上大会の表彰式が行われました。一組からは奏汰さんと白土理子さんが、校長先生から賞状を受け取っていました。

この表彰式で感心したのが、左の写真の場面です。選手の方を見つめながら、胸の前でしっかりと拍手をしています。このように、**場に応じた行動を皆できちんと行うことが大切です。**続けましょう。

陸上の表彰式で、拍手で選手をたたえる様子。

【勇気の出る格言】●●●●●●●●●●●●●●●●（●●●●●：作家）

1年生に対して，初めての定期テストに向けた心構えを説きました。要点は，家庭学習の実施と教室内での休み時間の学習の2点です。とくに家庭学習については，保護者の協力が不可欠です。スマートフォンやゲームの使用制限を含めて，学級通信で保護者に協力を要請します。

■3年生　■「亀の湯」第12号表（2016年6月20日発行）

実例35　朝の8分　真剣に

２０１６年６月２０日（月）　函館市立亀田中学校　３年６組　学級通信「亀の湯」　第１２号

朝の8分　真剣に

亀の湯

第１２号
函館市立亀田中学校
発行　3年6組学級担任　川端裕介

3年6組学級目標
みんなGU（自由）　みんなAU（英雄）
～37+1の挑戦！～

家庭学習のきっかけに　四日間で目指せ二十時間！

今日で一学期末テスト三日前になります。先週から朝読書の時間が朝学習へと変わり、教室にはテスト前の独特の雰囲気が出てきました。目標点到達の鍵は、家庭学習です。

朝学習の様子。静かに、真剣に予想問題集に取り組んでいます。

朝学習の様子を見ていると、「さすが受験生」と感心します。私が指示しなくても、チャイムが鳴る前に自主的に道具を準備し、私語もせずに黙々と手を動かしています。

しかし、朝学習はわずか八分間です。いくら集中しても、学習量が足りません。普段の朝読書とは違う雰囲気になることで、頭の中を「テストモード」にするのが目的です。これをきっかけにして、授業に一層集中したり、十分休みや昼休みに勉強したり、家庭学習を増やしたりする必要があります。

とくに今日からの家庭学習の工夫次第で、期末テストの結果は大きく変わります。一番に優先するのは、時間の確保です。目指すは、今日から木曜日（テスト一日目）までの四日間で、最低十二時間、理想は二十時間の家庭学習です。二十時間あれば、技能系教科の学習にも時間を割くことができます。出題範囲の狭い技能系教科で高得点を取ることが、入試に向けて大切です。

家庭学習の最大の障害は、やる気です。家庭学習は面倒くさいものです。やる気が出るまで待つのではなく、無理にでも机に向かい、勉強をしながらやる気を出すようにしましょう。ちなみに、私はこの学級通信を土曜日の深夜に書いています。正直、やる気が出ませんでしたが、次第に集中してきました。

テストは待ってくれません。後悔しないために、この一週間だけは、辛抱しましょう。

朝の学活 一分間トーク　着実に深まる絆　先週から英会話も

六組では四月当初から、朝の学活で「一分間トーク」という活動を続けています。これは、日直が振ったサイコロの目に合わせて、決められたお題で隣の席の人と一分間話し合うというものです。そのねらいは、決められた時間で話をすることや、話に上手に反応すること、学級内の交流の機会を増やすことなどです。

お題は「昨日のできごと」「好きなこと」などですが、サイコロの出た目によってはカタカナ禁止などの条件が付きます。また、先週からは日直が二周目に入ったこともあり、新たに「英語で」という内容を増やしました。

先週はさっそく二度、英会話の日がありました。英単語は会話に使うことで定着するそうです。仲間と楽しく会話しながら、学力向上にもつなげてほしいと願っています。

朝の一分間トークの様子。身振りも交えています。

地震に対応　自主的判断力

１６日（木）の午後に函館を襲った大きな揺れ。授業時間内の地震でしたが、本校では大きな被害がありませんでした。地震発生時に、私は別の学級へ授業に行っていたため、６組の様子はわかりませんでした。帰りの学活で様子を聞いた所、きちんと対応できたようです。

また、感心することもありました。璃梨加さんによれば、地震の時に誰からともなく「机の下に隠れよう」と声が出たそうです。あれほどの揺れの中でも落ち着いてすべきことを判断し、自主的な声かけができるのは、とても立派です。

これも「未来の力」です。修学旅行や体育大会で磨いた力を、緊急時にもきちんと発揮できたのは、さすが６組です。

【格言～未来へ歩む参考に～】●●●●●●●●●●●●●●●●●●●●●（●●●●）

テスト前の期間に行われる朝学習に関する記事です。記事でも触れていますが，朝学習のことを伝えるねらいは，家庭学習時間の増加にあります。通信を読むことで生徒も保護者もテストへの意識が高まり，家庭学習に関する親子のやり取りが増すことを期待して記事にしました。

1年生　「根っこ」第13号表（2017年6月26日発行）

実例 36　はじめてのテストへ挑戦

2017年6月26日（月）　函館市立亀田中学校　1年1組　学級通信「根っこ」　第13号

はじめてのテストへ挑戦

根っこ

第13号
函館市立亀田中学校
発行 1年1組学級担任 川端裕介

1年1組学級目標
挑戦・協力・尊重

一学期末テスト実施　テスト後こそ復習を

六月二十二日（木）・二十三日（金）に一学期末テストが実施されました。人生の初の定期テストに、真剣に臨む姿が見られました。ただし、テストまでの学習態度には、改善の余地があります。テスト後も復習を行いましょう。

期末テストは、技能系四教科が二十五分、国社数理英が五十分の試験時間です。左の理子さんのように、誰もが真剣にテストに臨んでいました。問題を解き終えた後も、試験終了時刻まで何度も見直しをする様子が見られました。最後まで真剣に取り組んだことで、終了直前に答えを思い出した人もいたそうです。やはり、あきらめない姿勢が大切です。寝たり机に伏せたりする人は、誰もいませんでした。テストの最中の態度は、立派でした。

しかし、テストに至るまでの姿勢については、改善の余地があります。なぜなら、テスト後に提出しなければいけないノートが整理されていなかったり、ワークをすべて解いていなかったりした人がいたからです。テストの終わった教科のワークを昼休みに解く人がいました。もったいないことです。他の人のワークを写そうとする人もいました。もってのほかです。

テストの五〇分間はもちろん大切ですが、テストまでの十数日間は、もっと大切です。部活動でも大会やコンクールで活躍するには日々の練習が大切なのと同じです。テスト前の時期に、学校や家庭での学習への姿勢を改善する必要があります。

今週からテストの答案が返却されます。全教科満点でない以上は、必ずわかっていないことがあります。テスト結果を元に、復習に力を入れましょう。**テストが終わってからも努力すれば、ライバルとの差がつきます。それが、二年半後の高校入試を含め、自分の思い描く未来へつながります。挑戦を続けましょう。今こそ勉強です。**

期末テスト一日目。真剣な表情で社会のテストに臨む福原理子さん。

さっそく協力　フィールドワーク

先週から総合的な学習の時間が始まりました。九月の函館西部地区のフィールドワークに向けて、事前の学習や計画づくりを行います。

先週は希望する調査内容を元に班を編成しました。さらに、班ごとに係の分担を決め、調査の目標や主な見学場所について話し合いました。どの班でも、和やかな雰囲気の中で協力しながら話し合いを進めていました。

班の中に、あまり話をしたことがない人もいるでしょう。これを機に、交流を深めながら学習を進めましょう。そうすれば、学級目標の「協力」の達成にも近づきます。

フィールドワークの役割分担を決めるA班（自然班）

予想問題　完成率三〇%　意識の低さに課題

本校では、期末テストの実施に合わせて、学習委員会がテスト予想問題集を作成しています。テストまでに全員が問題を解き、丸付けをして提出することになっていました。実際のテストから類題が出ることが多いため、早めに提出するように、私も繰り返し話していました。

しかし、学習委員会で提出率を集計した所、一組は八〇%でした。さらに、完成率（すべての問題を解いて丸付けをしている割合）は、わずか三〇%でした。

私が過去に担任をした学級では、完成率が七〇%を下回ることはありませんでした。一組の皆さんがテスト対策を甘く見ていることが、データで裏付けられてしまいました。担任として残念ですし、責任を感じています。

今週には再提出の機会があるため、まずは、再提出を完遂したいと考えています。

あいさつって良いですね！

先週から1組では「あいさつ週間」を実施しています。実は、学校全体でもあいさつに力を入れることになりました。1組の皆さんが、学校の課題を的確にとらえている証拠です。

教室でも廊下でも、普段以上にあいさつの声が響いています。百華さんが「あいさつって良いですね！」と言ってくれましたが、その通りです。あいさつで、学校を良くしましょう。

【勇気の出る格言】●●●●●●●●●●●●●●●●●●●（●●●●●：作家）

1学期の期末テスト実施後の記事です。小学校に比べて，教科担任制の中学校では授業の様子を紹介しづらい面があります。担任の教科ばかりを取り上げてしまうことになるからです。そこで，定期テストを利用して生徒の真剣な姿を紹介し，家庭学習の重要性も伝えました。

実例

37 よし！受験生の顔だ！

■3年生　■「亀の湯」第13号表（2016年6月27日発行）

2016年6月27日（月）　函館市立亀田中学校　3年6組　学級通信「亀の湯」　第１３号

よし！受験生の顔だ！

亀の湯

第１３号

函館市立亀田中学校

発行　3年6組学級担任　川端裕介

3年6組学級目標

みんなGU（自由）　みんなAU（英雄）

～37+1の挑戦！～

一学期期末テストの初日の様子。真剣な表情でペンを走らせています。

期末テスト終了　勝負はこれから

六月二十三日（木）・二十四日（金）に一学期の期末テストが実施されました。テスト前には、これまで以上に学習に打ち込む姿が見られました。継続しましょう。

四月の実力テストの時は、二年生の頃の感覚が抜けずに、多くの人にとって悔しい結果となりました。今回は、その反省を生かし、受験生としてきちんと学習に向き合った人が増えたようです。

その証拠に、家庭学習の平均時間が大幅に増えました。なかには、休日に十時間、平日にも四～五時間の家庭学習を行ったという人もいます。ただし、残念だったのは、そのがんばりを全員が行ったわけではないということです。提出が課せられたワークや予想問題を解かなかった人がいました。テスト直前にもかかわらず、ゲームやスマートフォンに時間を費やした人もいます。**六組全員が受験生です。したがって、六組全員でいつでもどこでも学ぶ雰囲気をつくることが大切です。**それが今後の課題です。

また、勉強する時間を増やせば、必ずテストの結果が良くなるわけではありません。**しかし、勉強しなければ絶対に点数は上がりません。**今週はどんどん答案が返却されます。例え満点であっても、足りない所があるはずです。それを自覚し、克服するための対策を練りましょう。

テストは終わりましたが、受験は終わっていません。気を抜いて家庭学習をゼロにしては、絶対にいけません。次のテストでより良い結果を手にするために、毎日三十分でも必ず机に向かいましょう。ライバルたちは、今も努力をしているはずです。負けてはいけません。

決戦の時迫る　気持ちを高める七日間に

函館市の中体連総合大会が一週間後に迫っています。先週はテストが終わった次の時間に、中体連に向けた意気込みを書きました（次号の「亀の湯」で紹介します）。土日も遠征や最後の練習試合など、テスト疲れを取る暇もなく練習に打ち込んでいました。

中体連まで残された時間はわずかです。しかし、この一週間の過ごし方で、中体連の結果は大きく変わります。一週間で技術や体力の向上は難しくても、心の状態は一週間でいくらでも良くすることができます。

部活動の仲間と共に汗を流すのも、あと少しです。今まで以上に団結し、声を出し、中体連に向けて気持ちを高めましょう。**体を動かすのは、心です。**

７８円の命

先週の道徳の時間は、「７８円の命」という題材を扱いました。７８円という金額は、ペットに関するお金というヒントを元に考えましたが、なかなか答えが出ません。しばらく意見をやり取りする中で、倫太郎さんが「処分」と発言しました。正解は、保健所で猫を殺処分する時にかかる、１頭当たりの費用でした。

その後、小学生の女の子が書いた「７８円の命」の文章を朗読し、さらに保健所で働く人の声も紹介しました。最初は好きなペットの話で盛り上がっていた教室が、静まり返っていました。

授業の後半では、この問題を改善する方法について話し合いました。有効な解決策が浮かばずに苦労している班もありました。しかし、このような問題を知り、何とかしたいと思うことが大切です。それが将来、自分の行動を変え、世の中を変えるきっかけになるかもしれません。

「７８円の命」が、動物を処分するお金だと知って、「こんなに安くて良いの？」と思った。自分の家の近所でもときどき飼い主のいない猫を見るので、簡単にペットを捨てる人が少しでも減ったら良いなと思う。

私も動物を飼っているので、どんなに小さくても１つの命を大切にしたい。【遥菜さん】

動物を飼うなら責任を持って最後まで育てるべきだと思った。「誰かがやらなければいけない」という保健所の方の言っていることには共感できた。無責任な飼い主がいなくならない内は殺処分し続けなければいけないので、負の連鎖になってしまっていると感じた。【航稀さん】

【格言～未来へ歩む参考に～】●●●●●●●●●●●●●●●●●●●●●●●（●●●●）

実例36と同様に，トップ記事は定期テストですが，３年生の場合は受験生としての自覚を促す必要が生じます。そこで，写真の構図や見出しに工夫を加え，テスト中の真剣な姿を効果的に伝えるようにすると共に，家庭学習にさらに力を入れる必要があることを伝えました。

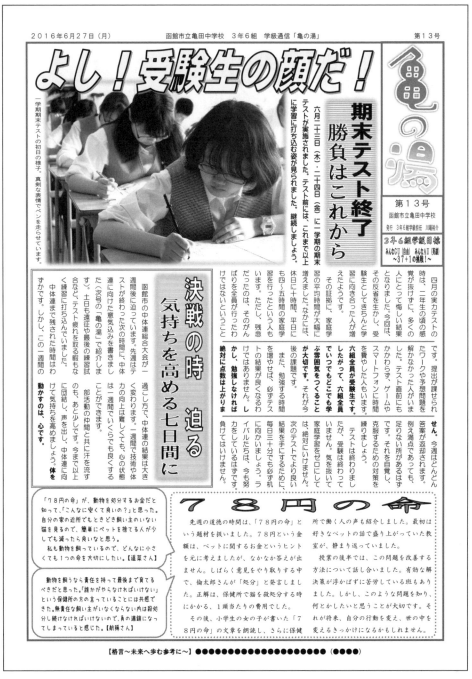

実例 38

■3年生 ■「亀の湯」第13号裏（2016年６月27日発行）

手に表れる　意志と個性

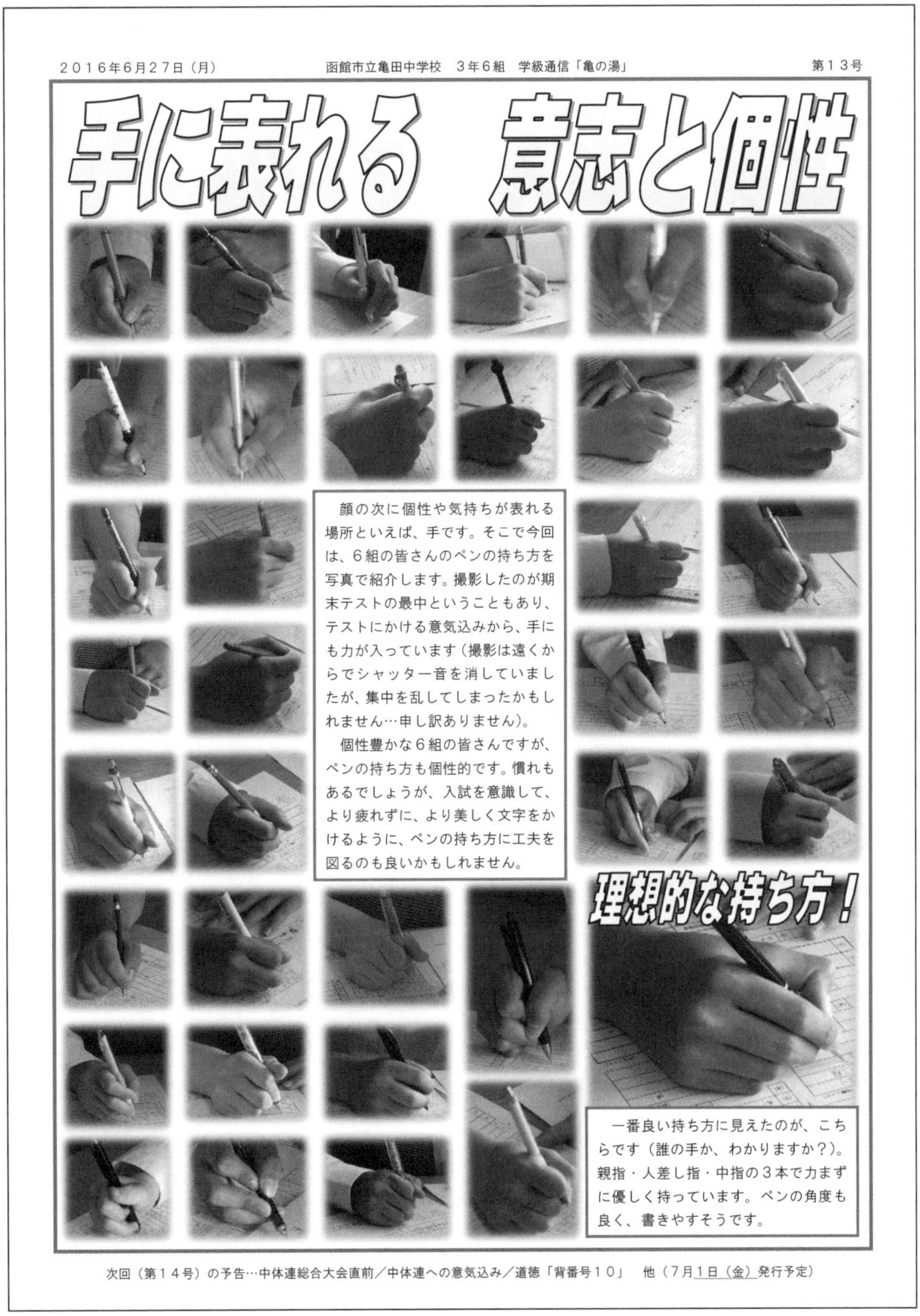

2016年6月27日（月）　函館市立亀田中学校　3年6組　学級通信「亀の湯」　第13号

手に表れる　意志と個性

顔の次に個性や気持ちが表れる場所といえば、手です。そこで今回は、６組の皆さんのペンの持ち方を写真で紹介します。撮影したのが期末テストの最中ということもあり、テストにかける意気込みから、手にも力が入っています（撮影は遠くからでシャッター音を消していましたが、集中を乱してしまったかもしれません…申し訳ありません）。

個性豊かな６組の皆さんですが、ペンの持ち方も個性的です。慣れもあるでしょうが、入試を意識して、より疲れずに、より美しく文字をかけるように、ペンの持ち方に工夫を図るのも良いかもしれません。

理想的な持ち方！

一番良い持ち方に見えたのが、こちらです（誰の手か、わかりますか？）。親指・人差し指・中指の３本で力まずに優しく持っています。ペンの角度も良く、書きやすそうです。

次回（第１４号）の予告…中体連総合大会直前／中体連への意気込み／道徳「背番号１０」　他（7月1日（金）発行予定）

反響の大きかった記事です。これは，全員分の写真を載せる意味があります。生徒はどの写真が誰の手なのか，楽しそうに探っていました。また，この記事をきっかけにして，家庭で鉛筆の持ち方や箸の持ち方が話題になったり，鉛筆の持ち方を直した生徒がいたりしました。

実例 39

■2年生 ■「亀の湯」第12号表（2015年6月22日発行）

立場を超えて一つに

2015年6月22日（月）　函館市立亀田中学校　2年2組　学級通信「亀の湯」　第12号

立場を超えて一つに

亀の湯

第12号
函館市立亀田中学校
発行　川端裕介

2年2組学級目標
A・Y・K！

選手も応援生徒も　中体連迫る

今週の二十四日（水）には中体連水泳大会、来週の二十九日（月）からは中体連総合大会が始まります。出場選手も応援生徒も、気持ちを一つにして大会に臨みましょう。そして、皆で喜びを分かち合いましょう。

中体連は、運動部の三年生にとっては最後の大会です。部員以外の応援がある、唯一の大会でもあります。大会に向け、それぞれの立場で意識してほしいことがあります。

まず、出場する選手の皆さんは、部の代表であり、亀田中学校の代表でもあるという自覚をもちましょう。なかには、三年生の代わりに選ばれた人もいます。「出られない人の分までがんばる」という気概をもってほしいと思います。

次に、運動部で今回出場しない生徒は、日々の練習に全力を尽くしましょう。それによって、部全体の雰囲気が良くなります。また、仮想の対戦相手となり、出場選手をサポートすることも大切です。縁の下の力持ちになりましょう。

最後に、運動部以外の人は、応援の役割があります。中体連は部活動の大会の中で唯一、授業日に実施されます。応援も、授業の一環と捉えることができます。今年度はサッカーと野球の応援が予定されています。亀田中学校の看板を背負って出場する仲間や先輩に全力でエールを送りましょう。応援でも「亀中すごいな」と言われたいものです。

出場選手、応援選手、運動系部活動以外の生徒とそれぞれ立場は違います。しかし、亀田中学校の一員としてがんばることに違いはありません。

中体連は、部活動にとってだけではなく、学校全体や学級にとっても成長の好機です。良いプレーがあった時、そして勝利した時には、全員で喜びを分かち合いましょう。それが学級目標「A・Y・K！」の「Y（喜びを分かち合う）」の達成にもつながります。

0分禁止　家庭学習

先週で期末テストが終わりました。この週末は、久しぶりにゆっくりと過ごした人が多かったのではないでしょうか。

しかし、テストがないからと言って、家庭学習をまったくしないのは、いけないことです。まずは、返却された答案を見て、必ず解き直しをしましょう。ある研究によると、間違えた所だけを解き直すより、すべての問題を解き直した方が、しっかりと記憶が定着するそうです。今週中に、五教科のテストを全て解き直すことを勧めます。

部活動などで忙しくなる時期ですが、家庭学習をまったくしないわけにはいきません。一時間でも良いので、毎日続けましょう。

合わせるのは面白い　心を合わせて

先週の学級の時間に、「心を合わせて」という活動を行いました。他の生徒と動きや意見をそろえるという内容の活動です。

まずは、ウォーミングアップとして、私の「はい」の声に合わせてリズムよく拍手をしました。最初は男子、次に女子、最後に全員で行いましたが、かなり上手にできていました。二組はリズム感のある学級かもしれません。

続けて行ったのが、私の出す質問に対し、列ごとに答えを合わせる活動です。「国民的アニメといえば？」「ごちそうといえば？」「初めてデートの定番といえば？」などの質問を出しました。全員の答えが一致する列もあれば、「珍解答」が出る列もあり、かなりの盛り上がりでした。写真を撮る暇がないほどでした。

そして、最後の質問が「亀中といえば？」です。それまでの質問と違い、かなり悩んでいる人もいました。そして解答を確認すると、「ジャージがださい」などの意見（不満）が出る一方、「元気」「あいさつ」「明るい」などの前向きな言葉も見られました。今後、肯定的な評価がもっと増えるように、亀田中学校をより良い学校にしていきましょう。

とても楽しく盛り上がった一時間でした。感想にも「またやりたい」「面白かった」という声がたくさん書かれていました。

このように**皆で心を一つにすることは、本来はとても楽しいことです。**中体連でもこのくらい元気よく、プレーや応援に取り組むことを期待しています。

もう一口

先週から、給食の残量調査が行われています。残念ながら、給食を残す量がとても多いのが、2組です。

教室が3階のため、他の学級より運搬に時間がかかるという理由もあります。しかし、偏食と少食が最大の原因です。とくに野菜を残す人が目立ちます。無理に急いで食べるのはよくありませんが、「もう少し食べることができるのでは？」という印象を受けます。

無理のない範囲で、苦手な料理をあと一口多く食べるだけで、残食はかなり減ります。とてもおいしい亀田中学校の給食。残すのはもったいないです。

次回（第13号）の予告…中体連総合大会直前、期末テスト反省、美原祭準備開始　他（6月26日（金）発行予定）

2年生に向けた通信で，内容は中体連の函館市予選に関するものです。2年生の場合は，チームの主力として出場する選手もいれば，サポートや応援として関わる生徒もいます。そこで，関わり方は異なっても，同じ部や同じ学校の一員として，一丸となることを促しました。

7月の学級通信

実践編

実例

40 すべては　この時のために

■3年生　■「亀の湯」第14号表（2016年7月1日発行）

2016年7月1日（金）　函館市立亀田中学校　3年6組　学級通信「亀の湯」　第14号

すべては　この時のために

亀の湯

第14号

函館市立亀田中学校

発行　3年6組学級担任　川端裕介

3年6組学級目標

みんなGU（自由）　みんなAU（英雄）

～37+1の挑戦！～

中体連直前のバレー部の練習に打ち込む茉惟さん

充実した中体連に
感謝の心をプレーで表現

七月四日（月）から、中体連総合大会が始まります。運動部の皆さんは、これまでの集大成として最後の大会に臨みます。最後の大会を最高の大会にする鍵は、充実感と感謝の心です。

上と左の写真は、昨日の部活動の練習の様子です（外の部活動の紹介ができず、申し訳ありません）。例えばバレーボール部。亀田中学校で一番声の出ている部活動だと思いますが、茉惟さんも綺さんも普段以上に大きな声を出しながら練習をしていました。他のどの部活動も、最後の大会を前に熱のこもった練習を行っていました。

運動部の皆さんは、二年三か月に及ぶ練習の末に、最後の大会を迎えます。今までの練習では、心身ともにつらい状況に置かれたことや、涙を流したこともきっとあったでしょう。チームのことで悩み、眠れない夜もあったかもしれません。辞めたくなる瞬間も、何度もあったかもしれません。もちろん、その何倍もの喜びも経験しているはずです。

部活動の集大成にふさわしく、充実した中体連になることを願っています。**最終的な勝ち負けより、一つ一つのプレーにこだわり、どんなに不利な状況でも全力を尽くしましょう。**これまでの練習が皆さんの支えになります。自信をもって、心技体のすべてを試合で表現しましょう。**そうすれば、試合結果の勝ち負けに関わらず、満足ができる**はずです。

先週の道徳で雄太郎さんが話していた通り、**大切なのは充実感です。本当の充実感は、試合に勝っても負けても得られるものです。過程と姿勢で決まります。**

中体連に向けて、もう一つ意識してほしいのが、**感謝の心**です。部活動を続けることができたのは、顧問の先生と家族の支えがあったからです。そして、**共に戦い続けた仲間がいたから**です。感謝の気持ちをプレーで表現しましょう。

これまでの努力は、この日のためにあります。最高の中体連にしましょう。

壁打ちをする航大さん。

スパイクを打つ綺さん。

サーブ練習をする花心さん。

球をカットして返す梨々香さん。

ジャンプシュートを決める圭吾さん。

倭さんのレイアップ。

パスをもらいに走る潤也さん。

みんなの中体連

中体連を前に、6組の皆さんに意気込みを書いてもらいました。選手だけではなく応援生徒も意気込みも書き、下のように教室の正面に掲示しています。掲示物は、文化系の部活動の人たちを中心に作りました。丁寧に作業したので、放課後すぐに始めて6時近くまでかかりました。

こうした作品をつくることで、選手と応援生徒が一体になって中体連に臨むことができます。6組全員にとって、思い出に残る中体連にしましょう。

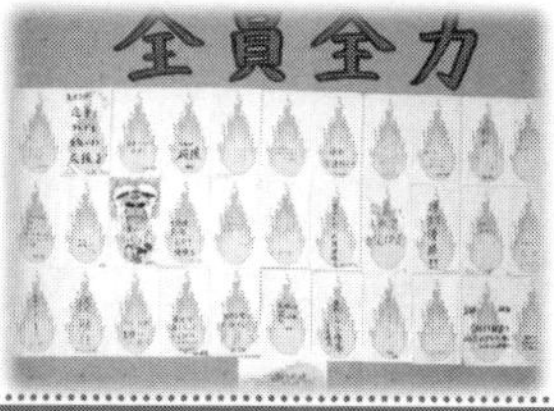

全校で六組だけが掲示したかと思われる「中体連の意気込み」。「全員全力」は、美月さんが書きました。

【格言～未来へ歩む参考に～】●●●●●●●●●●●●●●●●●●●●●●●●（●●●●）

3年生の中体連前の通信です。最後の大会に向けて生徒の気持ちを高めるように，練習の写真を多く載せ，見出しは普段の黄色から赤へと変えました。学級通信で部活動を取り上げる際は，読んだ生徒や保護者が「青春」という言葉を連想するような紙面づくりを心がけています。

実例 41

笑顔も涙も　すべて宝物

２０１６年７月１１日（月）　函館市立亀田中学校　３年６組　学級通信「亀の湯」　第１５号

笑顔も涙も　すべて宝物

サッカー決勝で先取点を決めた直後の将吾さんや雄太郎さん

亀の湯

第１５号
函館市立亀田中学校
発行　3年6組学級担任　川端裕介

3年6組学級目標
みんなGU（自由）　みんなAU（英雄）
～37+1の挑戦！～

感動の夏　最高の経験
サッカー・男バレは全道をかけた決戦へ

七月四日（月）から六日（水）までの三日間、中体連総合大会が開催されました。サッカー部は見事に二連覇を果たしました。そして、勝ち負けに関わりなく、参加した皆にとって、最後の夏が、最高の夏になりました。

部活動の集大成、最後の中体連です。私がこの目で見ることができたのは、ごく一部の競技だけでしたが、出場した六組の皆さんから話を聞き、また、その表情を見て、確信しました。**最後の中体連が、充実感と達成感に満たされたものになったことを。**

達成感の象徴がサッカー部です。上の写真は、雨の中で行われた決勝戦の一場面です。0対0で迎えた後半の開始直後、鮮やかなプレーで先取点を決めた時の表情です。雄太郎さんや将吾さんの笑顔からは、がんばってきた人しか得られない達成感が伝わってきます。

印象的だったのは、ベンチの航稀さんも敦史さんも、笑顔だったことです。サッカー部の一体感が表れていました。守備では、将吾さんが豊富な運動量で相手に隙を与えません。普段の練習から誰よりも走り続けた成果が、決勝の大舞台で表れていました。そして最後は、病み上がりながら出場していた晴歩さんによる四点目。晴歩さんは未経験者ながら、練習に地道に取り組み、中心選手に成長しました。そのゴールに、私は思わず涙がこぼれました。

優勝の感動を味わったのは、サッカー部だけではなく、全校の生徒です。決勝は全校応援だったからです。雨が降りしきる中でしたが、誰もが真剣に全力で応援を続けました。他の部活動に所属する生徒たちも、自分の試合に負けた悔しさや落ち込む気持ちを見せず、声が枯れるまで応援を続けました。そして、勝利が決まった後には、全校での校歌斉唱。校歌を口ずさむ表情はとても晴れやかで、充実感に満ちていました。感動を六組全員で共有できました。皆の全力は、たしかに感動の嵐を巻き起こしました。

もちろん、優勝したサッカー部だけではなく、惜敗した部活動の選手の皆さんにも、収穫はあったはずです。どの選手も、試合内容はこれまでで一番であり、全力を出し切ったという話をしていました。それで良いのです。

悔しさもあると思います。しかし、それも財産です。勝利も敗北も、悩んだ経験も厳しい練習も、そして仲間と深めた絆も、すべてが皆さんのこれからの人生の糧となります。部活動の醍醐味を体感した夏になりました。

四点目を決めた晴歩さんとアシストした雄太郎さん

♪竹～に短冊♪

教室の七夕飾り。皆で作りました。

７月７日（木）は七夕でした。函館では子どもたちが地域をまわって歌を披露するなど、七夕を大切にする文化が残っています。

教室では、短冊に願いを書き、手作りの七夕飾りにくくり付けました。七夕飾りは、折り紙などを使い、全員で作りました。中体連前の忙しい時期でしたが、快く協力してくれました。６組の皆さんのそういう姿勢が、私は好きです。

完成した掲示物は上の写真の通り、なかなかの出来です。休み時間などに飾りや短冊の内容を見る人も、思わず笑みがこぼれていました。

短冊の内容は「全道大会出場」や「ライブ行きたい」などの中学生らしいものから、「明治時代に行けますように」という大変なものまで多種多様です。勉強や部活動で忙しい日々の中、気分転換になったようです。

【格言～未来へ歩む参考に～】●●●●●●●●●●●●●●●●●●●●●●●（●●●●）

学級担任を務めていると，会心の出来と自負できるような通信ができることがあります。この例がそうです。雨の中の決勝戦を制するというドラマチックな場面を通して，部活動の魅力や感動を伝えることができました。もちろん，惜敗した部についても言及することが大切です。

深まる議論　まとまる結論

2017年7月18日（火）　函館市立亀田中学校　1年1組　学級通信「根っこ」　第16号

深まる議論　まとまる結論

根っこ

第16号
函館市立亀田中学校
発行 1年1組学級担任 川端裕介

1年1組学級目標
挑戦・協力・尊重

学級力向上プロジェクト 皆が同じ方向で

十二日（水）に、第三回の学級会を開きました。今回の議題は、先日の学級力アンケートの分析と学級の改善点についてでした。過去二回の学級会と比べ、多くの生徒から様々な意見が出され、充実した議論となりました。

一組では独自の取組として「学級力向上プロジェクト」を実施しています。定期的に学級力アンケートをとり、その結果を生徒が主体となって分析し、改善策を話し合います。今回は、二回目の学級力アンケートの分析と話し合いを、学級会の形式で行いました。

アンケートの結果は、裏面に紹介してある通りです。学級会では、龍翔さんと百華さんの司会の下、アンケート結果の読み取りを最初に行いました。発表では、愉仁さんや白土理子さんから、自律力の内、時間を守ることやけじめをつけることが大きく下がっているという意見が出ました。**切り替えを早くする必要や、時間を気にしながら生活すべきことを、皆で共有できました。**

分析の後に、より良い学級にするために学級全体で意識すべきことについて、話し合いました。この時に、**過去の学級会と比べて、多くの人からの発言がありました。**例えば、遥十さんは二分前着席の達成に向けて、注意される前に自分で気づいて座ることの大切さを述べました。また、蓮さんや陽翔さんは、授業中の私語の問題を指摘しました。

また、同じような発言ばかりではなく、**多様な視点からも意見が出されました。**例えば、祥大さんは上の写真のように、支え合いなどの数値に注目して「上がっているものをさらに伸ばすことが大切」と発言していました。

学級会の結論としては、注意喚起の声かけを中央委員など特定の人に任せっ放しにせず、**皆で積極的に声をかけ合う**ことを確認しました。**学級の課題と到達点を全員で共有したこと、多面的な議論ができたこと、そして、全員が協力して学級を変えるという結論を出したこと**など、成長が見られた学級会でした。**アンケートの数値は下がっても、一組は確実に成長しています。**

学級会で、良い面に目を向けるように意見を述べる祥大さん。

野球部　全道への切符を手に　応援で支えた遥十と祥大

十三日（木）に中体連の渡島管内大会が開かれました。函館市代表として本校の野球部が出場し、見事に優勝を果たしました。全道大会へ進出します。

市内大会とは異なり、一般生徒の応援はありません。野球部員の応援が重要です。一組からは、祥大さんと遥十さんが参加し、力の限りを尽くして応援していました。応援を通し、勝利を後押しすることができました。

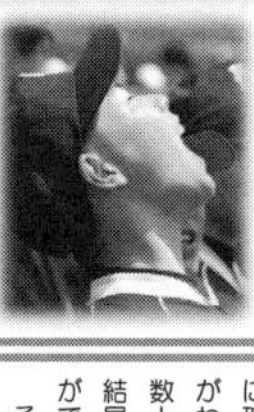

野球の応援をする遥十さん（市内大会）。

全員できた！千羽鶴　ICTと教え合い

十四日（金）の学級の時間に、長崎の平和記念式典のために千羽鶴を折りました。事前に確認すると、折り方がわからない生徒が十数人いました。しかし、結局は全員が折ることができました。

その理由は、一つが班になって教え合いながら折ったことです。なかには、教えてもらうことで折り方を思い出した人もいました。

もう一つは、実物投影機の利用です。昨年度、すべての教室に実物投影機とプロジェクターを整備しました。今回は、菜々海さんが折る手元を写すのに利用しました。ICT（情報通信技術）は、様々な形で活用できます。

折り鶴の手本を見せる菜々海さん。

和気あいあいと交流

先週から、昼休みの廊下での交流と体育館の使用が始まりました。廊下交流は生活委員、体育館は健康委員が集まり、学年でルール作りを進めました。自分たちで話し合ってルールを作ることで、ルールを守る意識が高まります。

１組の皆さんは廊下でも体育館でも、他の学級の生徒を交えて楽しそうに過ごしていました。学校生活での楽しみが、また１つ増えたようです。

【勇気の出る格言】●●●●●●●●●●●●●●●●●（●●●●：芸術家）

学級会の様子を伝えた通信です。学級会の仕組みを整えて数を重ねると，次第に全体の場で発言できる生徒が増えます。また，多面的な意見が出されるようにもなります。その学級会の概要を紙面に伝えることで，生徒はもちろん，保護者も学級の成長を実感できます。

実例 43

■1年生　■「根っこ」第16号裏（2017年7月18日発行）

下がることに意味がある

２０１７年７月１８日（火）　　函館市立亀田中学校　１年１組　学級通信「根っこ」　　第１６号

下がることに意味がある

１面で取り上げた、第２回学級力アンケートの結果は、以下の通りです。前回と比べて、数値の下がった項目がありました。

下がったという事実に、大きな意味があります。学級が、全ての面において順調に成長することなど、ありえないと私は考えます。成長する面がある一方で、弱くなる面も出てきて当然です。大切なのは、学級の現状を皆で把握し、より良い学級を目指して具体的な行動を起こすことにあります。この結果を受け、私を含めた１組全員が、それぞれの立場から改善のための行動を始めます。

第２回　学級力アンケート結果

・グラフ内の赤い数値は、アンケートの平均点を100点満点に換算したものです。
・赤線と赤字が第1回、青線と青字が第2回の結果です。

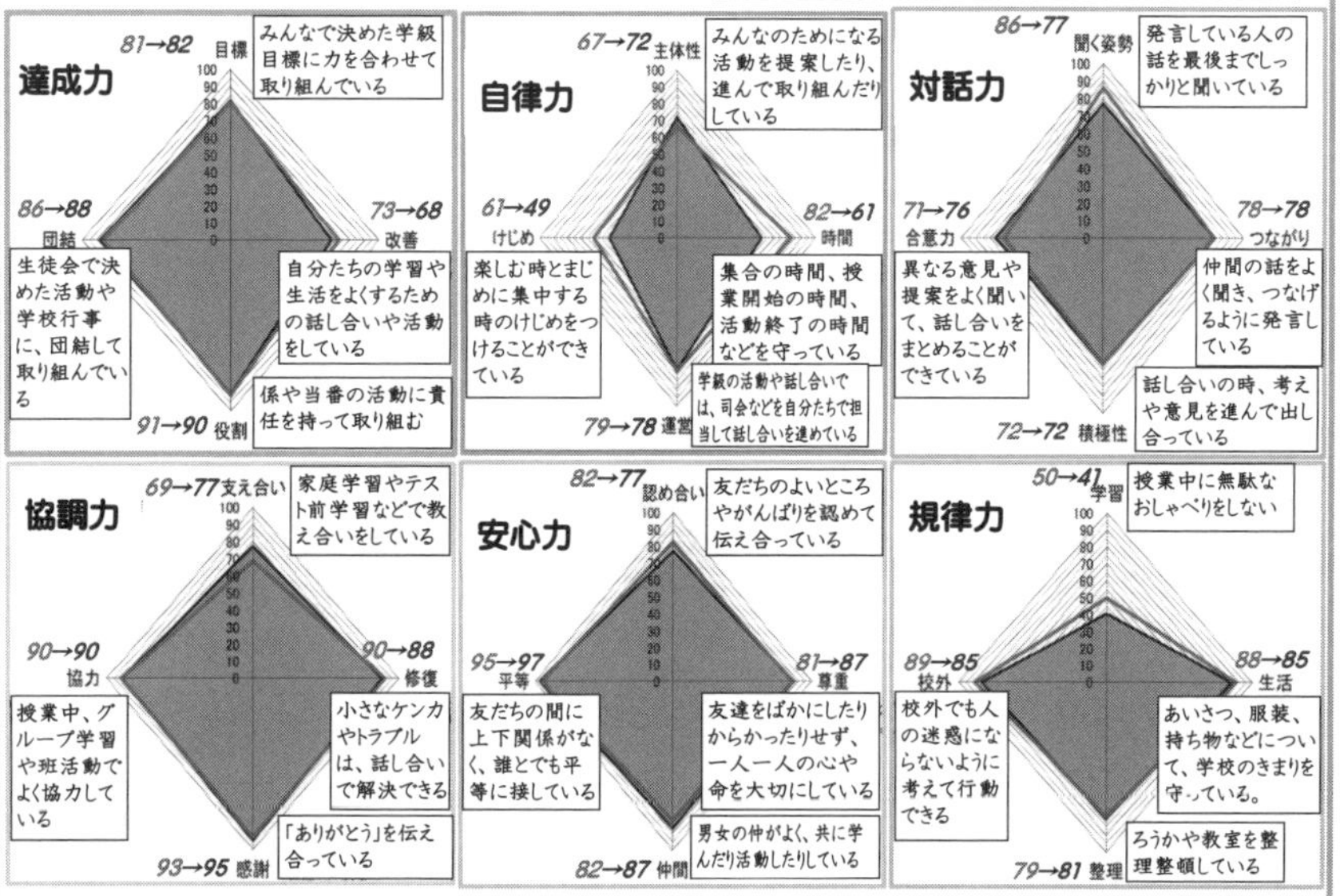

1組をより良い学級にするために、個人として意識すること

注意する人がいつも同じ人にならないように、自分たちでしっかり注意していかなければいけない。自分たちなどが注意することで（2分前着席を守らない人が）少なくなると思う。【達也さん】

注意の仕方を工夫して言ってみたい。自分では注意しすぎてもだめだと思うので、工夫すると静かになってくれるんじゃないかなと思った。3分前着席をおこなって、様子を見たい。【龍翔さん】

自分なりの意見は出ていたけど、発表ってなった時に手を挙げられないので、なるべく手を挙げるようにしたい。【栞奈さん】

中央委員が呼びかけなどをしていて、その大変さ（?）をわかってくれている人がいて、すごくうれしかった。
先生も言っていた通り、仲が良いからおしゃべりが多くなるのは、直さなきゃいけないと思うから、（数値が）上がっているところは上げて、下がっているところを中心にがんばっていきたい。【百華さん】

次回（第１７号）の予告…非行防止教室／学級懇談会／道徳「節度ある生活」　他（７月２４日（月）発行予定）

学校ではしばしば，教師の期待する答えを生徒が推測して，本心と異なることを答える問題が生じます。そのような姿勢を変えて本音を出させるために，この例のように，数値の下がったデータも教師が隠さず公開し，改善に向けて必要な取り組みを話し合わせることが大切です。

実例 44

■1年生　■「根っこ」第17号表（2017年７月24日発行）

全校生徒を変えた１組

２０１７年７月２４日（月）　函館市立亀田中学校　1年1組　学級通信「根っこ」　第１７号

全校生徒を変えた１組

根っこ

第１７号

函館市立亀田中学校

発行 1年1組学級担任 川端裕介

1年1組学級目標

挑戦・協力・尊重

光る積極性
非行防止教室で次々発表

十八日（火）に、全校生徒を対象に非行防止・薬物乱用防止教室が実施されました。全校生徒が集う場で、一組の皆さんが物おじせず、次々と発表する姿が見られました。その積極性が、亀田中学校を変える可能性を秘めています。

海の日の三連休明けの十八日（火）、非行防止・薬物乱用防止教室を体育館で行いました。その中で「友人に万引きの見張りを頼まれたらどうするか」を、近くの席で話し合う場面がありました。

話し合う時間が終わり、講師の方が発表を呼びかけると、少し間を置いて龍翔さんが手を挙げました。全校生徒の中で、たった一人です。答えの内容も、自分なりの考えにもとづいたもので、現実的で良い回答でした。

龍翔さんの勇気ある行動にも驚きましたが、その後の一組の行動には、重ねて驚きました。龍翔さんのすぐ後には、百華さんが発表しました。次の質問では陽翔さんが発表し、蓮さんも手を挙げていました。やがて、一組の積極性に触発され、他の学級や学年からも手を挙げる生徒が出てきました。**一組の行動が、全校生徒を変えました。**

龍翔さんたちの行動は、偶然ではありません。一組は、普段の授業や学級会、道徳の時間でも積極的に発言をしています。**普段できていることが、ついに全校が集う場でも見られるようになりました。**

一学期の終わりが近づく中、一組の成長を全校生徒と先生方に見せることができ、とてもうれしく感じています。

非行防止教室で手を挙げて発表する龍翔さん。通路を挟み、百華さんや栞奈さんが驚きの表情で見つめています。

協力して見事に改善
周りを見てすばやく着席

先週の学級会では、時間を守る意識を高めるために、お互いの声かけを増やすようにするという意見が出ていました。くしくも、一年生の先生方の会議では、学年の課題として時間を守ることが挙げられていました。

今週の一組の様子を見ていると、授業の前の「二分前着席」に関わって、全体に向けて声をかける人が増えていました。また、話をしていた友達同士で声をかけ合う姿も見られました。そして、時間を守るのが得意ではない人も、注意に気付いてすばやく座ることができていました。それぞれの立場で、自分のできることをしながら協力していました。学級の全員が、課題を改善するために、行動をおこしたことが立派です。

先週末の学級の反省では、祥大さんたちの班から「給食の片づけも時間を守ろう」という意見が出されました。二分前着席だけではなく、他の面でも時間を意識した行動をしましょう。

ルールを守って楽しく交流
教室でトランプ使用

先々週から、廊下での交流や体育館の使用が始まりましたが、先週からは教室でのカードゲームの使用が始まりました。昼休みの時間に、教室内でトランプなどを使用して遊んで良いことになりました。

約束としては、トランプなどの数が限られているために、一緒に使ったり譲り合ったりして仲良く使うことと、予鈴の二分前には使用を止めることの二点があります。時間については、私が声をかける前に時計を見て判断できていました。使い方についても、トラブルもなく、笑顔で楽しんでいました。

今後は、知らない遊びを教え合うなどしながら、トランプを通じて、交流を深めることを願っています。これをきっかけに、友達の輪を広げ、学級の絆を深めましょう。

猛暑の中の参加に感謝

１８日（金）に、今年度２回目の授業参観と学級懇談会を実施しました。気温が３０度を超える中でしたが、多数の保護者の方に足を運んでいただきました。ありがとうございました。

懇談会では、１学期の様子の他に、夏季休業中の過ごし方について、お話をしました。夏季休業中も、生徒のことや学校のことでご相談がありましたら、すぐにご連絡をいただければ幸いです。

【勇気の出る格言】●●●●●●●●●●●●（●●：ブラジルのサッカー選手）

トップ記事は，１年生ながら全校生徒が集まる講演会で挙手して意見を述べたというものです。この行動を私は予測できず，写真が遠くから撮影したものになってしまいました。ただ，振り返ると，主体的に行動する良さを通信で繰り返し伝えてきたことが功を奏したと考えます。

実例 45

■1年生　■「根っこ」第17号裏（2017年７月24日発行）

目指せ聴き上手！～笑顔で特訓～

２０１７年７月２４日（月）　函館市立亀田中学校　１年１組　学級通信「根っこ」　第１７号

目指せ聴き上手！～笑顔で特訓～

先週の道徳の時間は、基本的な生活習慣というテーマで「めざせ！亀中一の聴き上手」という活動を行いました。話を聴く姿勢をより良くするために、ロールプレイなどの活動を取り入れながら、話を聴くコツについて考えました。このような活動をソーシャルスキルトレーニングと呼びます。あいさつなどの基本的な礼儀作法や、他者とのコミュニケーションのコツを、具体的に取り上げて訓練するような活動です。

１組の皆さんは、笑顔で楽しみながら、意欲的に活動に参加していました。写真を中心に様子を紹介します。

①話を聴くことの良さは？

最初に人の話を聴くことの良さについて考えました。「自分の知らないことや相手のことがわかる」「コミュニケーションをとることで楽しくなる」などの意見がありました。

次に「聞く」と「聴く」の違いについて考えました。「聴く」には集中して真剣に聞くという意味が込められていることを確認しました。

②ロールプレイ

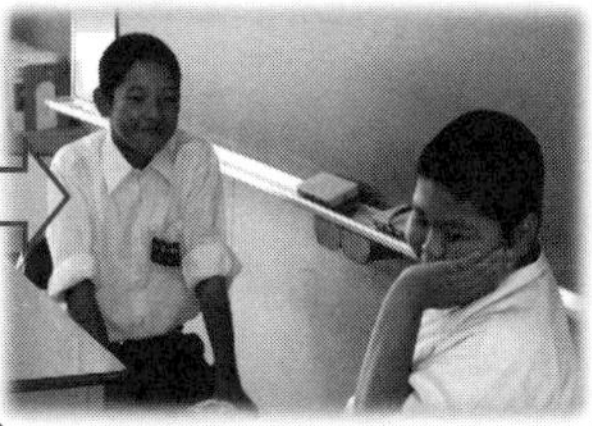

希望者から祥大さんと蓮さんが代表し、左のように、悪い聴き方と良い聴き方を演じ分けました。名演技に、爆笑が起きていました。

話を聴く時のスキル

①相手に体を向ける　②話している相手を見る　③相づちを打つ

③前後で練習

④最後に隣同士で練習

ロールプレイから聴き方のコツを読み取った上で、全員で話を聴く練習を行いました。最初は同性同士になるように、上の写真の理子さんとなずなさんのように、前後で練習をしました。練習を通して、３つのコツの他に「笑顔を見せる」などさらに工夫をすることで、会話が楽しくなるという意見が出ました。

最後は、隣同士で会話の練習です。右の写真のように、笑顔を見せながら、とても楽しそうに活動していました。

感想

今日の授業で、人の話を聴く時は、何か作業しながらではなくて、しっかりと話している人を見たり、相づちをうったりすることが大切なんだとあらためてわかった。そして、聴き方を良くすることによって、話している人も聴いている人も楽しく会話をすることができるので、これからも話を聴くときは気を付けていこうと思った。【さくらさん】

いつも話さなければいけないと思うけれど、話す内容が見つからず、どうすれば良いのかなと不安に思っていたが、今回の授業で、大事なのは話すことだけではないと気がついた。今度からは、もちろん話すことも大事だが、聴くということにも気をつけてコミュニケーションを取ることができるよう、がんばりたいと思った。【ほのかさん】

実際に意識して話をすると、やっぱり楽しいし、聴くことでもっと話してみたくなったり、聴き方のポイントも意識して話したりできたので、とても良かった。それに、聴いていると自然に笑顔になったり、繰り返したくなったりして、良かったと思う。これからも聴き上手になっていきたい。【菜々海さん】

次回（第１８号）の予告…２学期に向けて／夏休みの生活について／１学期の思い出　他（７月２６日（水）発行予定）

学級通信で道徳を取り上げると，内容に関わって保護者と生徒が意見を交換しやすいという良さがあります。この例では，話の聴き方に関する体験的学習を取り上げています。その際も活動だけではなく，生徒の考えがどのように深まったのかを紹介するように心がけています。

実例 46 夏の最優先事項は？

2016年7月22日（金）　函館市立亀田中学校　3年6組　学級通信「亀の湯」　第17号

夏の最優先事項は？

亀の湯

第17号

函館市立亀田中学校

発行　3年6組学級担任　川端裕介

3年6組学級目標

みんなGU（自由）　みんなAU（英雄）

～37+1の挑戦！～

もちろん勉強

今日で一学期が終わり、待ちに待った夏休みが始まります。夏休みは二十五日間と、時間は豊富にあります。しかし、誘惑もたくさんあります。受験生としての自覚と危機感をもち、勉強を最優先にした夏休みを過ごしましょう。そうすれば、皆さんは変わります。

まもなく一学期が終わります。修学旅行に最後の体育大会、そして中体連…一年生や二年生の時以上に濃密で、充実した一学期だったことでしょう。それは、一学期の反省や学級目標達成度の結果（前回の「亀の湯」で紹介）からもわかります。

明日からは、中学校生活最後の夏休みが始まります。合唱部と吹奏楽部の皆さんは、コンクールに向けて厳しい練習が待っています。また、スポーツ少年団の練習で忙しい人もいるでしょう。あるいは、家族で遠出をする人や、親しい仲間と出かける約束をしている人もいるかもしれません。

しかし、**受験生である以上、最優先にすべきは学習です。とくに、家庭学習が鍵です。**

学習塾の夏季講習に参加する人も多いと思いますが、説明を聞くだけの学習よりも、自分で行う自主的な学習の方が記憶の定着率は高いと言われています。つまり、自分で勉強するのは、とても効率的なのです。

しかし、自分で勉強を始めるためには、「めんどうくさい」「眠たい」などの負の感情を退け、テレビやゲーム、SNSなどの誘惑に打ち勝つという大きな壁があります。しかし、受験生ならその壁を越えられますし、越えなければいけません。

選択肢はたくさんあります。楽しそうな道もあります。しかし、選ぶべきは、厳しくても正しい道です。何が正しいか、六組の皆さんはわかっています。

自分を変える夏にしましょう。そうすれば、六組の皆さんの未来も変わります。

選んだのはグランプリへの道
美原祭　最高難度の曲に挑戦！

二学期が始まると、美原祭への準備が本格化します。中心となるのは、合唱コンクールです。

十九日（火）に、六組が歌う自由曲を決めました。選んだのは「ある真夜中に」という曲です。十五曲の候補の中では、最高難度の曲の一つといえるものです。

選曲中にも「難しいよ…」「歌えるのか？」という不安の声が出ていました。しかし、この選曲は正しかったと私は思います。本校の合唱コンクールのレベルの高さは、間違いなく函館一です。難しい曲を見事に歌いきれば、高いレベルの競争を制し、全校グランプリを手にできるはずです。学級目標の通りに「挑戦」の道を選んだ皆さんは、立派です。

また、選曲ではパートリーダーの美月さん、亜由美さん、航大さんの進行も見事でした。練習でもリーダーシップを発揮してくれそうです。

グランプリに「挑戦」し、「みんなAU（英雄）」になりましょう。六組の仲間となら、できるはずです。

三百人の前で堂々と総合学習発表会

十九日（火）に、総合的な学習の時間発表会が行われました。これは、修学旅行で学んだ内容をプレゼンテーションソフトにまとめ、学年全員と参観に来た保護者や先生方の前で発表するというものです。

六組からは、学級審査で選ばれた歴史班（遥菜さん・麻優さん・まみさん・悠宇さん・侑汰さん・和希さん）が発表しました。聴衆は三百人を超えていました。緊張は相当なものだったと思います。しかし、しっかりと発表をできていました。よくがんばりました。

総合発表会の様子。悠宇さんは、三百名以上の聴衆に向けて、顔を上げて堂々と発表していました。

「受験生でしょ！」を合言葉に

保護者の皆様におかれましては、4月からの3か月間にわたり、本校及び3年6組の教育活動へのご理解とご協力をいただき、誠にありがとうございました。また、先日の授業参観・学年茶話会にご参加いただき、重ねてお礼申し上げます。

茶話会後の学級懇談では、学習面に関して「部活動を引退しても勉強時間がちっとも増えない」「何を言っても危機感をもたない」というご意見を多数頂戴いたしました。

夏季休業中には、学級や教科での学習会を実施しますが、それでも普段以上に家庭学習の重要性が増すのは確かです。

子どもは言ってもなかなか変わりませんが、言い続けることでいつか変わるものだと私は固く信じています。夏季休業中も「受験生でしょ！勉強優先！」と言い続けていただければ幸いです。

【格言～未来へ歩む参考に～】●●●●●●●●●●●●●●●●●●●●（●●●●）

夏季休業前の通信では，休み中の過ごし方をどのように伝えるか苦心します。そこで，5月の連休前は「青春7割，学習も3割」と述べたのに対して，今回は学習を最優先にするように促しました。トップ記事の縦の見出しも普段と大きさを変えて，生徒の注意を喚起しました。

実例
47

■3年生　■「亀の湯」第17号裏（2016年７月22日発行）

笑顔あふれた　１学期

２０１６年７月２２日（金）　函館市立亀田中学校　３年６組　学級通信「亀の湯」　第１７号

笑顔あふれた　１学期

３年６組が誕生して３か月。振り返ると、日に日に打ち解け、学校行事に協力して取り組み、笑顔が増えた１学期でした。素敵な個性をもった皆さんとの日々を、私も心地よく過ごさせてもらいました。２学期は、１学期以上に「ＧＵ（自由）」を感じながら伸び伸びと「挑戦」し、全員が「英雄」として活躍することを願っています。

4月　緊張から笑顔へ

5月　絆が生まれた　東北の旅

6月　楽しみ　燃えた　体育大会

7月　人生で一番　熱い夏

次回（第１８号）の予告…夏休み中の生活（暑中見舞い）　他（８月６日（土）発行予定）

写真には説明文や取り上げた理由を併記すべきですが，この例のようにアルバム式にすると，１枚ずつには文を付けることができません。そこで，月別のテーマを立てて，それに即した写真を並べ，全体のテーマは「笑顔」としました。写真を選んだ意図が伝わるようにしています。

実例 48　　1年生　「根っこ」第18号表（2017年7月26日発行）

1学期の最後まで成長

2017年7月26日（水）　函館市立亀田中学校　1年1組　学級通信「根っこ」　第１８号

1学期の最後まで成長

根っこ

第１８号
函館市立亀田中学校
発行 1年1組学級担任 川端裕介

1年1組学級目標
挑戦・協力・尊重

主体性と自治性の向上 学級会でレク決定

二十一日（金）に、第四回の学級会を行いました。**議題は、二学期に行う学級レクの内容についてでした。様子を見守っていると、まさに一学期の集大成といえるような、質の高い議論**が交わされました。

一学期最後の学級会は、一組の皆さんの成長を実感できる、すばらしい内容でした。具体的には、次の三点が挙げられます。

一点目は、発言者が大幅に増えたことです。例えば、左の写真の場面では、悠雅さんがレクの条件を考えると、かくれんぼは場所が狭くて難しいという意見を述べていました。他にも、萌加さんや下山海翔さんなど、学級会で初めて発言した人が多数いました。**多くの意見の出ることが、民主主義の基本（根っこ）です。**今回の学級会の目標は「普段発言が少ない人も積極的に発表する」でした。**目標を意識しながら、民主的に議論ができました。**

二点目は、広い視野から議論できたことです。レクの内容を考える時に、準備時間や場所の使い方、実施時の安全面や楽しさなど、様々な要素を考慮しながら話し合いが進みました。**多面的な発言によって議論が深まりました。**

三点目は、**議事進行の自治性**です。今回から、提案理由や議論の柱、学級会の目標を中央委員の龍翔さんと百華さんに考えてもらいました。議事の最中の話し合いの形や時間配分も、議長団が責任をもって決めました。そして、十分に議論を重ね、時間内に結論を導き出すことができました。見事な自治力です。

一学期を振り返ると、一組の皆さんのがんばりとすばらしさに驚いてばかりでした。そして、一学期最後の学級会でも、成長を実感できました。**学級目標「挑戦・協力・尊重」のできる学級を目指し、二学期も皆で努力を重ねていきましょう。**

学級会でレクの条件に沿って意見を述べる悠雅さん。

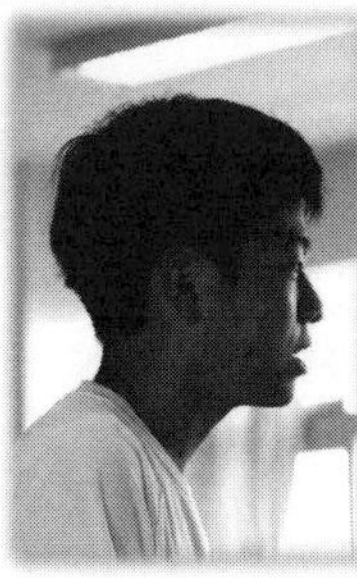

レクの時間配分を先に決め、その時間に応じて内容を絞るように進言する愉仁さん。愉仁さんは第一回の学級会から、説得力のある発言で学級会をリードしてくれました。

達也　卓球で全道へ

二十二日（土）に道南卓球選手権カデット（中学一・二年）の部が開催されました。一組では、達也さんがベスト十六以上を確定させ、九月に函館で開催される全道大会への切符を手にしました。球技の選手としては、一組で初めての「全道選手」が誕生しました。

一組では他にも、時永海翔さんが体操の中体連全道大会に出場します。また、遥十さんは野球の応援やサポートのため、中体連全道大会に帯同します。他の皆さんも夏休み中に練習に打ち込み、快挙に続きましょう。

二学期は挑戦が目白押し 合唱にフィールドワーク

二学期は、学級の協力が必要な行事が続きます。まず、九月一日（金）には西部地区を中心としたフィールドワークを行います。今週の二十四日（月）には、左のように学年集会でテーマの説明などが各委員長から行われました。実行委員長を務めるのは、百華さんです。

さらに、九月二十九日（金）の美原祭に向けて、二学期早々から合唱コンクールの練習が始まります。一組は「時を越えて」という曲になりました。仲間を尊重しながら皆で協力し、金賞へ挑戦しましょう。二学期も一組の活躍が楽しみです。

集会でフィールドワークのテーマ説明をする百華さんと、テーマを持つ龍翔さん(左)。

聴き上手な月碧

学級会での一場面です。班でレクのアイディアを相談している時、ふと月碧さんを見ると、祥大さんや美香さんの発言に対し、目を見ながら笑顔でうなずいていました。

これは、前回の「根っこ」で紹介した、話を聴くコツそのものです。自然と聴くコツを実践していて、感動しました。他の人も、ぜひ実践してみましょう。会話がもっと楽しくなるはずです。

【勇気の出る格言】[redacted]（[redacted]：アメリカの映画監督）

1年生に向け，1学期最後に発行した学級通信です。学級経営の柱の1つが，生徒の主体性と自治力の育成だったため，学級会の議論の質が向上したことを取り上げました。逆に，夏季休業中の過ごし方には触れていません。学級が成長した姿を伝えるべきだと判断したからです。

8月の学級通信

実践編

実例 49　■3年生　■「亀の湯」第18号（2016年8月6日発行）

夢のためなら耐えられる

２０１６年８月６日（土）　函館市立亀田中学校　３年６組　学級通信「亀の湯」　第１８号

夢のためなら耐えられる

亀の湯

第１８号
函館市立亀田中学校
発行　3年6組学級担任　川端裕介

3年6組学級目標
みんなGU（自由）　みんなAU（英雄）
～37+1の挑戦！～

三月の喜びのために
人生で一番学ぶ夏に

三年六組の皆さん、暑中お見舞い申し上げます。夏休みに入ってからは蒸し暑い日々が続き、受験勉強や部活動の練習に、思わず音を上げたくなる時もあるかもしれません。

しかし、多くの人にとって人生最初の受験の夏。誘惑に負けずに「人生で一番がんばる夏にする」という覚悟で、この夏を乗り切りましょう。

今の努力が、合格の喜びにつながります。植物は夏によく育つものですが、受験も一緒です。この夏に合格への種をまき、水をやり続け、三月に「サクラサク」という夢を叶えましょう。

勉強の時間はまだあるぞ！

夏休みは残り１０日です。「あと１０日」ではなく「まだ１０日」という気持ちで、勉強を少しでも積み重ねましょう。この夏にしかできないこと。それは受験勉強です。

2学期は　もっと自由に　もっと英雄に

１学期終業式撮影の集合写真です。大輝さんが少し怖い感じに写っています…。２学期は全員集合で写真を撮ろう！

次回（第１９号）の予告…２学期について／夏休み中の生活／吹奏楽コンクール（８月１７日（水）発行予定）

暑中見舞いとして，はがきに縮小印刷をして送付した例です。例年，夏休みの折り返しを過ぎた時期に届くようにしています。高校入試に触れることで，家庭学習を促しました。また，楽しげな集合写真を掲載することで，休み明けの登校への意欲を喚起する効果がありました。

実例

50 挑戦の２学期

1年生　「根っこ」第20号表（2017年８月21日発行）

2017年8月21日（月）　函館市立亀田中学校　1年1組　学級通信「根っこ」　第20号

挑戦の2学期

根っこ

第20号
函館市立亀田中学校
発行 1年1組学級担任 川端裕介

1年1組学級目標
挑戦・協力・尊重

鍵は学級目標
仲間と協力　仲間を尊重

今日から二学期が始まります。四か月を超える二学期のテーマは、学級目標と同じく「挑戦」です。大きな行事が目白押しだからです。様々な経験を通して成長するためには、協力や尊重することへの意識が大切です。

二学期には、数多くの行事が予定されています。九月一日（金）のフィールドワークを皮切りに、九月二十九日（金）には美原祭があり、学級対抗の合唱コンクールが実施されます。部活動では、運動部の新人戦が相次ぎ、一組の皆さんが試合に出場する機会が増えるでしょう。

学習面では、来週の実力テストに加え、中間・期末と二度の定期試験があります。学習内容は一学期に比べて難しくなり、予習と復習が今まで以上に重要になります。

学習に関わっては、公開授業も予定されています。具体的には、九月八日（金）に一組の社会の授業を見に、他の学校の先生方が来校します。新聞社の取材も入る予定です。

以上のように、様々な行事が予定されています。これらの機会を、個人と学級の成長に生かすためには、挑戦する気持ちが大切です。**「苦手だから逃げる」**ではなく**「苦手だけどがんばる」という気持ちを出して、**失敗を恐れずに挑戦しましょう。

その際、一部の生徒ではなく、できれば全員が挑戦することが理想です。つまり、学級全員の協力が大切です。そして、学級の皆が協力するためには、意見や立場の違いを乗り越えて、お互いを尊重することが不可欠です。したがって、**学級目標「挑戦・協力・尊重」を意識して達成へ努力することが、二学期に一組が成長するための鍵です。**

また、学校行事の時だけ努力や協力をすれば良いというわけではありません。日々の生活の中で、当たり前に目標を意識できるようにしましょう。いつでもどこでも何にでも挑戦し、いつでも誰とも協力し、いつでも誰でも尊重しましょう。

黙々と自習　九十分
夏の学習会実施

夏季休業の終盤、八月十五日（火）から十七日（木）まで、一年生の学習会を実施しました。学習内容も参加も自主性に任されていましたが、一組からは三日間で延べ二十七名の参加がありました。また、バスケットボール部など、別の形で学習会を実施した部活動もありました。

様子を見ていると、誰もが黙々と自習をしていました。もちろん私語などありません。学習会は前後半で各九十分という長丁場でしたが、最後まで集中力を途切れさせませんでした。

とりわけ、神さんは学年でただ一人、全日程の合計九時間の学習会に参加しました。とても立派でした。

十七日の学習会で理科の自習をする神さん。

亀田の生徒が日本一

夏季休業の直前に「先生、新聞で見ました！」「おめでとうございます」という声を生徒や保護者の方々からかけていただきました。感謝申し上げます。

あらためてご報告すると、理想教育財団（オフィス用印刷機やプリントごっこのリソーの関連団体）の主催で「プリントコミュニケーションひろば」というコンクールがあります。学校で発行された通信（学級通信や学校通信・学年通信・保健だよりなど）が対象で、応募の際には過去１年間のすべての号を発送します。その審査の結果、私が昨年度に発行していた通信（３年６組学級通信「亀の湯」）が、全国の最優秀賞となりました。

通信の内容も含めた評価なので、私の通信というより、亀田中の生徒たちの努力が認められたと捉えています。そして、１年１組のがんばりは、昨年度の３年６組に負けていません。「根っこ」についても、これまで以上に力を入れて発行を続けます。

準備万端　堂々と発表
一学期終業式　百華　代表あいさつ

七月二十六日（水）の一学期終業式で、百華さんが一年生の代表として、一学期を振り返っての作文を発表しました。全校生徒を前に緊張した様子でしたが、立派に発表していました。

百華さんは、当日のがんばりだけではなく、事前の準備も立派でした。発表に向け、文章の構想から、原稿作成、修正、発表練習と、必要なことが数多くありました。百華さんは限られた時間を有効に使い、てきぱきと準備を進めて本番に臨みました。先を見通して計画的に準備する姿勢が見事でした。他の皆さんも含めて、さらなる活躍を期待しています。

一学期終業式に一年生代表としてあいさつする百華さん。

【勇気の出る格言】●●●●●●●●●●●●●●●●●（●●●●●）

２学期の始業式に配布した通信です。４か月に及ぶ２学期で意識すべきことを絞って説明しています。その際に，学級目標と関連付けると，生徒一人一人の認識のずれが生じない効果があります。見出しでも本文でも，学級目標の文言は赤の太字にして，目立つようにしました。

実例 51　■3年生　■「亀の湯」第20号表（2016年８月22日発行）

100日後の決断に向けて

2016年8月22日（月）　函館市立亀田中学校　3年6組　学級通信「亀の湯」　第20号

100日後の決断に向けて

亀の湯

第２０号
函館市立亀田中学校
発行　3年6組学級担任　川端裕介

3年6組学級目標
みんなGU（自由）　みんなAU（英雄）
～37+1の挑戦！～

8.26実テ　テストの嵐 第二弾　万全の対策を

今週末に、二学期最初の実力テストが実施されます。二学期には四度の実力テストがあり、いずれも進路を決めるための資料になります。手を抜かず、全力で挑戦しましょう。

百日後の決断とは、受験校の決定を指します。進路の三者面談まではおよそ百日。その間に、どの学校のどの学科の受験を希望するか、六組の全員が決めなければいけません。残された時間は、けっして多くはありません。

進路選択の際に大きな資料となるのが、実力テストの結果です。今週のテストを含め、四回の実力テストで希望する進学先の合格圏に入る得点を取るかどうかが重要です。つまり、皆さんの将来を左右しかねないのが、これからの実力テストと言えます。

極めて重要なテストである以上、残り四日間で万全の対策を練る必要があります。先週は「範囲が広すぎて勉強できない」という声も聞こえてきました。しかし、入試本番の範囲の広さはこれ以上です。範囲の広さは勉強を投げ出す理由にはなりません。また、定期テストのように結果を評定の資料とする教科もあります。手は抜けません。限られた時間を有効に使いましょう。

おススメなのは、三年生の一学期の内容を重点的に復習する方法です。二学期中間テスト対策にもなるからです。**百日後の三者懇談で本当に行きたい学校への「挑戦権」を得るためには、がんばるしかありません。**

知ること　知ってもらうこと　私立・公立進路学習会

今週と来週の総合的な学習の時間に、三年生全員を対象とした進路学習会を実施します。内容は、各高校から先生方を招き、各校の特色や入学希望者に期待することなどを説明してもらいます。今週は私立高校の学習会です。

この学習会で、六組の皆さんの目標は二つです。**一つは知ること、もう一つは知ってもらうことです。**

何を知るのかというと、各学校の本当の魅力です。高校で開かれる説明会よりも少人数で説明を聞けるため、より具体的な説明をしてもらえるはずです。また、高校の先生方から率直な意見を聞けるかもしれません。高校について深く知る機会にしましょう。

もう一つの目標は、学習会を通して高校の先生方に自分を知ってもらうことです。説明を真剣に聞き、挨拶を全力で行い、積極的に質問をしましょう。進学への強い意欲を態度や行動で表すことは、皆さんにとってプラスになるはずです。

貴重な機会です。「入試は始まっている」という気持ちで、これまでのどんな学習会よりも真剣に参加しましょう。

始業式の朝の一場面。教室で談笑する美月さん・璃梨加さん・花心さん・遥菜さん。

二学期始業式の日に、私は六組の皆さんが夏休み気分から切り替えをできるか、心配していました。しかし、それは取り越し苦労でした。登校してくると、皆、一学期と変わらず、きちんとあいさつをしてくれました。そして、仲間と楽しそうに近況報告などをしていました。教室の活気は、一学期以上のように感じました。皆さんが学級の仲間との再会を喜ぶ姿を見られたのは、担任としてうれしい限りです。

ただし、朝の元気な様子を見ながら、私は「けじめをつけた行動ができるか」という心配をしていました。やはりそれも、杞憂でした。朝の学活が終わり、体育館への移動のために廊下に整列すると、誰も私語を発しません。移動中や式の最中も、とても真剣でした。

二学期の初日から切り替えをきちんとできたのは、六組の集団としての力の現れです。その力、これからも発揮し続けましょう。

暑いから？暑いけど？

残暑の厳しい日が続いています。6組の教室は窓が東側に面しているため、午前中から厳しい暑さです。少しでも暑さを和らげるために、前日の夕方にカーテンを閉めた上で、朝の7時頃から窓を開けて換気しています。

そのような状況ですが、１８日（木）の学級の目標に感心しました。係の梨々香さんと美月さんが決めたのは「暑いけど集中してがんばろう」という目標でした。「暑いからだらける」のではなく「暑いけど集中する」姿勢は、これからの受験勉強でも大切です。「面倒くさいから勉強しない」ではなく「面倒くさいけど（自分のために）勉強する」という心構えが、受験の壁を乗り越える鍵になります。心を鍛える機会と思えば、暑さも少しは耐えられるかもしれません。

【格言～未来へ歩む参考に～】●●●●●●●●●●●●●●●●●●●●●●（●●●●）

3年生の場合，2学期は進路決定の時期であるため，高校入試へ意識を向けさせることが大切です。この例では，進路を決断する三者懇談まで，約100日しかないことを見出しで示しています。数字を使うことで，生徒も保護者も具体的なイメージをもてる効果があります。

■3年生　■「亀の湯」第21号裏（2016年８月29日発行）

実例 52　受験生の夏を振り返る～親子編～

２０１６年８月２９日（月）　　函館市立亀田中学校　３年６組　学級通信「亀の湯」　　第２１号

受験生の夏を振り返る～親子編～

生徒と保護者のコメントから、夏休み中の家庭学習を振り返ります。これまでも保護者の声を紙面で紹介することがありましたが、今回は「親子編」ということで、親子でコメントを同時に紹介しています。コメントを読むと、どの保護者の方も、お子さんをよく見て、しっかりとコミュニケーションを図っていることが推察できます。どのコメントも愛情たっぷりで、コメント欄いっぱいに激励のメッセージが書かれていて、感動しました。お忙しい中ご協力いただき、ありがとうございました。

６組の皆さん、あなたたちがきちんと勉強しているか、それとも楽をしているかを保護者の方はしっかりと見ています。そして、希望する進路に合格することが、受験生にとっては一番の親孝行です。口だけではなく、行動を変えましょう。受験まで、待ったなしです。

子から一言	親から一言
夏休みは塾がほぼ毎日あって、数学と英語と理科は最初からの復習をよくできました。けれども社会は少し大きいことしか復習しなくて、少し逃げてしまった部分もありました。 もう「頑張る」は口だけでなく行動に移さなきゃと思いました。	残念ながら規則正しい生活には遠く及ばず、暑い中、自転車で塾に通い、少しは運動になりました。 苦手な社会はなかなか取り組めず、もう逃げてばかりではいられません。 オリンピックで全力を尽くして戦う姿を観たように、頑張って目標達成してほしいです。
少しずつでも勉強できた（ような気がする）。わからなかった数学の問題が、少しはできるようになった。しかし、勉強時間が圧倒的に足りなかった。毎日２時間は勉強したい。	とても「受験生らしくない夏休み」を過ごしましたね。「破壊は一瞬、建設は死闘」です。並大抵の努力では取り返せません。死ぬ気で挽回してください！！
勉強の時間が足りない。勉強を始めるのが遅い。わかっていても始められないので、これからは毎日、絶対勉強時間をとる。	夏休み中は、ほとんど寝ていた印象しかありません。もう少し、受験生だという自覚をもった方が良いと思います。
部活ばっかりの夏休みだった。最後のコンクールに向けて、びっしり練習した。全体的に疲れた。	とにかく毎日部活！部活！部活！おかげさまでNコン道南代表になりました。努力は報われる。受験でもこの言葉を忘れずに取り組んでほしいと思います。
ほとんどの時間、勉強しかしていないので、満足している。受験生らしい夏になった。	夏休み中、規則正しい生活をし、自分の目標に向け、計画を立て、家庭学習に自発的に取り組み、がんばっていました。充実した夏休みでした。
今までと違って自由に遊んで楽しめた♪ 宿題はコツコツできたけど、勉強はあんまりしていない（汗）本当にまずいので、意識変えます。	宿題は計画的に進めていた様子でしたが、苦手科目の勉強はしてなかったと思います。 意識を変えないとダメですね。
勉強が気になりつつ、つい遊びすぎました。受験生として、これから気を引き締めて夏休みの分、挽回します。２学期からは全力で勉強します！！	学習目標は達成できていませんでした。 残りの日々を、気持ちを切り替えて、悔いの残らないようにしてほしいです。

次回（第２２号）の予告…最後の美原祭への準備開始／Ａ・Ｂ・Ｃテストの季節／夢マップ２　他（９月５日（月）発行予定）

夏休み中の様子について，名前を伏せた上で親子のコメントを並べました。個別に紹介する方法よりも，親子の意識のずれがわかります。また，家庭でのやり取りが目に浮かぶような紙面になりました。この記事を元に，家庭学習を増やすことを決めた家庭もあったそうです。

実例 53

■2年生　■「亀の湯」第21号表　2015年8月31日発行)

より安心できる関係を目指して

2015年8月31日（月）　函館市立亀田中学校　2年2組　学級通信「亀の湯」　第21号

より安心できる関係を目指して

亀の湯

第21号
函館市立亀田中学校
発行　川端裕介

2年2組学級目標
A・Y・K！

宿泊研修に向けて 仲間への思いやりを

二年生の大きな行事の一つ、宿泊研修が二日後から始まります。学校から離れて集団で過ごす二日間。普段は見られない仲間の一面を見ることができるでしょう。仲間への思いやりを大切に、二日間を過ごしましょう。

いよいよ、宿泊研修が迫ってきました。二日後の今頃は、江差に向かうバスの中です。家庭を離れ、学校の仲間と共に過ごす二日間になります。この特別な二日間を実りあるものにするためには、仲間への思いやりが大切です。

宿泊研修で皆さんが体験するのは、初めてのことばかりです。土地勘のない町を、自分たちだけで歩いたり、友達と同じ部屋で一晩を過ごしたりと、楽しくて仕方のない二日間になるでしょう。二組の仲間の意外な一面を知って、より深い絆をつくることもできるはずです。

その一方で、長時間にわたって集団で行動する中で、突発的な出来事や衝突が起きるかもしれません。そのような問題を協力して乗り越えることが、皆さんには求められます。

その際に一番大切なのは、思いやりです。仲間に迷惑をかけないことや、失敗した仲間がいたら助けてあげることが、宿泊研修の成功の鍵です。普段の仲の良さに関係なく、お互いを思いやりながら、旅行を通して安心できる学級を作りましょう。

仲間と楽しく過ごすために 宿泊研修の練習

先週の月曜日（二十四日）に、宿泊研修に先立って学級レクを行いました。まずは、名前並べ替えクイズを行いました。二組の生徒の名前をひらがなにして並べ替えたものを見て、誰の名前か当てるクイズです。全問正解した人が続出していました。

次に、名前ビンゴを行いました。二十五のマス目に、二組の生徒の名前を自由に書き入れてビンゴをするという内容です。二十五人分の名前を書くのは、意外と大変だったようで、教室を見回しながらマス目を埋める人が目立ちました。そして、ビンゴを始めると、ほとんど人がビンゴする中、一列も揃わなかった人が三名しました。逆にすごいのかもしれません。

二つのゲームの後には、集合写真の練習をしました。その写真は、この学級通信の裏面に掲載しています。

せっかくの宿泊研修ですから、楽しい思い出をたくさんつくりたいものです。本番も、仲間との絆を深めながら、全員が楽しかったと思える宿泊研修にしましょう。

限られた十四日間を大切に 合唱練習スタート

今日から美原祭（文化祭）特別時間割が始まります。学級での合唱練習の始まりです。宿泊研修直前のため、合唱に気持ちが向かないかもしれません。しかし、美原祭本番までの日数は限られています。学級で合唱の練習ができるのは、わずか十四回です。練習が限られていることを全員が理解し、限られた時間を大切に使いましょう。

合唱に一番大切なのは、仲間と協力することです。一人一人の歌唱の技術には大きな差があります。だからこそ、上手な人は苦手な人を歌で引っ張り、苦手な人は上手な人に一生懸命についていくことや、仲間の歌声を意識し、パートごとに声をそろえることが大切です。練習を重ねる中で全員の気持ちを一つにし、金賞をねらいましょう。二組の三十八名が、一番輝く季節が始まりました。

まだ間に合う 実力テストを終えて

二十七日（木）に第二回の実力テストが実施されました。一部の生徒からは、「ノー勉です！（勉強をしていないという意味）」などの残念な声も聞こえました。しかし、四月の実力テストよりは得点を伸ばすことができた生徒が多かったようです。

私が感心したのは試験中の姿勢です。四月の時は、テストを解き終わると居眠りをしてしまう生徒も若干見られました。しかし、今回は、私の見る限りでは、そのような生徒はいませんでした。学習に対する意欲、あるいは危機感が増しているのかもしれません。

しかし、テストの時だけがんばっても、良い結果にはつながりません。普段の家庭学習の積み重ねが不可欠です。中間テストまでは、ひと月あります。毎日一時間でも、必ず宿題以外の学習をしましょう。行事があっても、「ノー勉」は禁止です。

2日間お預かりします

宿泊研修に関わり、保護者の皆様には行事の趣旨をご理解の上、旅費のお支払いを始め、着替えや常備薬の準備等にご協力いただき、誠にありがとうございました。宿泊研修では２日間にわたり、大切なお子さんをお預かりすることになります。普段の学校生活以上に、健康面や安全面に留意したいと思います。大きな事故やトラブルがなく、すべての生徒にとって良い研修となるように努めます。

次回（第22号）の予告…宿泊研修を終えて、美原祭に向けて　他（9月7日（月）発行予定）

トップと準トップが，２年生の宿泊研修に向けた記事です。中学校では初めての宿泊を伴う行事です。不安を解消し，誰もが前向きに参加できるように「思いやり」をキーワードに記事を書きました。また，危惧される点を例示することで，トラブルを未然に防ぐ効果もあります。

9月の学級通信

実践編

実例

54 楽しみ学ぼう

■3年生　■「喜怒哀楽」第22号表（2014年9月1日発行）

2014年9月1日（月）　八雲町立熊石第二中学校　3年A組　学級通信「喜怒哀楽」　第22号

楽しみ学ぼう

喜怒哀楽

発行
八雲町立熊石第二中学校
3年A組担任　川端裕介

3年A組学級目標
最高の学級
［全力疾走］
～二中を支える柱となれ～

明日から修学旅行
目標を意識した行動を

修学旅行に関わり、先週はしおりが完成し、事前の確認や整列の練習などを行いました。いよいよ本番です。旅行中は、修学旅行の生徒目標である「楽しみ学ぶ」を常に意識しましょう。

風香さんが作成した修学旅行のしおりの表紙

明日から三泊四日の修学旅行が始まります。この修学旅行を実りあるものにするために、三つのことを意識しましょう。

一つ目が、学習する意識です。とくに、三日目の東日本大震災に関する学習では、被災地の現状や被災者の思いをしっかりと学んでほしいと思います。また、熊石には見られないような文化が、東北にはたくさんあります。その文化のちがいにも注目しましょう。

二つ目は、ルールを守ることです。詳しくは左の記事で述べますが、楽しい旅行にするためには、ルールを守ることが不可欠です。

三つ目は、みんなが楽しむことです。普段の学校生活と同じく、自分だけが楽しむ状況や、誰か一人でも迷惑に感じている状況は、本当の楽しさとはいえません。四日間の修学旅行を成功させるには、全員の協力が不可欠です。三Aの十人全員で楽しむ姿勢を、旅行中に忘れないようにしましょう。

修学旅行は、中学校生活の中で最も長い行事です。そして、四日間の経験はかけがえのない思い出となるはずです。学ぶべきことをきちんと学んだ上で、笑顔で熊石に帰ってくるような素敵な旅にしましょう。

みんなのために守ろうルール

修学旅行中は常に集団での行動が続きます。そこで大切になるのが、みんなのためにルールを守るという姿勢です。修学旅行でよく起きる問題が、ゲーム機や携帯電話などの不要物の持ち込みや必要以上のお金の持参、宿泊先でのトラブルなどです。いずれも、「これくらい良いか」という甘さや「ちょっと悪ぶりたい」という虚栄心が背景にあるようです。

三Aの十人に限ってそんな問題は起きないでしょうが、旅行中は常に「みんなのため」という意識を持ち続けてほしいと思います。それが、トラブルを未然に防ぎ、楽しい旅の実現につながります。

全員が楽しめる旅行にするためには、周囲への配慮が大切です。自分たちで決めたルールを、みんなのために守り抜きましょう。

帰ってきたら文化祭
知恵美さんのデザイン採用

修学旅行から帰ってきたら、まずは学力テスト総合Aがあります。進路判定の重要な資料となるテストです。修学旅行後の土日には、さっそくテスト対策をする必要があります。

また、来週からは文化祭の準備が本格的に始まります。先日の文化祭実行委員会で、テーマ看板デザインが決まりました。上のようなデザインですが、知恵美さんの作品です。テーマも三Aの案が元になっています。テーマの通り最高の演技や演奏を目指して、来週から練習に取り組みましょう。

今年の文化祭は、最高学年として迎える、中学校生活最後の文化祭です。縦割りや相沼奴では最高学年として後輩をリードし、学年劇では三年生にふさわしい見事な作品に仕上げましょう。修学旅行から戻ってきたら、学習も文化祭の準備も休む暇がありません。

保護者の皆様へ

先日のPTA役員会にお忙しい中お越しくださった保護者の皆様，誠にありがとうございました。また，白井さんにはラーメンの試作品を準備していただきました。ありがとうございました。文化祭食堂バザーに関わって，昨年度までと大幅に内容が変更となり，ご負担をおかけしますが，よろしくお願いいたします。食堂に関わっては，当日27日（日）の朝7時から調理室にてラーメンとうどんの準備を行います。参加をよろしくお願いします。なお，前日の準備は予定しておりません。

また，明日から修学旅行に出発いたします。お子様を預かる身として，思い出に残る4日間となるように，細心の注意を払っていきたいと思います。

なお，旅行中に急な体調不良によって入院や迎えをお願いする場合等もあるかもしれません。そうした際には，事前に提出していただいた健康調査票の緊急連絡先にご連絡しますので，よろしくお願いいたします。

次回（第23号）の予告…修学旅行を終えて，文化祭に向けて，Aテストに向けて（9月8日（月）発行予定）

修学旅行直前の例です。トップ記事に生徒が描いた絵を掲載して，修学旅行の気分を盛り上げるようにしました。生徒の手書きの作品は紙面が明るくなる効果がありますし，取り上げられた生徒は自信を深めます。また，記事では旅行中も学ぶ意識を忘れないように言及しました。

実例 55

■3年生　■「喜怒哀楽」第22号裏（2014年9月1日発行）

道徳「二通の手紙」

2014年9月1日（月）　八雲町立熊石第二中学校　3年A組　学級通信「喜怒哀楽」　第22号

道徳「二通の手紙」

先日の道徳の時間は、副読本から「二通の手紙」という作品を取り上げ、ルールについて考えました。善意で動物園のきまりを破った一人の飼育員さんの行動の是非から、社会の中でルールを守ることの大切さについて、議論しました。皆、真剣に授業に参加していました。

毎日，動物園の入り口近くに来る幼いきょうだい。ある日，お金を握りしめて動物園に入りたいと申し出たきょうだいに対し，保護者同伴のルールと入場時間のルールを破り，動物園に入れた飼育員の元さん。しかし，子どもたちは園内で行方がわからなくなります。係員たちの捜索で子どもたちは無事見つかりますが，元さんはその責任をとる形で解雇され、通知書を受け取ります。それと同時に，きょうだいの母親から感謝と謝罪の手紙が来ます。元さんは二通の手紙を持って動物園を去っていきます。

元さんがルールを破り，幼いきょうだいを園内に入れた行動。その行動に賛成か反対かを尋ねたところ，意見が真っ二つに分かれました。一部ですが意見を紹介します。

賛成

・しっかり入園料をもっていたし，子どもたちが毎日入りたそうにしていた。【紫帆さん】
・毎日のぞきに来ていて，やっと入れるっていうのに入れないのはかわいそうだから。しかし，一緒に付いていくなどした方が良かった。【あまねさん】
・子どもの事情や気持ちを分かっているからこそできることだと思うから。【風香さん】

反対

・規則は守るためにあるのに，子どもだからといって許すのはダメだと思う。【涼凪さん】
・自分の判断で入園させたのであれば，責任をもって一緒についていくべき。【悠馬さん】
・そのことが他の人にばれて，何人も閉門時間を過ぎて入ろうとしたら困るから。【慧さん】
・他の人にも迷惑をかけてしまうし，子どもだけで何かあったときに大変だから。【知恵美さん】

この作品を読んだ上で，ルールを破って良い場合があるとしたら，それはどんな場合かを考えました。もちろん，ルールは守るのが大原則であり，破ってはいけません。この難しい問いに，皆さん頭を悩ませていました。

考えた末に出した右の意見には，どれも一応の説得力があります。特別な条件を考えることで，逆にこれらの条件に当てはまらなければ，ルールは守らなければいけないと実感できたと思います。

ルールを破っても良い場合はあるのか

・生命に関わりがある場合。【拓海さん】
・誰かにとって不利な場合，その人を守るために。例えばユダヤ人へのホロコースト。【涼凪さん】
・自分のみにデメリットが発生する場合。ルールを破ったことに対して，自分だけで責任をとれて，他の皆も納得させられる場合。【悠馬さん】
・誰もが困っている時。相手のことを思う時。【あまねさん】
・しっかりとした理由と事情をもっている。誰かのためである場合。【風香さん】
・解雇などの罰を受ける覚悟がある場合。【慧さん】
・今すぐにでも助けなければいけない時など。【ななみさん】

授業を終えての感想

ルールを破ることで，他の人にも迷惑がかかると思う。しかし，ルールを破ったことで，誰かが幸せになることもあるんだと思った。【知恵美さん】

元さんの行動は悪いことだけど，元さんは自分の代わりに他人を幸せにできる良い人だと思った。【ななみさん】

ルールは守らなければいけないもので，ルールを破った人を1人でも許してしまったら，次々とルールを破る者が出てくると思う。だからこそ，それなりの罰を受けなくてはならないと思う。もしルールを破ることがあれば，いかなる理由があっても，それを理解してしなければいけないと思った。【悠馬さん】

修学旅行こそ道徳的実践の場

道徳の時間は1つの正解があるわけではありません。だからこそ，自由な議論を通して道徳的な価値観について深く考えることができます。

しかし，実社会ではあらゆる場面で「正解」となる行動が求められます。修学旅行では，道徳の時間に考え，学んだことを十分に発揮し，行動につなげてほしいと思います。

今回の授業との関連でいえば，旅行中に様々なルールを守るという行動を貫きましょう。授業で話し合った通り，自分の利益や欲のためにルールを破るのは，許されないことです。

【最高の学級ためのひと言】修学旅行は集団行動。他者の気持ちを考えることで，皆が気持ちよく過ごせるようになります。

私は年間十数回，道徳の時間の様子を学級通信に掲載しています。そのきっかけになったのが，この例です。今読み返すと見出しの付け方が悪いのですが，当時は保護者の方から「家でも道徳の話で盛り上がった」という反響がありました。家庭での道徳教育につながりました。

実例 **56**　■3年生　■「喜怒哀楽」第23号表（2014年9月8日発行）

楽しみ学んだ4日間

2014年9月8日（月）　八雲町立熊石第二中学校　3年A組　学級通信「喜怒哀楽」　第23号

楽しみ学んだ4日間

三陸鉄道で「じぇじぇじぇ」ポーズの記念撮影

百点満点の修学旅行

喜怒哀楽

発行
八雲町立熊石第二中学校
3年A組担任　川端裕介

3年A組学級目標
最高の学級
［全力疾走］
～二中を支える柱となれ～

充実した四日間でした。九月二日（火）から五日（金）までの三泊四日の修学旅行が，無事終わりました。

三Ａの十人全員が，自分たちで決めた目標「楽しみ学ぶ」や「修学旅行生活八訓」を常に意識しながら行動していました。目標を「達成できた」「百点」という声も聞こえましたが，私も同感です。

数は少ないものの，物の紛失やトラブルもありました。場に応じた行動ができない場面もありました。しかし，その都度反省し，旅行中に改善を図ることができました。その結果，全員がルールやマナーに気をつけながら，学ぶ場面では真剣に学習し，楽しむ場面では伸び伸びと活動することができました。まさに，目標である「楽しみ学ぶ」を具体的に意識しながら行動した四日間でした。

たくさんの人との出会いもありました。各見学地でのガイドさん，バスのガイドさんと運転手さん，ペンションのオーナーさん，添乗員さんなど，数え切れないほどの出会いがありました。旅行中のすべての出会いと，すべての経験が皆さんを成長させました。

添乗員さんが別れのあいさつで「最高の学校生活を」とエールを送ってくれました。修学旅行の成功を自信にして，「最高の学級」を目指しましょう。

忘れられない光景

学ぶという意味で，三Ａの皆さんが一番深く印象に残ったのが，震災学習でしょう。今回は宮古市田老地区の見学と三陸鉄道の田野畑ー久慈間の乗車体験を行いました。

とくに，田老地区の光景とガイドさんの言葉は，心に深く刻まれたことでしょう。防潮堤や「震災遺構」である田老観光ホテルの見学の後，被災した民家の中で，田老観光ホテルの社長が撮影した津波の映像を見ました。涙をこらえながら当時の様子や防災への思い，命の大切さを語るガイドさんの姿に，心を打たれました。映像の鑑賞を終えた時の全体の雰囲気や皆さんの表情は，これまで見たことがないほど真剣でした。あの瞬間の光景と感情は，心の奥底に刻みこまれたはずです。皆さんが大人になり，たとえ記憶が薄れても，決して消えることのないものだと思います。

防潮堤の上で震災の説明を聞く様子

私は震災学習のわずか数時間で，三Ａの十人が人間として成長したように感じました。

田老のガイドさんの「災害は忘れた頃に起きるのではなく，忘れたから起きる」という言葉や，三陸鉄道のガイドさんの「自然災害で命を失ってはいけない」という言葉を胸に，生きていきましょう。

後はまとめ

修学旅行で学んだたくさんのことは，皆さんの頭と心に留めるだけではなく，後輩や保護者の方に伝えるべきものです。その手段の一つが，まとめの作業です。

文化祭の練習と並行するので忙しくなりますが，旅行の成果を丁寧にまとめましょう。楽しい思い出に加え，学んだことをきちんと伝えるのも，三年生の大切な役目です。

３Ａのチカラ

解散式で，「１００点満点を付けられる修学旅行はこれまでなかったし，これからの教員人生でもないかもしれない。」という話をしました。実は，そう考えはじめたのは３日目の震災学習でした。２日目までに，楽しむ姿は随所に見られましたが，「どれだけ学んでいるのだろうか」という不安がありました。

しかし，震災学習での真剣な表情を見た瞬間に「この旅の意義はあった」と確信しました。また，反省点を翌日には改善する対応力にも，本当に感心しました。３Ａの底力を感じました。

その力を次に発揮するのは文化祭です。最高の文化祭にしましょう。

次回（第２４号）の予告…文化祭に向けて，修学旅行作文　他（９月１６日（火）発行予定）

修学旅行後の学級通信です。生徒が決めた修学旅行の目標が「楽しみ学ぼう」だったため，それにちなんだ見出しにしました。仲間との旅を満喫したことと，東日本大震災の被災地訪問によって深い学びができたことを，保護者に伝わるように，写真を活用しながら紹介しました。

■1年生 ■「根っこ」第22号表（2017年9月4日発行）

函館の良さ　再発見

2017年9月4日（月）　函館市立亀田中学校　1年1組　学級通信「根っこ」　第22号

根っこ

第22号
函館市立亀田中学校
発行 1年1組学級担任 川端裕介

1年1組学級目標
挑戦・協力・尊重

函館の良さ　再発見

仲間と協力　多くの収穫　フィールドワーク大成功

九月一日（金）に、市内西部地区を中心にフィールドワークを行いました。晴天に恵まれる中、仲間と協力しながら研修を進め、郷土函館の魅力を再発見することができました。

九月一日（金）に、総合的な学習の一環で、フィールドワークを実施しました。班ごとに研修テーマを立て、それに基づいて函館市内の各地を調査・見学したり、施設の関係者の方への質問を行ったりしました。

上の写真は、函館山ロープーウェイの始発に乗る、C班の皆さん（達也さん・時永海翔さん・百華さん・菜々海さん・茨苑さん・康太さん）です。函館の魅力を体感している様子が、よくわかります。

一組の皆さんが、今回のフィールドワークで学んだことはたくさんありますが、私はとくに次の三点で収穫があったと考えます。

第一に、**仲間との絆の深まり**です。ゴールした後に感想を聞くと「疲れました…でも楽しかったです！」という声が相次ぎました。**仲間と協力し、困難を乗り越えたからこそ、充実した研修になりました。**お互いを尊重しながら、班の仲間と協力し、研修を成功させることができました。

第二に、自分たちが住む町の魅力を実感することができました。普段、西部地区へ出向く機会は、意外とありません。函館山からの美しい眺めや伝統的な建造物など**「日本一魅力的な町」とも言われる函館のすばらしさを実感できました。**郷土への誇りや愛着が増したはずです。

第三に、きまりを守り、礼儀に気をつけながら研修を終えることができました。校内でのいたずらなどの**悪い流れを、見事に断ち切りました。**

フィールドワークでは、一組の底力を実感しました。次は美原祭です。**合唱コンクールに向けて、お互いを尊重し、学級全員で協力し、金賞の受賞へ向けて挑戦しましょう。**

理子の未来の力

下の写真は、フィールドワークで理子さんがロープウェイの乗車券を受け取る際に「ありがとうございます」と丁寧にお礼を言っている場面です。これこそ、社会に出た時に役立つ「未来の力」に他なりません。

乗車券を受け取る白土理子さん。

こんなはずでは…

一組は、フィールドワークですばらしい実力を見せました。その一方で、不安を感じることもありました。八月三十日（水）に実施した、実力テストの結果についてです。

先週の内に理科以外の答案が返却されましたが、数学を始めとして厳しい結果になりました。私の担当教科である社会でも、平均点が五十点を下回りました。

普段の授業の様子や定期テストの得点を考えれば、皆さんはもっとできるはずです。油断があったのではないでしょうか。きちんと反省し、今まで以上に、毎日の授業と家庭学習に力を入れましょう。

仲間の話こそ 真剣に　学年集会で危機感共有

八月二十八日（月）に、緊急の学年集会を行いました。トイレのいたずらが続いたことがきっかけでした。

先生方の話に先立って、中央委員の代表が話をしました。学年として危機感をもち、信頼回復に努め、学年をもっと良い方向に伸ばすべきだという内容でした。

その話を聴いている時の様子が、下の写真です。誰もが顔を上げ、真剣なまなざしで仲間の話を聴いています。このような姿勢ができる限り、一年生は大丈夫です。

緊急学年集会で真剣に話を聴く様子。

【勇気の出る格言】●●●●●●●●●●●●●●●●●（●●●●●：アメリカの飛行士）

1年生の地域学習の例です。行事のねらいは，普段暮らしている函館の町の魅力を再発見することです。そのねらいが達成できた象徴として，ロープウェイに笑顔で乗車する写真をトップ記事に掲載しました。全号カラーの紙面だと，写真で読み手を感動させることができます。

実例 58

正しく自由を

■3年生　■「亀の湯」第22号表（2016年9月5日発行）

2016年9月5日（月）　函館市立亀田中学校　3年6組　学級通信「亀の湯」　第22号

正しく自由を

亀の湯

第２２号
函館市立亀田中学校
発行　3年6組学級担任　川端裕介

3年6組学級目標
みんなGU（自由）　みんなAU（英雄）
～37+1の挑戦！～

皆のため　自主的に工夫
航大の主張　倫太郎のあいさつ

先週は、六組生徒が学年や学校のために、自由な発想と行動を見せる場面が続きました。学級目標の「みんなGU（自由）」を正しく理解し、行動に移せるようになってきたことの表れです。

夏休み後、三年生の中で最高学年らしからぬ問題が頻発し、先生方にしかられることが続きました。そのような中で実施された、木曜日の学年集会。これまで通り、代表生徒が用意した原稿通り話すのかと思っていたら…違いました。代表生徒たちは、時には詰まりながらも、自分の思いを率直に語っていました。その代表の一人が、航大さんでした。航大さんは家庭学習について、生徒に手を挙げさせたり、自らの失敗談を赤裸々に語ったりしながら、受験生として行動を変えることの大切さを訴えていました。素晴らしいスピーチでした。担当の先生に話す内容を相談せず、自分で考えたそうです。

自主的な工夫といえば、朝のあいさつ運動を続ける生活委員も該当します。あいさつ運動は、あいさつをより良くするために生活委員が企画したものです。とくに倫太郎さんは、大きな声で生徒の名前を呼びながらあいさつをするなど、気持ちよくあいさつができるように工夫しています。

航大さんも倫太郎さんも、**自由な発想で、与えられた機会を上手に生かしています。このように、良い意味での自由な発想と行動が増えると、学級も学校全体もより良くなるでしょう。次に活躍するのは誰か、楽しみです。**

学年集会で航大さんが家庭学習について話す様子。

朝、さわやかにあいさつをする倫太郎さん。

二十五日後の栄冠のために
全員参加でグランプリを！

今日から二十五日後、九月の最終日に美原祭があります。とくに合唱コンクールは、全校グランプリを獲得する最後で最大のチャンスです。

六組の曲は「ある真夜中に」です。夏休み前の学級通信でも紹介した通り、とても難しい曲です。しかし、言い換えれば、グランプリのチャンスのある曲です。

最近の音楽の様子を聞くと、音取りが順調に進んでいるようです。来週からの学級練習が楽しみです。合唱を苦手に感じている人も真剣に参加することが、グランプリへの第一歩です。美原祭で皆が「英雄」になるため、心の準備をしておきましょう。

自分を変えよう
九日後に総合A

先月の実力テストに続き、来週には総合Aテストがあります。これまでのテストと違い、受験校を決めるための重要な資料となります。この総合Aテストは、総合BとCに比べて、定期テストと日程が離れているため、対策を取りやすいという特徴があります。最初の総合テストで志望校の合格ラインを上回り、心の余裕をもつことができれば最高です。

総合Aで良い結果を残すためには、学習への意識と行動を変えなければいけません。夏休みや先月の実力テストの反省を生かし、今日から行動を変えるべきです。**過去と他人は変えられませんが、未来と自分は変えられます。夢のため、自分の行動を変えましょう。**

こだわりの璃梨加

進路学習会のまとめとして、説明を聞いた４校から１つを選び、レポートを作成しました。下は璃梨加さんの作品です。

手作りのパンフレットとして使えそうな出来映えです。

他にも、工夫してまとめている人がたくさんいました。教科以外のことにも手を抜かない姿勢は、大切です。出来が良いので、当初は予定していませんでしたが、冊子にして配布したいと思います。

【格言～未来へ歩む参考に～】●●●●●●●●●●●●●●●●●●●●●●（●●●●）

３年生の２学期は，受験や文化祭に気持ちが向く一方で，日常生活で気を抜きやすい面があります。そこで，生徒が主体となって実施した学年集会の様子や，委員会活動に積極的に取り組む姿勢を取り上げて評価しました。それによって，学校生活を改善する効果がありました。

実例 59

■3年生 ■「亀の湯」第22号裏（2016年９月５日発行）

夢をふくらませ　夢をつなげる

２０１６年９月５日（月）　函館市立亀田中学校　３年６組　学級通信「亀の湯」　第２２号

夢をふくらませ　夢をつなげる

２学期に入り、再び「夢マップ」を作っています。前回（学級通信第５号で紹介）との違いは、マインドマップという形式にしたことです。マインドマップとは、表現したいテーマ（今回であれば夢）を中心に描き、そこから放射状に情報をつなげて１つの図を表現するものです。連想ゲームのように、関連するキーワードを次々と書くため、考えをふくらませたり整理したりするのに適しています。夢についてさらに深く考えるため、マインドマップを採用しました。

作業してみると、連想する言葉が思い浮かばなかったり、絵や色をつけるのに苦労したりして、前回よりも時間がかかりました。しかし、悩んだ分だけ、完成した作品の出来は立派です。今回は、すでに完成した人の中から、とくに私の印象に残った作品をいくつか紹介します。

パワーアップ

陽加里さんの夢マップです。左が以前のもの、右が今回のものです。以前の夢マップも十分に工夫されていますが、今回の方が関連する内容が増え、構造化もできています。マインドマップにすることで、夢が一層明確になったと思います。

完成したマインドマップはすべて、裏に以前のもの、表に今回のものを重ね、ラミネート加工をして掲示しています。

美しい…

右は武さん、左は亜由美さんの夢マップです。どちらも、内容はもちろん、色使いやイラストが秀逸です。完成した作品を見ているだけで、ウキウキワクワクしてきます。

いくぞ甲子園！

倫太郎さんの作品です。夢を甲子園出場に絞り、その実現のために技術だけではなく、あいさつや学習も関連付ける発想が立派です。

枝で枝分かれを表現

侑太さんの作品です。前回の夢マップに続いて「平和」を掲げている点に、侑太さんの優しさが表れています。

次回（第２３号）の予告…美原祭特別時間割開始／合唱集会／合唱全道／総合Ａテストに向けて／道徳「心のふれあい」　他（９月１２日（月）発行予定）

実例15の「夢マップ」をさらに発展させた活動です。夢を具体化するという学級経営の方針に従い，生徒が夢について考える機会を継続して設けました。前回に比べて，自分の夢に関わることを具体化することができました。また，デザインもより美しくなりました。

実例 60

■3年生　■「亀の湯」第23号表（2016年9月12日発行）

最後の合唱コンクールを最高に

２０１６年９月１２日（月）　函館市立亀田中学校　３年６組　学級通信「亀の湯」　第２３号

最後の合唱コンクールを最高に

亀の湯

第２３号
函館市立亀田中学校
発行　3年6組学級担任　川端裕介

3年6組学級目標
みんなGU（自由）　みんなAU（英雄）
～37+1の挑戦！～

姿勢で勝負！
合唱集会実施　特別日課開始

今週から、美原祭特別時間割が始まります。それに先立って、先週末には第一回目の合唱集会が開かれました。グランプリを目指し、学級が一丸となって練習に取り組みましょう。

九月九日（金）に今年度初の合唱集会を体育館で行いました。体育館は美原祭の会場でもあります。普段使っている音楽室とは音の響かせ方が違うため、合唱集会で一生懸命に歌うことは、合唱コンクールで上手に歌うことにもつながります。六組は、そのことを理解している人が多かったのか、発声練習も全校合唱も手を抜きませんでした。

すると、全体指導をしていた音楽の辻先生から「六組、良い声しているんだから後ろから引っ張ってね」と言われました。全校生徒の前で実力を認められるのは、とても光栄なことです。今日から始まる学級での合唱練習も、がんばるしかありません。

合唱コンクールの学級練習は、わずか十一回です。限られた時間の中で、難しい曲を自分たちのものにし、グランプリを勝ち取るためには、**練習に取り組む姿勢が最も大切です。**

「本番はちゃんと歌うから練習は遊んでて良いや」という発想では、絶対にグランプリには届きません。部活動やテストと同じく、普段できないことは、大舞台でもできません。逆に、本番の緊張感に打ち勝つためには、一生懸命に練習を重ね、自信を深めることが大切です。

歌が得意な人も苦手な人も協力して楽しみながら練習に取り組む姿勢を見せてほしいと思います。そのような前向きな姿勢で学級の合唱練習を重ねれば、自ずと良い結果はついてきます。**六組全員で心をそろえ、グランプリに挑戦しましょう。**

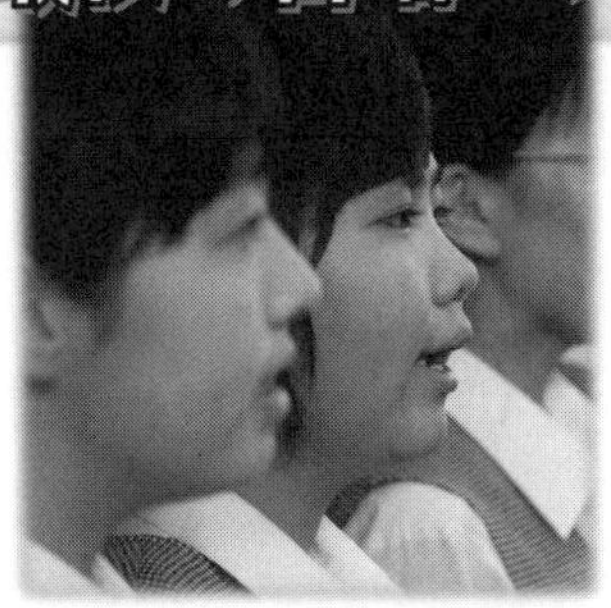

合唱集会で歌う綺さんたち。六組の声がほめられました。

生かそう　全道二位の歌声を
合唱部 Nコン　道南勢十数年ぶり快挙

四日（日）にNHK全国学校音楽コンクールの北海道ブロックコンクールが開催され、本校合唱部が見事銀賞に輝きました。道南地区の代表校としては十数年ぶりの快挙だそうです。六組から出場した亜由美さん、美月さん、遥菜さん、武さん、天斗さん、本当にお疲れ様でした。美月さんに話を聞いた所、全力を出し尽くした演奏ができたそうです。合唱部は今週末にも釧路でコンクールに出場します。健闘を祈ります。

全道二位の合唱部が仲間にいるからには、学級の合唱も函館一、そして北海道一を目指すくらいの意気込みでがんばりましょう！挑戦あるのみです。

亜由美先生～！

先週から、自主学習用に一日一枚、英語のプリントを教室に用意しています。一年生の内容から順に出題されるので、地道に解き続けるだけで効果があります。

さっそく、何名かが昼休みにプリントを解いていました。倫太郎さんもその中の一人でしたが、少し苦戦していたようで、亜由美さんに教えてもらいながら解いていました。亜由美さんの方も「亜由美先生～！」という倫太郎さんの呼び方に苦笑しながらも、少しずつヒントを出して、答えに近づくように丁寧に教えていました。

今までだと、すぐに答えだけを教えたり、写させたりするという良くない動きが多かったのですが、先週から雰囲気が変わりつつあります。写し合いから学び合いへと、教室の文化が変わってきています。テストは個人の戦いですが、テスト勉強は必ずしもそうではありません。仲間と協力するのは、合唱だけではなく普段の学習も同じです。

あと二日
まだ間に合う総合A対策

いよいよ、総合Aテストまで残すところ二日になりました。先週は、進路学習のレポート作りを通して、志望校への意欲をさらに高めていました。

また、八日（木）から放課後学習会を行っています。任意参加ですが、六組生徒の参加率は八割を超えています。先週一週間の中でも、学習に対する姿勢の変化を感じます。

テストは二日後ですが、まだできることは残されています。例えば、とくに力を入れたい教科の特定の単元を集中して学習したり、過去のテストを解き直したりする方法があります。また、実力を発揮するために体調管理も大切です。あきらめず、できることを着実に実行しましょう。

【格言～未来へ歩む参考に～】●●●●●●●●●●●●●●●●●●●●●●（●●●●）

現在の勤務校では，中学校生活最後の学級対抗の行事が，文化祭の合唱コンクールです。学級の一体感が高まる好機を逃さないように，トップ記事では望ましい練習姿勢を説明しています。歌が得意な人がさらにがんばり，苦手な人もがんばりたくなるような文章を心がけました。

実例 61

思いを行動に　思いを歌に

2016年9月20日（火）　函館市立亀田中学校　3年6組　学級通信「亀の湯」　第２４号

思いを行動に　思いを歌に

亀の湯

第２４号
函館市立亀田中学校
発行　3年6組学級担任　川端裕介

3年6組学級目標
みんなGU（自由）　みんなAU（英雄）
～37+1の挑戦！～

リーダーの思いに応えよう　苦手な人も協力を！

学級の合唱練習が始まって一週間。練習を重ねるごとに上手になると同時に、学級集団としての成長も見られます。しかし、合唱も学級も、もっと良くなります。リーダーたちの思いに応え、全員でグランプリへの挑戦をしましょう。

六組の合唱練習では、担任の私が前に出ることはありません。私は学活などの時間を使って、合唱練習で意識すべきことを話すだけです。実際の練習は、指揮者の陽加里さんと、パートリーダーの亜由美さん、美月さん、航大さん、航稀さんに任せています。この五人の合唱練習の進め方は、非の打ちどころがありません。ときに厳しく叱り、ときに上手にほめ、皆を引っ張ってくれています。

しかし、五人とも、他の皆と同じ中学三年生です。人前に立って話すのが好きなわけではありません。指揮者やリーダーとしての責任感から、勇気を出して練習を進めていることを、学級全員が自覚しましょう。そうすれば、練習への参加姿勢はもっと良くなります。

先週の練習では、女子の成長を感じました。私語をせず、指示に対してはうなずきや言葉で反応していました。素晴らしい姿勢です。**女子の練習での一体感は、全校一です。**しかし、まだ伸びます。

一方の男子は、まだ合唱へ気持ちが向いていない人がたくさんいます。しかし、六組の男子ならできるはずです。陽加里さんの「**人前に立つのは苦手だけど、グランプリはどこにも譲れないからがんばって仕切る**」という思いに応えましょう。亜由美さんの「**学校行事なんだから、みんなで参加しよう**」という呼びかけに応えましょう。**上手に歌えなくても、参加態度や歌う姿勢で協力すれば、学級に貢献できます。全員参加で心を一つに、目指すはグランプリ！**

ポスターコンクール　璃梨加が全校ナンバーワンに

とてもうれしい知らせがありました。美原祭のポスターコンクールで、璃梨加さんの作品が最優秀賞に選ばれました。快挙です。

宇宙に輝く虹、鍵盤から響く音…構図も色使いも素敵です。細かな点のように見える部分は、歯ブラシを指ではじいて絵の具を散らせたそうです。その発想力に感心します。レタリングの文字も丁寧です。

作品は、リオデジャネイロ五輪を観ながら完成させました。選手の活躍が創作意欲を刺激したそうです。

六組としては、美原祭で一つ目の最優秀賞です。次に狙うは、もちろん合唱コンクールの最優秀賞である、全校グランプリです。良い流れに乗って、練習にさらに熱を入れましょう。

焦りを行動へ　中間テストまで三週間

十四日に総合Aテストが実施され、金曜日まですべての答案が返却されました。その最後の数学が返却された時の教室は、とても重苦しい雰囲気でした。「立ち直れない…」という言葉や「合唱練習できるメンタルじゃありません」という嘆きも聞こえてきました。悔しい結果だった人が多かったようです。

結果は残念でしたが、危機感をもったのは一歩前進です。その危機感を学習への意欲に転換させましょう。

中間テストまで、すでに三週間を切っています。中間テストの翌週には総合Bテストも控えています。Aテストが返ってきた時のような思いを二度としないために、授業も家庭学習も、これまで以上に力を入れましょう。そして、学習で疲れた時は、仲間と一緒に合唱に参加することで、気分を一新するようにしましょう。

消しくずを手に　敦史と圭吾

右下の写真は、先日のAテストの１０分休みの様子です。敦史さんと圭吾さんが、消しくずを手に乗せて、ごみ箱へ捨てています。他にも、陽加里さんなど、たくさんの人が同じことをしていました。

つい楽をして、消しくずを机の上から床へと落としてしまう人もいるでしょう。恥ずかしい話ですが、私も中学時代はそういうことが多かったです。しかし、それでは教室が汚れてしまいます。圭吾さんや敦史さんの行動は、格好が良いですね。

他にも、例えば休んだ人のプリントをさっと机にしまってあげるなど、さりげない気遣いをできるのが６組の皆さんです。

消しくずをきちんと捨てる2人。

【格言～未来へ歩む参考に～】●●●●●●●●●●●●●●●●●●●●●（●●●●）

合唱コンクールの練習は，生徒から選ばれた指揮者やパートリーダーが中心に進めます。リーダーたちの言葉を取り上げながら，その苦労と努力に共感するような紙面にすることで，リーダーたちは自信をもちます。他の生徒は，通信を読んでから，さらに協力的になりました。

実例

62 変わる空気　動き出す６組

3年生　「亀の湯」第25号表（2016年９月26日発行）

２０１６年９月２６日（月）　函館市立亀田中学校　３年６組　学級通信「亀の湯」　第２５号

変わる空気　動き出す６組

亀の湯

第２５号

函館市立亀田中学校

発行　3年6組学級担任　川端裕介

3年6組学級目標

みんなGU（自由）　みんなAU（英雄）

~37+1の挑戦！~

必要なのは全員の力

挑戦！本当の勝負へ

美原祭・合唱コンクールまであと四日。先週は、練習に対する学級の空気が変化したことを感じました。高まる一体感と、つのる危機感。グランプリへ向けて必要なのは、全員の心が一つになった合唱です。本当の挑戦を始めましょう。

先週は、祝日の関係で合唱練習がわずか三回のみでした。しかし、その三回の練習の中で、学級の雰囲気は大きく変化しました。

一つ目は、学級の一体感の高まりです。私が変化を感じたのは、二十一日（水）の放課後練習でした。練習中の男子の切り替えがとても速くなり、指揮者やパートリーダーの話を集中して聞けるようになりました。指示に対するうなずきや返事などの反応も、見違えるほど良くなりました。合唱コンクールに向けて、六組の団結力は着実に高まっています。

もう一つの変化は、危機感です。そのきっかけは、学年練習での各学級の発表でした。私は出なければいけない研修のため不在でしたが、帰校後に撮影したビデオを見ました。他の学級の仕上がりは上々です。ビデオで見ると、六組以上の完成度の学級が、いくつもありました。

一方の六組は、男声が非常に弱く、強弱もなく、後半が盛り上がりに欠けるという散々な結果でした。とくに問題なのは、ビデオで見ると、口を開けているのかわからない男子が、全体の三分の二もいることです。ブレスによる顔の上下動もないため、真顔で立ち尽くしているようにしか見えません。当日の審査員席から見れば、なおさらでしょう。学年練習後に、今週から朝練習を行うことを自分たちで決めました。良い判断です。

今の六組の皆さんに紹介したい言葉があります。今なら、一人一人の心に届くはずです。「○○○○○」の作者である○○○○○○○○さんの言葉です。

○○

○○○○○○○○○○○○○○○○○○○○○○○○○○○

○○○。

思いを共有し始めた六組。歌の得意・不得意は関係なく、合唱には全員の力が必要です。**私は、皆が挑戦の結果、歓喜に包まれる場面を見たい。そして、皆と歓喜を分かち合いたい。そう願っています。**

続く良い流れ

道コン金賞・ポスター続々入賞

文化の秋、そして美原祭直前ですが、六組では芸術関連の賞の受賞が相次ぎました。まず、九月十八日（日）には北海道合唱コンクールに合唱部が出場し、混声の部で銀賞、同声（女声）の部で金賞を受賞しました。亀田の合唱に一位票を付けた審査員もいらっしゃったそうです。先日のNコンに続き、再びの快挙です。

合唱部が会場だった釧路から帰着したのは十九日の夜でした。私も出迎えに駆けつけましたが、さすがに疲れがたまっている様子でした。出場した美月さん・亜由美さん・遥菜さん・武さん・天斗さん、本当によくがんばりました。

また、校内のポスターコンクールでは、先週お知らせした璃梨加さんの最優秀賞に続き、美月さんが金賞、茉惟さんが銀賞、遥菜さんが奨励賞、武さんが佳作を受賞しました。六組の生徒が上位入賞を独占した形です。どの作品も丁寧に仕上がっていて、夏休み中の努力がうかがえます。

やはり、六組は文化系の行事に強いといえます。残すタイトルは、合唱コンクールです。個人の能力だけに頼らず、三十七名全員の力を合わせ、栄冠を手にしましょう。

掲示物で心を1つに

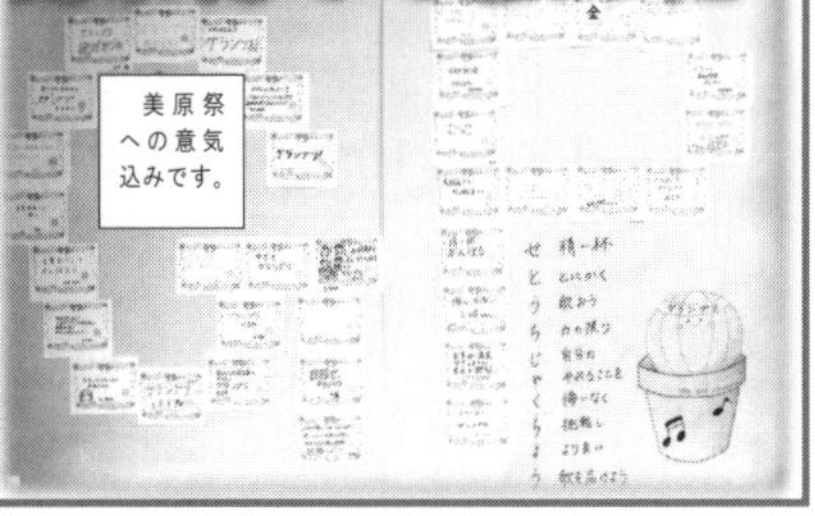

美原祭への意気込みです。

先週の学級の時間を使い、皆で美原祭への意気込みを書きました。コメントを読んでいくと、最後の学校行事を最高の形で締めくくりたいという思いが表れています。思いを行動に移しましょう。

作成した意気込みは、二十一日（水）の放課後に有志で右の写真のように貼りつけました。

意気込みカードを「GP＝グランプリ」の形に貼りつけ、右下の余白には六組のマスコットであるサボテンを描きました。ハチマキの文字はもちろん「グランプリ」です。遥菜さんの作品です。

そして、合唱曲の作詞者である瀬戸内寂聴さんにちなんだ「あいうえお作文」。陽加里さん・航稀さん・航大さん・悠太さんが考えました。学級目標を踏まえた、次のような素敵なメッセージです。

精一杯、とにかく歌おう。力の限り、自分のやれることを悔いなく挑戦し、より良い歌を届けよう！

【格言～未来へ歩む参考に～】●●●●●●●●●●●●●●●●●●●●●●（●●●●）

合唱コンクール数日前の学級通信です。中間発表会の後に生徒が危機感を抱いたことで，練習への集中力が高まったと伝えました。「学級の空気が変わり始めた」と強調することで「自分たちの歌はもっと良くなるし，本番には間に合う」という意識を共有する効果がありました。

実例

63　思わずほほえみ　深まる絆

２０１６年９月２６日（月）　函館市立亀田中学校　３年６組　学級通信「亀の湯」　第２５号

思わずほほえみ　深まる絆

学級の仲間が書いてくれた自分へのメッセージを読む様子。璃梨加さんは笑顔で、悠太さんはやわらかい表情で読んでいます。教室全体が、温かい雰囲気に包まれていました。

先週の道徳の時間は「仲間という宝物」という題材で、ランダムに指定された人について、その人の良い所や立派だと思う所、感謝の気持ちなどを記入するという活動を行いました。実は、担任としては「もし誰のことも書けない生徒や、誰にも書いてもらえない生徒がいたらどうしよう。」という不安がありました。しかし、６組ならできると考え、実施に踏み切りました。

活動が始まると、なんとほぼすべての付せんが感謝や褒め言葉のメッセージで埋められました。自分に向けられたメッセージを読む時間では、照れながらも、皆が良い表情をしていたのが印象的でした。**この時の教室は、何とも言えない素敵な雰囲気でした。6組は、本当に温かい。**担任としても、実施して良かったと断言できる活動になりました。

メッセージ（一部のみ）　メッセージを読んだ感想

亜由美

部活でもクラスでも、合唱を引っ張ってくれてありがとう！ほんと頼もしいです。頭も良くて相談にも乗りやすい、そんな亜由美が大好きです。みんなの頼りになるアネキです。これからもよろしく！

ほっこりした。合唱のことをほめてくれる人が多く、がんばって良かったなって思った。ひとことふたことで終わるかなぁって思っていたけど、長文が多くてびっくりした。これからもがんばろうと思った。【亜由美さん】

将吾

誰とでも話せて仲良くなる所がすごいと思う！男子を盛り上げていて、えらい！

小さいことにも気づいて、給食の後で誰かの机を直してあげたりしているのを見ると、尊敬します！

けっこうみんなは見てくれているのかなと思った。自分も気づいていけたら良い。思ったより楽しくて、色々なことがわかった。一人一人にちゃんと良さがあって６組が成り立っているんだと思った。【将吾さん】

美月

努力家。絵うまいよね。センス良いよね。歌うまいよね。意外と真面目。はっきり何でも言ってくれる。しかも、パートリーダーという立場でしっかり的確な指示を出せてすごいと思う。みっちゃんは私のあこがれです！

ほめられすぎて、コメントを読んだときはすごく恥ずかしかったけど、すごくうれしい！自分の頑張っているところを認められて、良かった！これからも頑張ろうって思えた！【美月さん】

玲愛

チャイム前着席の時など注意の声かけをしていて、しっかりしている。正義を貫くのがカッコイイ！

とても気が利いて、ちゃんとしている。やさしい。

いつもクラスのために働いていて、すごい。

誰も私のことなんて見ていないだろう…と思っていたけど、見てくれている人もいるんだなーとわかった。自分では思っていないところも書いてあったので、驚いた。【玲愛さん】

遥菜

めっちゃ優しいし、授業中はいつも集中していて尊敬する。これからも仲良くしてね。

絵が上手いし気配り上手。優しくてかわいくて頭も良くて頼もしいもりはるが大好きです。

自分ではあまり意識していなかったようなことも、周りのみんなは気づいてくれていてすごいなと思った。クラス合唱のことだったり普段のことだったり、紙いっぱいに書いてくれて、読んでいてとてもうれしかった。絶対にこのクラスでグランプリを獲りたいと思った。【遥菜さん】

倫太郎

いつも笑わせてくれてありがとう！！面白いだけじゃなくて、たまにやさしい時あるよね！！倫太郎が６組で良かったよ！勉強も教えてくれてありがとう。また教えてね。

まぁーはい。こういうふうに書いてもらえるとうれしいです。書けと言われたら書けなかった人も中にはいた。半年一緒にいるのに話したことがない人がまだいるので、卒業前までには仲良くなりたい。【倫太郎さん】

次回（第２６号）の予告…明日の美原祭に向けて／週末はテスト勉強（９月２９日（木）発行予定）

合唱コンクール前の道徳の時間の記事です。読み物資料ではなく，学級の仲間の良さを伝え合う活動でしたが，仲間の大切さを実感できました。記事でも述べている通り，私の不安を払拭するような感動的な時間でした。保護者からも「感動した」という言葉をもらいました。

5分間にすべての思いを

2016年9月29日（木） 函館市立亀田中学校 3年6組 学級通信「亀の湯」 第26号

5分間にすべての思いを

亀の湯
第26号
函館市立亀田中学校
発行 3年6組学級担任 川端裕介

3年6組学級目標
みんなGU（自由） みんなAU（英雄）
~37+1の挑戦！~

変わるまなざし 一つになる学級
挑戦して英雄になれ！

六組の合唱が、変わりました。リーダーたちの奮闘と、皆の協力的な姿勢のおかげです。明日の美原祭では、努力の成果と学級の団結力を歌で表現し、満足できる演奏をしましょう。

中学生の底力、そして六組の底力を感じる毎日です。満足のいく演奏ができなかった先週末の学年集会と比べ、歌も姿勢も見違えるほど良くなりました。左の写真は二十七日(火)の放課後練習の写真です。亜由美さんの指示を真剣な表情で聞いています。このまなざしは、学級がまとまり、心が一つになり始めた証拠です。合唱によって学級が変わりました。

六組が成長しているのは、担任の私の力ではありません。学級をまとめてくれたパートリーダーや指揮者と、まとまろうとした皆さんの力です。

例えば、亜由美さんは安易に妥協せずに、丁寧に練習を進めてきました。最初は男子から「音程が低いと言われても自分ではわからない」などという声もありましたが、練習を重ねると、正確に歌えるように成長しました。先週と今週で男声がとても美しくなったのは、亜由美さんと、その期待に応えた男子のおかげです。

女子は強弱や表現まで意識しながら練習を重ねてきました。美月さんは文化祭実行委員長の大役を務めながら、学級の練習も意欲的にリードしてくれました。女子はその思いに応え、三年生の中で六組女子が一番少ないというハンデを感じさせないほどの、美しい歌声になりました。

男声のリーダーの航大さんと航稀さんは、練習のサポートに加え、歌唱力でも男声の力になりました。音程が不安だった男子たちも、この二人と武さん、天斗さんの力強い歌声に後押しされ、全員で歌う形になりました。音楽の辻先生からも、取り組む姿勢を含めて絶賛されました。自信をもって歌いましょう。

悠宇さんは、伴奏で合唱を支えてくれています。夏休み中に練習を重ね、学級練習の初日からすばらしい演奏を披露してくれました。寡黙な悠宇さんですが、合唱にかける思いの強さは、その演奏が雄弁に物語っています。

そして、指揮者の陽加里さん。練習の当初から、柔らかい物腰ながら、熱い思いを仲間に伝え続けました。その思いは皆の心に伝わり、学級全体が熱い空気に包まれています。

当初はバラバラだった六組。しかし、今、皆の思いがつながりました。明日の本番はわずか五分。しかし、その五分間に、皆の思いのすべてを込めましょう。さあ、グランプリへの挑戦です。

二十七日の合唱練習の様子。男子のまなざしは、真剣そのものです。

的確に指示を出す亜由美さん。

本番に向けた課題を話す美月さん。

練習で講評を述べる航大さん。

伴奏で練習を支える悠宇さん。

皆を鼓舞するメッセージを伝え続けた陽加里さん。

土日から受験に専念

今日は学力テスト総合Bの二週間前であり、中間テストの八日前です。美原祭の準備と受験勉強の両立で、疲れが相当にたまっている人もいます。

明日の夜は美原祭の余韻にひたり、疲れをとっても良いかもしれません。しかし、土日からは受験勉強に専念しなければいけません。美原祭が終われば、六組に残された挑戦の機会は、受験だけです。土日からは休日は六時間以上、平日も三時間は家庭学習をしましょう。

そして、受験に専念するためにも、合唱を悔いなく歌い切りましょう。グランプリの達成感の中、学習に励めたら最高です。

満足できる美原祭に

グランプリに向け、皆の心は一つにまとまりました。六組の成長した姿を、全校生徒や保護者の方々、審査員の皆さんに見てほしい。私は、そう強く願っています。六組が一番輝く姿を見せましょう。

何十回と歌い続けた「ある真夜中に」。いよいよ最後の演奏です。**全力でやり切り、歌い終えた時に心から満足できるような、最高の歌にしましょう。**

【格言～未来へ歩む参考に～】●●●●●●●●●●●●●●●●●●●●●●●（●●●●）

合唱コンクール前日，帰る前の学活で配布して読み上げた通信です。生徒による主体的で自治的な練習の成果として歌の質も学級の一体感も高まったことを，担任としての思いを込めながら文章にしました。合唱コンクールへ向けて，生徒の意欲を喚起させることができました。

■3年生　■「亀の湯」第26号裏（2016年９月29日発行）

実例 65　合唱で目覚める　36人の英雄

２０１６年９月２９日（木）　函館市立亀田中学校　３年６組　学級通信「亀の湯」　第２６号

合唱で目覚める　36人の英雄

合唱練習の間、私が意識的に見ていたことがあります。それは、６組の一人一人が学級目標「みんなＡＵ（英雄）」を意識しながら、自分の力を発揮して練習に参加できているかどうか、ということです。

練習当初は、合唱に対して消極的な姿勢がありありとする生徒もいました。しかし、練習を重ねるごとに、一人、また一人と、合唱に取り組む姿勢が真剣なものへと変化していきました。

６組の全員のがんばりを保護者の皆様にも伝えたいと考え、ごく一部ですが、下に紹介しています。保護者の皆様は、ぜひ美原祭本番で、６組の成長の姿と、思いを込めた演奏をご覧になっていただければと思います。

大田　武さん	練習では的確なアドバイス、演奏では完璧な音程と豊かな声量。その美しい歌声で、6組にグランプリをもたらす英雄。それが武さんです。
大塚　翔天さん	口の開け方がいつもすばらしい。「ロパクです」と言いながら、実際はしっかり歌っています。謙遜する英雄。それが翔天さんです。
大塚　倭さん	最上段から指揮者を見つめ、その視線は演奏の最初から最後までぶれません。姿勢の良さで学級を支える英雄。それが倭さんです。
川浪　潤也さん	「歌が苦手」と言いながら、だんだんと音程がとれてきました。練習中に話を聞く姿勢も立派です。切り替えの早い英雄。それが潤也さんです。
木下　侑汰さん	高音域の悩みを解消し、持ち味の声量を発揮できるようになりました。不安と緊張を乗り越え、グランプリの鍵となる英雄。それが侑汰さんです。
木村　圭吾さん	去年とは見違えるほどの成長です。音程が安定しており、１列目で活躍しています。生まれ変わった英雄。それが圭吾さんです。
小向　将吾さん	難解な歌詞の解釈を一生懸命に考え、仲間と熱心に議論していました。考える英雄。それが将吾さんです。
坂田　和希さん	悩みを正直に打ち明けながら、合唱と真摯に向き合っていました。本番に期待です。視線と姿勢でがんばる英雄。それが和希さんです。
佐々木　悠太さん	正確な音程とずれないリズムで、武さんと共にテノールを支えます。美しい高音域の英雄。それが悠太さんです。
角　雄太郎さん	２年生の時に比べ、歌う力が抜群に上達しました。表情も素敵です。覚醒した英雄。それが雄太郎さんです。
高舘　航稀さん	リーダーを快く引き受けてくれた上、とても練習熱心で、みるみる上達していました。豊かな声量で高音を歌いきる英雄。それが航稀さんです。
時田　悠宇さん	夏休み中からピアノの練習を重ね、朝練前にはいつもより多く練習をしてくれました。躍動のピアノで感動の歌を演出する英雄。それが悠宇さんです。
中野　敦史さん	歌詞の意味の解釈では、将吾さんと激論を交わしていました。バスに安定感をもたらす英雄。それが敦史さんです。
中村　倫太郎さん	バス向きの声の持ち主です。練習以外でも歌を口ずさむなど、学級の雰囲気づくりに貢献してくれました。大舞台に強い英雄。それが倫太郎さんです。
長谷川　佑樹さん	練習を重ねることで、次第に遠慮せずに歌えるようになりました。実は良い声をしているとわかりました。謙虚な英雄。それが佑樹さんです。
麓　天斗さん	類まれな歌唱力は、才能と努力のたまものです。武さんと共に男声を支えてくれます。存在感が超弩級の英雄。それが天斗さんです。
松居　航大さん	親しみやすいリーダーとして信頼を得ていました。豊かな声量と幅広い音域で男声の柱となる英雄。それが航大さんです。
峯山　大輝さん	歌う姿勢が日に日に良くなりました。あとは自信をもって歌うだけです。秘めた魅力をもつ英雄。それが大輝さんです。
吉井　晴歩さん	無理をしてテノールでがんばってもらいましたが、努力の結果、歌えるようになってきました。優しい歌声をもつ英雄。それが晴歩さんです。
板橋　紀佳さん	家で曲のＣＤを何度も聴いて準備をし、一歩踏み出し、練習へ参加してくれました。最後に来た英雄。それが紀佳さんです。
梅岡　萌乃さん	体調が悪い中でも、がんばって練習に参加し、一生懸命に歌ってくれました。ひたむきな英雄。それが萌乃さんです。
蠣﨑　茉惟さん	練習中も歌唱中も、話す人や指揮者から視線をはずさない姿勢がすばらしい。歌と視線で貢献する英雄。それが茉惟さんです。
笠谷　梨々香さん	リーダーの話に対する反応がピカイチです。さすが中央委員。リーダーの気持ちが良くわかっています。思いやり溢れる英雄。それが梨々香さんです。
金澤　亜由美さん	6組がここまで歌えるようになった、立役者です。冷静な指示と助言の裏に、合唱への思いが溢れていました。6組をグランプリへと導く英雄。それが亜由美さんです。
川村　まみさん	練習開始時に比べ、口の開きも歌声も随分と良くなりました。日々成長する英雄。それがまみさんです。
佐藤　陽加里さん	指揮者としての正確なリズム。そして、学級の皆の心をつないだ熱いメッセージ。３６人をまとめる英雄。それが陽加里さんです。
柴田　古乃実さん	最初の頃と今とでは、歌い方が別人に見えるほど成長しました。努力によって目覚めた英雄。それが古乃実さんです。
白石　花心さん	曲の流れや盛り上がりに合わせて、強弱を意識しながら歌う姿勢が立派です。柔らかな歌声の英雄。それが花心さんです。
谷口　愛子さん	練習ではいつも、合唱部に負けないきれいな口の開け方で歌っていました。いつでも全力の英雄。それが愛子さんです。
塚田　琉香さん	パート別のＣＤを誰よりも先に受け取り、家でも練習してくれました。努力家の英雄。それが琉香さんです。
土谷　玲愛さん	美月さんに高音の出し方のコツを聞いたり、昼休みにピアノに触れたりと、音楽への関心の深さを感じます。歌を愛する英雄。それが玲愛さんです。
年代　麻優さん	合唱練習中のがんばりはもちろん、模造紙への歌詞づくりなどでも協力してくれました。献身的な英雄。それが麻優さんです。
平沢　綺さん	真剣に歌うのはもちろん、パートに明るい雰囲気を加えてくれました。前向きな英雄。それが綺さんです。
古川　美月さん	選曲の時から今日まで、6組がグランプリを獲るための道を示し続けてくれました。歌姫であり、指導者でもある英雄。それが美月さんです。
増田　璃梨加さん	合唱部も驚きの声量と技量です。ポスター最優秀賞でグランプリへの勢いを加速させてくれました。女声の要となる英雄。それが璃梨加さんです。
森　遥菜さん	疲れを見せずに、いつも一生懸命。歌だけではなく、取り組む姿勢でも模範となっていました。頼りにされる英雄。それが遥菜さんです。

次回（第２７号）の予告…美原祭特集／ターニングポイント（１０月３日（月）発行予定）

翌日に控えた合唱コンクールに向けて，表面で全体に向けた内容を書き，裏面ではこのように生徒一人一人の努力した点を伝えました。学級目標の「英雄」に関連付けています。この通信を配った時，生徒が微笑みながら通信に目を通してくれたことが，今でも心に残っています。

実例 66 最高の満足感を目指して

２０１４年９月２２日（月）　八雲町立熊石第二中学校　３年Ａ組　学級通信「喜怒哀楽」　第２５号

最高の満足感を目指して

喜怒哀楽

発行
八雲町立熊石第二中学校
3年A組担任　川端裕介

３年Ａ組学級目標
最高の学級
［全力疾走］
〜二中を支える柱となれ〜

最後の文化祭に向けて 鍵は練習姿勢

文化祭まで残り六日。準備と練習も大詰めです。本番への不安もあるようですが、大切なのは努力する姿勢です。

舞踊の練習を進める紫帆さん

本番が迫るにつれて、不安や焦りの声が聞こえています。練習が上手くいかず、いらだちを感じることもあるようです。

文化祭本番で素晴らしいものを見せたり聞かせたりすることは、もちろん大切です。しかし、それ以上に練習への姿勢が大切です。汗を流しながら後輩に踊りを教えたことや、指が痛くなるまで楽器を弾いたことが、結果の如何に関わらず満足感や充実感を生み出します。大切なのは、「できることすべてをやり遂げた」と思えるほどの努力をすることです。

学級目標の「全力疾走」を思い出しましょう。最後の文化祭を最高の形で終えるため、仲間や後輩と一緒に、できる限りの努力を見せてほしいと思います。皆で全力疾走です。

見所は熊石愛

三Aにとって、文化祭での目玉の一つが学年劇です。現在の出来は八十五%というところです。しかし、目指すは最高の学年劇。大盛況だった昨年の以上の作品を創り上げるべく、細部まで仕上げているところです。

さて、今回の劇の基盤にあるのが、郷土愛です。とくに劇のラストシーンでは、セリフを三A十名に考えてもらいました。熊石への郷土愛あふれるセリフです。きっと、楽しさだけではなく、心に染みるような劇になるはずです。

昨年の劇は、学級としても個人としても成長のきっかけになりました。今年度も、劇の成功を、学級目標の「最高の学級」へ近づく契機にしたいと考えています。自分たちもお客さんも満足できる、最高の劇を目指します。

体育館に響け 三Aがリードする合唱を

文化祭の最後のプログラムが、全校合唱です。三Aには、歌が好きな人がそろっています。教室では、普段から歌を口ずさむ場面が見られます。全校集会の校歌斉唱でも、最も声を響かせているのは三年生です。文化祭でも得意分野の合唱で感動のフィナーレを飾ることを期待します。

合唱のパート練習の様子

最大の課題は、体育館では音が響きにくい点です。音が吸収されるため、自信がなくなり、つい声量をおさえてしまいがちです。しかし、そこは自分と仲間を信じて、まずは大きな声で歌いましょう。一・二年生の頃に比べ、歌は上手になりました。成長した歌声を、保護者や地域の方々に見せましょう。きっと、後輩たちもついてきます。

そして、ハーモニーも意識し、聞いている人が感動するような歌声を期待します。「イベント（行事）に強い三A」の本領を発揮しましょう。

劇「熊石のあまちゃん」予告

熊石に住む元気な女子高生のアキ。そして謎に包まれた少女，ユキ。

ご当地アイドルとして活躍するアキは，スカウトされ，東京へ行く。鬼プロデューサーによる様々な試練を乗り越え，映画『潮騒のメモリーズ』でデビューのチャンスをつかみかけた時，熊石に危機が訪れる。

熊石の町と人類の明日を守るのは，伝説か。それとも愛か。

先輩としての最後の見せ場

３年生にとって文化祭は，後輩と一緒に活動する最後の学校行事といえます。文化祭が終われば，３年生はひたすらに受験勉強に打ち込む日々が待っています。下の学年との関わりは薄くなります。

学級目標のサブテーマは，「二中を支える柱となれ」です。文化祭準備が大詰めの時期こそ，学校の大黒柱としてリーダーシップを発揮すべき場面です。そうすれば，後輩に頼られ，慕われ，「来年はこんな先輩になりたい」と思ってもらえるはずです。後輩から尊敬や信頼を得ること。それも「最高の学級」である条件の１つです。

保護者の皆様へ

文化祭当日の食堂準備に関わって，再度ご連絡します。可能な方は当日（２８日）の朝７時から，それ以外の方もできるだけ早い時間に中学校２階調理室へお越しください。持ち物として，エプロンと上履き，包丁の準備をお願いします（包丁は学校にもありますが，切れ味があまりよくありません）。ご協力の程，よろしくお願いいたします。

次回（第２６号）の予告…文化祭を終えて，学力テスト総合Ｂに向けて　他（１０月１日（水）発行予定）

小さな町の場合，学校の文化祭には生徒の親戚も含めて，地域住民が多数来校します。そこで，左上の囲み記事では，文化祭の主となる演目が学級劇であり，その見どころが地域への愛情にあることを保護者に伝えました。生徒にも，劇の要点を自覚させる効果がありました。

10月の学級通信

実践編

実例 67

■3年生 ■「喜怒哀楽」第26号表（2014年10月１日発行）

最高の学級へ

2014年10月1日（水） 八雲町立熊石第二中学校 3年A組 学級通信「喜怒哀楽」 第２６号

最高の学級へ

喜怒哀楽

発行
八雲町立熊石第二中学校
3年A組担任 川端裕介

３年A組学級目標
最高の学級
［全力疾走］
～二中を支える柱となれ～

大盛況の劇

二十八日（日）に行われた文化祭。三Aの十名は、練習から本番まで全力を尽くし、中心となって活躍しました。

とくに、学級として取り組んだ劇は、最後の文化祭にふさわしい、また、最高学年にふさわしい内容だったと思います。

上の写真は、劇の最後の場面で、「熊石、好きだー」とさけぶ所です。表情を見ると、生徒の充実感や満足感が伝わってきます。私はこの写真を見た時、文化祭の成功と、三Aが学級として成長したことを確信しました。

個性派集団であり、時にだらしない部分もある三Aですが、大切な場面では団結し、大きな力を発揮できます。学年劇では、その力をあらためて感じました。学級目標である「最高の学級」への道を、一歩進むことができました。

響いた歌声 日々の積み重ね

文化祭の最後の発表は、全校合唱でした。わずか二三人の歌声ですが、体育館にしっかりと響いていました。拓海さんの指揮、あまねさんの伴奏、そしてしっかり歌う他の三年生。その姿を見て、私は二年前の五月のことを思い出していました。

三Aの十人が入学し、初めての全校集会での校歌斉唱。前の年までとは明らかに違う声の響きでした。入学した時から歌が好きで、合唱に一生懸命に取り組む十人でした。学校生活に慣れてからも、進級してからも、全力で歌う姿勢は変わりませんでした。

そうした日々の努力の積み重ねを、全校合唱で感じました。卒業式が楽しみです。

全校合唱で歌うななみさん

努力見られた器楽・舞踊

ギターを演奏する風香さん

全校生徒が器楽と舞踊に分かれて行った縦割りでは、三年生が中心になって練習を進めてきました。器楽では、なかなか上手に演奏できずに苦労する姿が見られました。しかし、投げ出さずに努力を続け、本番ではその成果を見せることができました。格好の良い演奏でした。

舞踊では、練習で後輩への指導が上手くいかずに悩んでいました。しかし、三年生同士で相談したり、後輩に個別レッスンを行ったりすることで、本番を無事にむかえることができました。良い経験になったと思います。

迫るBテスト

文化祭が終わり、大きな学校行事は最後の卒業式を残すのみとなりました。これからの半年間は、進路の実現に向けた学習が何よりも大切です。

ちょうど一週間後に、学力テスト総合Bがあります。九月の総合Aでは、範囲の広さや問題の難しさに対応しきれず、悔しい思いをした人がたくさんいました。同じ思いをしないために、これから一週間は、これまでのどのテストよりも家庭学習に力を入れる必要があります。家庭学習は最低でも一日四時間です。

熊石 好きだー！

「食べ物もうまいし、空気もうまいし、虫の声も鳥の声もする。この自然の中にいると、つらいことを忘れられる。だから好きだ！」「この海が、宝物だ！」「大きな建物はねえけど、もっと大きな自然がある！だから好きだ！」「人は少ないけど、みんな顔見知りで、みんなの距離が近くて、安心できる。だから好きだ！」「熊石は、なんかほっこりするから好き！」「熊石の、誰に対しても親しい感じが好きだ！」「自然が好き。潮の香りが好き。そして、人の温かさが好き！」

これは，劇の最後の場面のセリフです。生徒が考えました。セリフを見るだけで，熊石のマチへの愛情が伝わってきます。中学生が，これほど故郷を愛し，その想いを表現できる。素晴らしい地域であり，素晴らしい子どもたちです。

保護者の皆様へ

文化祭の食堂運営に関わって，買出しから当日の準備，調理，片付けまで，保護者の皆様にご協力いただき，誠にありがとうございました。今年が初めての試みばかりで，多大なご負担をおかけしましたが，大きな混乱もなく終わったのは，綿密に段取りを組み，テキパキと作業をしていただいたおかげです。ありがとうございました。

次回（第２７号）の予告…学力テスト総合Bに向けて，後期に向けて，全校集会について 他（１０月６日（月）発行予定）

文化祭特集号です。学級目標だった「最高の学級」を意識した見出しにしました。そして，選んだ写真は学級劇のクライマックスシーンです。「最高の学級」という言葉に負けないくらい，生徒が輝く瞬間の写真です。生徒は，劇の成功で得た満足感を通信で再確認していました。

実例 68　大満足の「熊石のあまちゃん」

２０１４年１０月１日（水）　八雲町立熊石第二中学校　３年Ａ組　学級通信「喜怒哀楽」　第２６号

大満足の「熊石のあまちゃん」

文化祭の三年生劇「熊石のあまちゃん」。出演した三Ａの十名も、担任の私も大満足の劇でした。きっと、見ていた皆さんも満足できる作品だったと思います。その名場面を、写真で振り返ります。写真を見ると、細かな表情や仕草の工夫までわかります。本番では、練習では見られないような小さなミスがいくつかありました。しかし、それをはるかに上回る、本番ならではの最高のパフォーマンスを見せました。

拓海さんが装着していた「初号機」は，すべて手作りです。拓海さん，慧さん，悠馬さんと髙橋先生が画用紙と工作用紙，ダンボールで製作しました。また，拓海さんは照明も自主的に手伝ってくれました。

主演の風香さんと，「雪の女王」役のあまねさん。１年生の戦隊ヒーロー役，２年生の親子役に続く，息の合った演技でした。ミュージカルシーンは練習では苦労していましたが，本番が一番の出来でした。

抜群の演技力を見せた、主人公の母親役の涼凪さん。より良い演技になるように、アドリブを入れるのも上手でした。

セリフはひと言もありませんでしたが，存在感を見せた翔さんの「トーマス」です。

ぱっぱ役のななみさん。はまり役だったと思います。細かい演技を自分で工夫していました。

２つの役をこなした紫帆さん。バトルシーンも上手に演じました。

二年連続で同じ登場の仕方だった悠馬さん。他の人のセリフの対するリアクションも上手でした。

ナレーターに加え，照明係も行った知恵美さん。ナレーションは，１つもミスがありませんでした。

メリハリのある演技で劇を支えた，マネージャー役の慧さん。昨年の主人公，さすがの演技力です。

【最高の学級ためのひと言】「熊石，好きだー！」の後に起きた拍手。最高の瞬間でした。間違いなく，最高の劇を創り上げました。

この実例の学校は小規模校のため，合唱コンクールがなく，文化祭の学級単位での取組は学級劇だけでした。私が台本を書き，生徒が主体となって稽古を重ね，衣装も準備しました。そこで，生徒の努力が伝わるように，劇中での一人一人の写真を掲載し，コメントを添えました。

結果は銀　努力は金　一体感はグランプリ

２０１６年１０月３日（月）　函館市立亀田中学校　３年６組　学級通信「亀の湯」　第２７号

結果は銀 努力は金 一体感はグランプリ

亀の湯

第２７号
函館市立亀田中学校
発行　3年6組学級担任　川端裕介

3年6組学級目標
みんなGU（自由）　みんなAU（英雄）
～37+1の挑戦！～

満足感あふれる合唱
挑戦の二か月　感動の五分間

九月三十日（金）に美原祭が実施され、合唱コンクールでは六組の「ある真夜中に」が銀賞に輝きました。目標としたグランプリには惜しくも届かなかったものの、満足できる美原祭になりました。なぜなら、合唱を通して仲間と心がつながり、学級の一体感が増したからです。

合唱コンクールの結果発表で「銀賞は…六組！」と聞いた時、六組の皆さんの反応は大喜び…ではありませんでした。うれしい半面、悔しさもあったでしょう。目標としていたグランプリには、あと一歩及びませんでした。

しかし、全校十九学級の中で二位に輝いたことは、胸を張って良い結果です。そして、表彰式の後に教室で話した通り、**結果は銀でも、六組が合唱を通してつくりあげた一体感は、グランプリです。**

グランプリという目標は達成できませんでしたが、達成感と満足感は別物です。努力を重ね、自分たちの力を出し切った時には、達成できなくても満足できることがあります。今回の六組の合唱がそうです。上の集合写真は帰る前に撮影したものですが、皆、良い表情をしています。グランプリという目標に届いたかどうかという結果よりも、**それを目指して努力したことと、合唱を通して仲間との絆が深まり、学級が一つにまとまったことに、本当の価値があります。**

本番以外で私が印象に残っているのは、本番前日の最後の練習で、練習を進めてきた陽加里さん、亜由美さん、美月さん、航大さん、航稀さんが皆に向かって話をしていた場面です。「最初は、ダメで嫌になることもあった」という本音や「練習についてきてくれてありがとう」という感謝の言葉が伝えられました。**その話を聞いている時の学級の温かい雰囲気。あの雰囲気こそが一体感の証であり、私たち六組にとっての一番の財産です。**

そして本番。緊張のせいか、いくつかのミスはありました。しかし、それを補って余りあるほどの真剣なまなざしと美しい響き、情感豊かな表現。これまでの二か月間の努力が、五分間の演奏にすべて込められていました。

演奏を聴いていた人たちからも、様々な賞賛の言葉をかけられました。ある先生は六組の歌に感動し、歌詞の深さに驚き、演奏後にインターネットで歌詞を調べていました。「私は六組がグランプリだと思った」「ピアノに感動した」という声もいただきました。

私も、六組の思いの丈を込めた合唱に引き込まれ、気づけば、カメラを構えるのを止めていました。皆さんの姿はまさに「英雄」でした。十年以上教職を続け、金賞の経験もありますが、これほど感動し、満足できる合唱コンクールは初めてです。**六組は、良いクラスに成長しました。自信をもって、残りの半年間を過ごし、最高の形で卒業しましょう。**

学級の転換点
卒業まで続く挑戦

美原祭の成功と、合唱コンクールを通しての六組の成長は、学級のターニングポイント（転換点）だったと私は感じています。合唱練習の当初はバラバラだった気持ちが、練習を続け、仲間と対話を続けることで一つにまとまり、目標に向かって自分のできることを誰もが精一杯に行っていました。

この経験を、残り半年を切った中学校生活でどのように生かすかが、次の課題です。三年生に残されているのは、受験と卒業だけです。受験勉強では、まず四日後の中間テストと十日後の学力テストに向けた追い込みが大切です。合唱を直前まで努力して改善したように、テスト勉強も直前まで全力で続けましょう。

また、合唱で高まった学級の一体感を大切にし、これからは仲間との絆をさらに深めましょう。そして、**卒業の時に「六組の一体感はどこにも負けない。六組で良かった。」と誰もが思えるような学級になれば最高です。卒業まで、六組の挑戦は続きます。**

【格言～未来へ歩む参考に～】●●●●●●●●●●●●●●●●●●●●●●●（●●●●）

合唱コンクールに対する生徒の満足感が一目で伝わるような紙面を目指しました。見出しは普段黄色ですが，今回は「銀」を銀色，「金」を金色，「グランプリ」をオレンジ色にしました。合唱によって学級が大きく成長したという認識を，私と生徒と保護者で共有できました。

▒３年生　▒「亀の湯」第27号裏（2016年10月３日発行）

美原祭の「グランプリ」は６組だ！

２０１６年１０月３日（月）　函館市立亀田中学校　３年６組　学級通信「亀の湯」　第２７号

美原祭の「グランプリ」は6組だ！

美原祭では、合唱コンクールの銀賞に加え、悠宇さんのベストピアニスト賞やポスターコンクールの受賞ラッシュ（学級通信２４号・２５号で紹介）と、６組の受賞が相次ぎました。他にも、実行委員長の大役を務めた美月さんや、クリエイティブ企画で大歓声を浴びた玲愛さんと遥菜さん、素晴らしいパフォーマンスを見せた合唱部と吹奏楽部など、６組生徒の活躍が目立ちました。

合唱のグランプリは逃しましたが、美原祭全体の「グランプリ」は６組だと思っています。担任としてのひいき目はありますが、美原祭で６組の皆さんが持ち味を発揮し、活躍したことは紛れもない事実です。そのがんばりの一部を紹介します。

感動の「ある真夜中に」

「歌っている写真は嫌だ…」という声があるのはわかっていますが、紹介させてください。この真剣な表情とひたむきに歌う姿を。これまでの、どの練習よりも豊かな声量で、思いを込めて歌っていました。男声も課題だった三連符や高音域のサビを、見事に歌い上げていました。悠宇さんのピアノも、今までになく情熱的な演奏でした。そして、陽加里さんの指揮。指揮だけではなく、精神面でも学級をリードし、まとめてくれました。この写真からも、学級の一体感がわかります。

熱く　温かい円陣

上の写真は、当日朝の円陣の様子です。実は、前日の内に、盛り上げるのが得意な倫太郎さんにお願いをしていました。ところが、円陣を組む際に倫太郎さんから「先生、陽加里で良いですか？」という提案がありました。

倫太郎さんの提案に、私は感服しました。合唱で学級をまとめ続けた陽加里さんに花をもたせるという気遣いが、温かくてすばらしいです。

円陣で気合を入れたことで、本番の演奏へ勢いがついた上、学級の絆がさらに深まりました。素敵な場面でした。

千人の前でお見事！

左の写真は、閉会式の一場面です。校長先生からの話の中で実行委員長の美月さんが壇上に呼ばれて美原祭の感想を話しました。美月さんは「学級の力に加えて学校の力も高まった」と、校長先生が以前した話をふまえながら、的確に美原祭を振り返っていました。

次回（第２８号）の予告…中間テストを終えて／総合Ｂテストに向けて／美原祭作文紹介／道徳「自律」（１０月１１日（火）発行予定）

左上には，合唱の本番の写真を大きく掲載しました。私の通信はカラーのＢ４版のため，「引き」の写真でも，このように一人一人の表情がわかるサイズで掲載できます。Ａ４版の通信であれば，とくにがんばっていた生徒を中心にした写真を載せる方法が効果的だと考えます。

実例 71　金賞以上に輝く姿

2017年10月2日（月）　函館市立亀田中学校　1年1組　学級通信「根っこ」　第27号

金賞以上に輝く姿

合唱コンクールは金賞には届きませんでしたが、美原祭の一日の動きを見ていても、あらゆる場面で、1組の皆さんのすばらしさが表れていました。今回は、それを実際の時刻に合わせて、写真と共に紹介します。このような姿には、金賞以上の価値があります。美原祭を通して、本当に成長しました。

他にも、伝えたい場面はたくさんありました。例えば、解散後に美香さんと栞奈さんが教室に戻り、私の黒板メッセージを読んでくれたことも、うれしかったです。

8:09　全校最速の声出し

玄関の開錠直後に（走らず）素早く教室に集まり、声出しをしました。すばらしい行動力です。

8:20　最高の円陣

実は、私も円陣を組ませたいと考えていました。しかし、生徒主体の方針を自らくつがえしてしまうので、がまんしていました。すると、百華さんから「円陣を組んでも良いですか？」という提案がありました。うれしかったです。写真のように、皆の気持ちが大いに高まりました。行う流れも含めて、最高の場面でした。

9:20　感動の歌

1年生の中で、聴いていて感動でゾクゾクしたのは、1組だけです。担任だからといって、ひいきしているわけではありません。

10:11　鑑賞も全力

2年生の合唱を聴く時の姿勢です。先生方に注意されたわけでもなく、これほど真剣に、顔を上げて背筋を伸ばして鑑賞するとは、驚きました。

11:57　エンターテイナー登場

感動あり、笑いありの合唱部の発表でした。なかでも蓮さんは「ドラムロール」役に抜擢されるなど、大活躍でした。3年生の女子から「かわいい～！」という声援もかかっていました。

13:05　♪は～ない～ちも～んめ♪

昼食後の待ち時間に、教室で「花いちもんめ」をして遊ぶ様子です。合唱を経て、一段と仲良くなったように感じます。

13:25　上達の吹奏楽

午後からは吹奏楽部の発表と実行委員会の企画がありました。左の写真は吹奏楽部の発表で演奏する萌加さんです。1組のメンバーも、夏に比べてかなり腕を上げていました。

15:04　これが絆

合唱の結果発表前に、女子が手をつないでいました。この姿を見た時、1組の絆がさらに深まったことを確信しました。

次回（第28号）の予告…中間テストを終えて／教育相談に向けて／はがき新聞「美原祭」　他（10月10日（火）発行予定）

文化祭当日の様子を，時刻に合わせて紹介しました。紙面に臨場感を生む効果があると共に，参観できなかった保護者にも文化祭の概要を理解してもらえました。また，合唱コンクールの結果よりも姿勢の素晴らしさを取り上げて，学級の成長を自覚させるようにしました。

実例
72

■3年生　■「亀の湯」第28号表（2016年10月11日発行）

夢への挑戦　本格始動

２０１６年１０月１１日（火）　函館市立亀田中学校　３年６組　学級通信「亀の湯」　第２８号

亀の湯

第２８号
函館市立亀田中学校
発行　3年6組学級担任　川端裕介

3年6組学級目標
みんなGU（自由）　みんなAU（英雄）
～37+1の挑戦！～

夢への挑戦　本格始動

中間テスト実施
仲間と共に受験を乗り越えよう

七日（金）に二学期中間テストが実施されました。美原祭が終わり、進路を具体化する時期がやってきました。夢の実現に向けて、中学校生活最大の挑戦が始まります。

中学校生活最大の挑戦とは、もちろん受験です。先週の中間テストを皮切りに、この一か月間で定期テストと学力テストが合計四回続きます。さらに、来週からは教育相談（二者面談）が始まり、来月末には三者懇談が控えています。相次ぐテストを乗り越えながら、来月末には受験校を決定するわけです。六組の皆さんに残された時間は、けっして多くはありません。

受験生としての自覚の表れか、休み時間も教室で自主的に学習する人が増えています。右の写真で紹介している通りです。仲間と共に学び合う雰囲気がつくられてきました。

この雰囲気を教室でも家庭でも持続させることが大切です。学習時間を増やしたからといって、すぐに良い結果が出るわけではありません。しかし、入試当日まで全力でがんばり続ければ、最後に必ず良い結果が出るはずです。

中間テストの昼休みに学習する様子。集中しています。

六組の皆さんは、合唱コンクールでグランプリに挑戦するために、一致団結できました。今度は、自分の将来を切り拓くための挑戦です。仲間と励まし合いながら、受験に全力で挑戦しましょう。

銀賞をとったくクラス皆で!!!

銀賞！グランプリはとれなかったけど、努力と団結力と平和さはどこのクラスにも負けないグランプリ☆

銀賞くやしかったけど、1番の演奏ができた！

よかった銀賞　うん

ひと言で伝わる満足感

上に紹介している文章は、美原祭の日に学習計画表のコメント欄に書かれたものです。わずか十数文字の文章ですが、名文ぞろいで、合唱コンクールに対する満足感がしっかりと伝わってきます。

最後の学校行事が皆の財産になったことがよくわかります。卒業の時にも「努力と団結力と平和さはどこのクラスにも負けない」と誇りをもって「良かった。六組で。うん」と思えるように、さらに絆を深めましょう。

題も中身も良い作文

学級では先週から、美原祭の作文を書いています。「行事の作文はこれが最後だから、タイトルにもこだわろう」という話を伝えています。今回は花心さんの作文を紹介します。合唱コンクールでの学級の成長や感情の移り変わりを丁寧にまとめています。とくに成績発表の部分が心に響きました。良い文章です。

グランプリな美原祭

白石　花心

私は、今年度の美原祭をとても楽しみにしていた。そしていつも以上に気合が入っていた。

「ある真夜中に」はとても難しい曲だと聞いて、不安はあった。練習が始まると、その難しさをすぐに感じた。テンポも、歌い方も強弱の付け方も、一度にやることが多くて大変だった。

しかし、日が経つにつれてみんな上達していって、切り替えも早くなって、グランプリをとりたいという気持ちが強くなっていった。前日の最後の練習でパートリーダーが一人ずつコメントを言っていた時、泣きそうになった。そして絶対グランプリをとりたいと思った。

本番当日。そんなに緊張はしていなかった。しかし、いざ六組の番となると、とても緊張した。私は今まで頑張ってきたものをすべて出し切って歌うことができた。

合唱コンクールが終わって合唱部の発表や吹奏楽部の発表、クリエイティブ企画など、とても盛り上がって楽しむことができた。

成績発表の時は、心臓のドキドキが止まらなかった。銅賞が発表された時、一瞬六組は賞に入れないんじゃないかと疑ってしまった。そして、銀賞が発表されてほっとした。すごくうれしかったけど、内心、とても悔しかった。しかし、銀賞をとれたこと自体すごいことだから、改めて「良かった！」と思えた。

今年の美原祭は、今まで一番不安だったけれど、今まで一番最っ高な美原祭だった。

【格言～未来へ歩む参考に～】●●●●●●●●●●●●●●●●●●●●●●（●●●●）

見出しには，学級目標の「挑戦」や学級経営で重視する「夢」を入れました。大きな行事が終わり，３年生は進路と向き合う時期になります。そこで，学級目標や学級経営の方針をあらためて強調することで，生徒の気持ちを引き締め，学級をまとめる効果がありました。

実例

73 学ぶ背中で語る先輩に

■3年生　■「亀の湯」第29号表（2016年10月17日発行）

２０１６年１０月１７日（月）　函館市立亀田中学校　３年６組　学級通信「亀の湯」　第２９号

学ぶ背中で語る先輩に

亀の湯

第２９号
函館市立亀田中学校
発行　3年6組学級担任　川端裕介

３年６組学級目標
みんなGU（自由）　みんなAU（英雄）
～37+1の挑戦！～

生徒会・部活…託したバトン
今後は受験勉強で模範に

十四日（金）に生徒会役員選挙が実施されました。これで三年生は生徒会の役職を後輩に譲ることになります。いよいよ、受験に専念する時がやってきました。

美原祭が終わり、大きな学校行事は卒業式を残すのみです。部活動についても、合唱部が十一月の全国音楽研究大会まで練習があり、サッカー部の希望者がフットサル大会に出場するくらいで、ほぼ引退という状況です。後輩へのバトンタッチが進んでいます。

そして、生徒会活動も交代になります。右下の写真は、十四日(金)の生徒会役員選挙立候補者の立会演説会の様子です。生徒会書記局と各専門委員長、合わせて十五名の演説でしたが、六組の皆さんは最後まで集中して演説を聞いていました。その真剣なまなざしからは、最高学年として亀田中学校を支えてきた自負や、後輩に学校を託そうとする思いが感じられました。

立会演説会の様子。女子の皆さん、目つきが怖いくらいに真剣です。

委員会の正式な交代は来週の認証式ですが、事実上の前期の活動は終わりました。前期の委員たちは誰もが役目をしっかりと果たしていました。とくに、文化委員長を一年間務めた美月さんや、中央委員を務めた航稀さん、梨々香さん、お疲れ様でした。

さて、部活動でも委員会でも、三年生が背負ってきたものが後輩に託されつつあります。**しかし、先輩として大切な役割が残っています。皆さんの最高学年としての最後の務めは、受験と卒業式です。受験勉強に打ち込む姿を、そして感動の卒業式の主役として輝く姿を後輩たちに見せましょう。**

奮闘！蠣崎委員長

学級組織づくりを進める茉惟さん

生徒会役員選挙と合わせ、先週の後半に後期の学級の係と委員会を決めました。中学校生活最後の学級組織です。中央委員には男子は航大さん、女子は茉惟さんが立候補し、学級委員長は茉惟さんが務めることになりました。さっそく、他の委員の選出と係決めを二人に任せましたが、見事にリーダーシップを発揮していました。とくに委員長の茉惟さんは、明確な指示を次々出しながら進行し、話し合いの時間設定も完璧でした。委員の希望者が多く、決め方もまとまらない時は「決め方をみんなで決めよう」という提案をするなど、臨機応変さも光りました。私は「自分が委員長でも同じような対応をするなあ」と思いながら、見守らせてもらいました。

今後は学級レクの企画も任せる予定です。新しい「学級の顔」に期待です。

迫る決断の時
来週から二者面談　進路を固めよう

中学卒業後の進路について、真剣に向き合う時がやってきました。今週から教育相談が始まります。これまでの教育相談との最大の違いは、受験（受検）する学校を決める点にあります。

左の写真でも紹介している通り、高校の体験入学や説明会もほぼすべての学校で実施されました。また、入試を想定した学力テストも行っています。これらを参考に、希望の進学先を決める時です。

進路を決める時に、六組の皆さんに意識してほしいことは一つだけです。**自分の人生にとってより良いと思う選択をしてください。**それが具体的にどのような道なのか、一緒に考えましょう。

高校の進路説明会に参加する、まみさんと琉香さん。

心に届いた！６組の歌

先日、一人の保護者の方が次のようなコメントを寄せてくださいました。

合唱、銀賞おめでとうございます。

６組の合唱だけです。感動して、涙が出そうになったのは…って言うか涙出てました。

学習計画表の保護者欄に書き加えてありました。この言葉を読んで、心が温まりました。そして、安心しました。美原祭の日の充実感は、私と６組の生徒の自己満足ではなく、確かなものだったとわかったからです。

校長先生がよく「中学生が全力でがんばる姿は感動を生む」という話をしていますが、６組の全力の姿勢と思いは聴く人にきちんと届いていました。こんなにうれしいことはありません。

【格言～未来へ歩む参考に～】[redacted]（[redacted]）

後期に入り，生徒会や部活動の主役が３年生から２年生へと移行する時期に発行した例です。３年生に残された役割は，受験勉強に打ち込む姿を後輩に見せることだと伝えました。最高学年としての自覚を失わせないようにしつつ，受験生としての自覚を促す効果がありました。

半年間の自進

第２９号　八雲町立熊石第二中学校　２年Ａ組　学級通信「ジャンプ」　２０１３年１０月１７日（木）発行

半年間の自進

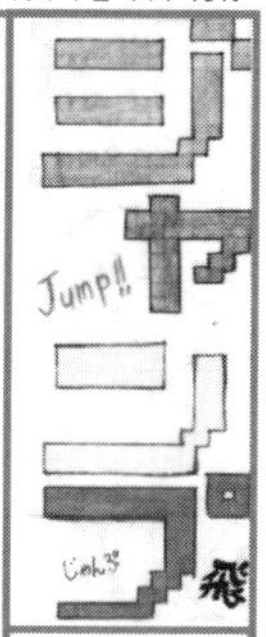

第２９号
熊石第二中学校
発行　川端裕介

①半年間の「自進」
〜前期の成長
②課題は何か
③豊かな発想

２年Ａ組学級目標

前期の成長

今日から後期が始まりました。二年生の折り返し地点であり、中学校生活三年間の折り返し地点でもあります。後期に向けて意識してほしいことはたくさんありますが、まずは前期の成長の姿を振り返ります。

左は、前期終了前に二Aの一人一人が個人として成長した点について、学級目標「自進」の観点から記入したものです。自由に記述してもらったので、学校行事から家庭生活まで内容は多岐にわたります。

学校行事では、文化祭の成功について多くの生徒が触れていました。確かに、練習の取り組みを含めて、昨年度の文化祭を超える内容だったと私も考えます。来年は最高学年として臨む最後の文化祭です。得意の劇も含めて、保護者や地域の皆様の期待以上の文化祭を目指したいものです。

学習面では、テストの点数が上がったことなどが挙げられています。ただし、前期の通知表を見てわかる通り、成績が伸び悩んでいる生徒もたくさんいます。学習面は、後期の課題の一つになりそうです。

生活面や部活動では、先輩としての自覚が行動として表れているようです。半年間で中堅学年としての自覚は身に付いたようです。

家庭生活では、以前より家事の手伝いが増えた生徒がいました。部活動の疲れもあり、家庭学習の必要もあります。なかなか家の仕事を手伝えない生徒もいるでしょう。しかし、忙しい中でも家の手伝いをすることは、将来に必ず役立ちます。時間を見つけて家の仕事をしましょう。

様々な面で成長を実感できる半年間でした。しかし、満足も慢心もせず、さらなる「自進」を目指しましょう。

1. 学校行事での「自進」

・文化祭で「自信」がついたこと。
・文化祭の自分たちの劇が上手にできたこと。
・文化祭の器楽のベースで，初めてだったけど，休み時間と家での練習をがんばったこと。
・文化祭実行委員会として，お客さんを楽しませることができたこと。
・文化祭に向けたバンド演奏の練習ができたこと。
・生徒会に再チャレンジ！

2. 学習面での「自進」

・去年にくらべて家庭学習を提出するようになったこと。
・国語が得意になったこと。
・定期テストが少し良くなったこと。
・大きいテストで前より点がすごく上がったこと。
・テストで５０点とれたこと。

3. 生活面・部活動での「自進」

・四月にくらべて自分の意見を積極的に言えるようになったこと。
・少〜し先輩面できるようになったこと。
・ボランティアに参加できたこと。
・部活動に積極的になったこと。
・部活の時に前よりも声がでるようになったこと。
・体力がついたこと。
・プロの選手のプレーを動画で見て，イメージトレーニングをしたこと。
・卓球で一勝できたこと。
・大会の試合でもベンチコーチでも声を出すようになったこと。

4. 家庭での「自進」

・家の仕事を自分が進んでいつもより多くこなした日が多かったこと。
・部屋をきれいにするようになったこと。
・家で料理をする回数が増えたこと。

豊かな発想

今週の題字は、方眼紙に描いたようなデザインです。少し、本物の「ジャンプ」（集英社発行の週刊少年ジャンプ）のロゴに似ているようにも感じます。誰の作品かわかるでしょうか。

生徒オリジナルの題字デザインは、今回で一旦終了です。私には思いつかないような見事なデザインばかりでした。二Aの皆さんの頭の柔らかさには、脱帽します。

課題は何か

前期の半年間は、個人としても学級としても、大きな成長を見せた。そう私も感じています。「中だるみの時期」と言われるのが、中学二年生です。この時期に、これだけの成長を見せたことは、とても立派です。

しかし、これだけできる二Aだからこそ、さらに努力して成長してほしいという、担任としての願いがあります。成長の余地は、たくさんあります。詳しくは、次号の学級通信で取り上げます。

残り半年でさらに「自進」を

来週の「ジャンプ」予告（１０月２１日）…課題は「自進」の可能性，バドミントン新人戦　他

古い例のため，形式に不備があったり，生徒の意見を一覧で掲載したりしていますが，紹介したいのは題字です。紙面への生徒参加の一環として，期間限定で生徒に題字を書かせました。新鮮さが生まれました。他に，毎号の題字を生徒に順番に書かせるような方法もあります。

実例

75

■2年生　■「亀の湯」第29号表（2015年10月26日発行）

進路のために早いスタートを

2015年10月26日（月）　函館市立亀田中学校　2年2組　学級通信「亀の湯」　第29号

進路のために早いスタートを

亀の湯

第29号
函館市立亀田中学校
発行　川端裕介

2年2組学級目標
A・Y・K!

期末テスト三週間前
前回の苦い失敗を糧に

二学期期末テストまで、明日で三週間になります。前回の中間テストでは点数を下げた人がたくさんいました。家庭学習時間の不足が原因でした。同じ失敗を繰り返さずに、一年半後の希望進路実現に少しでも近づくため、今日からさっそく努力を始めましょう。

先週から実施している教育相談では、将来の進路について時間を多く割いています。全体的に、中学二年生の段階で将来の職業の希望が明確な生徒が多いように感じます。夢をもつのはとても大切なので、良い傾向です。

夢を実現するためや夢を見つけるために、今すべきなのは、学ぶことです。学習によって、物事を正確に理解する力や他者と議論する力、集中力などが養われるからです。それらの力は、世の中のあらゆる場面で必要とされます。学校の勉強を通して身に付けるのは、何も各教科の学習内容だけではありません。

二学期に入ってから、二組の皆さんの家庭学習時間は減少傾向にあります。授業中はがんばっても、それ以外の時間のがんばりが足りません。

そこで今回は、テストに向けて二つの新しい取組をします。一つ目が、放課後の学習会です。明日から期末テストまで、放課後の約一時間、希望者は教室で自主学習をできるようにします。家庭学習のきっかけにしたり、苦手分野の克服に活用したりしてほしいと思います。

もう一つの取組が「三千分大作戦」です。これはテスト前三週間で、家庭学習の合計が五十時間を超すことを目指すものです。今日の放課後から早速挑戦が始まります。過去の教え子の中には、百時間を超える生徒もいました。

進路選択まで約一年。夢をつかむため、今から努力を始めましょう。

寒さに負けず素早い作業
花の片づけボランティア

二十五日（日）の朝に、「函館花かいどう」ボランティア活動があり、二組からは京介さん、勢さん、里音さん、友咲さん、葵さん、小姫さん、涼風さんの七名が参加し、花の撤去などの作業をしました。当日は今年一番の冷え込みで、軍手をしても手が震えるほどでした。しかし、寒さに負けずにテキパキと動き、予定より一時間以上早く終わりました。

ただ参加するのではなく、意欲的に活動する姿がとても立派でした。次の機会には、ボランティアの輪がさらに広がることを期待します。

花かいどうボランティアの様子

今こそ挨拶・礼儀・感謝
職場体験への心の準備を

十一月五日（木）の職場体験に向けた準備が本格化しています。先週は体験する職場ごとに集まり、仕事内容を確認しました。今週は質問事項の作成などの事前学習を進めます。学級を横断したグループのため、事前学習の初回はぎこちなさが目立ちました。準備を重ねる中で、次第に打ち解けるようにしましょう。誰とでも協力できる力は、とても大切です。

職場体験に向けて忘れてはいけないのが、感謝の気持ちです。受け入れ先の職場の方々は、貴重な時間を割いて協力をしてくださいます。その厚意に感謝するのは当然です。

また、協力してくれる理由も考えてみてほしいと思います。職場体験を終えれば、その理由が見えてくるかもしれません。

そして、普段以上に礼儀に気を付けることも大切です。学校生活で身に付けた「未来の力」が試されます。職場体験でも部活動と同じく、「挨拶・礼儀・感謝」が肝心です。

4号限定カラー印刷

ご覧の通り、今週の学級通信「亀の湯」はフルカラー印刷でお届けしています。学校に新しい印刷機が導入されたためです。

白黒の紙面に比べると、写真の見やすさが大きく違います。できればずっとカラー印刷をしたいのですが、新しい印刷機は1か月限定の使用なので、カラーの学級通信も今回を含めてわずか4回ほどになりそうです。

実は、前任校では発行部数が少なかったため、常にフルカラーの学級通信でした。写真を効果的に使えるため、生徒にも保護者にも好評でした。ただし、学級通信の核はあくまで記事の文章だと私は考えます。印刷が白黒でもカラーでも、魅力的な記事と紙面づくりを心がけ、毎週月曜に「亀の湯」を楽しみにしてもらえるようにがんばります。

次回（第30号）の予告…期末テスト2週間前、職場体験直前、合唱集会　他（11月2日（月）発行予定）

勤務校のプリンターが変更され，カラーで通信を発行できるようになった例です。生徒からも保護者からも読みやすくなったと好評でした。ただし，カラーの場合は色を使いすぎるとかえって見づらくなります。この例では，題字の緑，線の黄緑，見出しの黄色の３色です。

実例 76

■3年生　■「亀の湯」第30号裏（2016年10月24日発行）

命と向き合う

２０１６年１０月２４日（月）　函館市立亀田中学校　３年６組　学級通信「亀の湯」　第３０号

命と向き合う

先週の道徳の時間は「父からの手紙」という資料を使い、家族愛や命について考えました。闘病中のある父親から子どもへ向け、本当に書かれた手紙を読みました。そして、愛情や死について話し合いました。普段以上に、皆真剣に参加してくれました。このようなテーマで話し合いができるほど、６組の皆さんは心が成長し、学級としても成長しています。

また、ある生徒から寄せられた「死」に関する相談に答えを書くという活動も行いました。誠実な回答ばかりでした。簡単に答えの出るものではありません。しかし、同じ悩みを抱え、自分なりの答えを出そうとする仲間の存在を実感することに意味があるのだと思います。

道徳「父からの手紙」

父が自分自身の病気のことを話し終わったとき、息子は怒ったような顔をして無言で部屋を出て行った。この時の息子の思いを言葉で表すと、どのようなものか。

- 大切なお父さんが死ぬわけない！
- なんでだ…
- もっと早く言ってほしかった怒りと悲しみが混ざり、泣きそうになった。
- どうにもできない事実への怒り。

手紙の中の一文「愛されていることを感じあえたときに、すべての恐怖は消え去っていくのだ」とは、どのような意味だと思うか。

- 愛し合っていれば、何も怖くない。
- 家族と幸せな時間を過ごせたから、満足。
- 愛がすべての恐怖を消してしまうほど、美しいもの。
- 死んでも心はつながっている

感想

本当に大切な人が死んでしまう悲しさがわかった。先生が読んでいるのを聞いて涙が出そうになりました。死が怖くないって思えるなんてすごすぎる。私はとっても怖いことだと思います。
お父さんがすごい方だなと感じました。【綺さん】

自分の親が病気でもう長くないと言われたら、自分は立ち直れず、一生引きずると思います。死んでいく側よりも、死なれて悲しむ側の方がつらいと思います。
まだ自分の親は、元気満々でいるけど、急に死んでしまうことだってある。まだそういう経験がないからわからないけど、親戚、友人とのさよならはつらいことはわかりました。【倫太郎さん】

命はとても大切なものだと思います。いつか自分にも来るものだから、しっかり覚悟しておくことが大切だと思うので、やり残しや、やらなければいけないことがないように、人生最後の瞬間に後悔しないようにしたいと思えました。【大輝さん】

なんか、人の命の尊さを学びました。親、友人、大切な人をもっと大事にしたいと思いました。【潤也さん】

もし治らないような病気にかかったとしたら、今の自分は死の恐怖で押しつぶされるだろうけど、本当に愛する家族ができたら、恐怖がなくなるのだろうかと思いました。【侑太さん】

愛のような気持ちは目に見えないけど、何かしら人を変えたり、支えになったりするような力をもっていると思いました。実在する唯一の魔法かもしれません。【璃梨加さん】

悩み相談

仲間への相談

私は死ぬのが怖いです。夜、寝る時にふと死を考えてしまうことが多々あります。「人は死ぬと次何かに生まれ変わるから、ポジティブに！」みたいなのを見たことがあるのですが、それは自分自身は１つのたましいの器でしかないのか…そのたましいが時代をそっていくただの通過点にすぎないのか…。考えるとわからなくなります。死んだらどうなるのでしょうか。もし、人の死もたましいの通過点なら、人間というものに価値はあるのかなと思いました。死とは何だと思いますか？

仲間からの回答

私も同じように考えたことが何回もあります。「いつか死ぬんだ」と思っていてもやはり怖いです。私も「死」はよくわかりません。「前世」というのもしっかりとは理解できなくてあやふやです。でも、自分の人生として与えられた命は、死を迎えるまで責任をもって生きようと思っています！

人の必ず最終的にたどり着くところ。避けられない運命的なもの。どうあがいても逃れられない。人は無から始まり無で終わる。そんな一回きりの人生を死ぬまでの過程でどう楽しむかが問題じゃないかと思う。その過程が自分にとって価値あるものか、そうでないかを判断し、つくり上げるのは自分自身だと思う。死ぬのが怖いと感じているのは１人だけじゃなく皆思うことであり、皆が迎えるものです。

次回（第３１号）予告…二者面談を終えて／後期認証式／期末テストに向けて／道徳「人生相談」　他（１０月３１日（月）発行予定）

道徳で命をテーマにした読み物資料を扱った際に，１人の生徒が死に関する悩みを吐露しました。それに対して，仲間から真摯な回答が寄せられたことを紹介しています。道徳的な価値について，教科書的な答えではなく，自分なりに考えを深める姿を伝えることができました。

自由を得るため　受験に挑戦

2016年10月31日（月）　函館市立亀田中学校　3年6組　学級通信「亀の湯」　第31号

自由を得るため　受験に挑戦

亀の湯

第31号
函館市立亀田中学校
発行　3年6組学級担任　川端裕介

3年6組学級目標
みんなGU（自由）　みんなAU（英雄）
〜37+1の挑戦！〜

山場の十七日間
Cテスト・期末に向けて

先週で二者面談がすべて終了しました。厳しい話を伝えた生徒もいます。九日後の学力テスト総合Cと十七日後の二学期期末テストに向け、二つのテストまでの十七日間は、皆さんの進路を左右する大事なものになります。

二者面談の中で、私が最も多く使った言い回しは「Cテストと期末の結果次第かな…」だと思います。つまり、志望校の合格圏内に、まだ入っていない生徒がたくさんいるということです。先週は教室でもアニメやゲーム、あるいはプロ野球の日本シリーズの話題で盛り上がる姿が見られました。息抜きは大切ですが、勉強あっての息抜きです。全く家庭学習をせずに好きなことをしていても、受験への重圧は増すばかりです。受験の重圧を軽くしてくれるのは、好きなアニメキャラクターでもアイドルでもありません。努力、すなわち勉強です。積み重ねた家庭学習の量が自信となり、安心感を生みます。

六組の現状を見ると、進路を意識して落ち着いた学校生活を送ろうとしています。それは良いことです。次は、学習に専念する雰囲気をつくる時です。休み時間にわからないところを教え合ったり、家庭学習の邪魔になるからSNSを遠慮したりするなど、皆で協力できることはたくさんあります。

学級目標に関連させて考えると、きっと受験生の皆さんにとって、今は「自由」な時間がなく、我慢のせいで窮屈に感じることが多いでしょう。しかし、社会の授業で学んだことを思い出してください。**自由とは、戦いの結果、手にするものです。受験という自分との戦いに勝利した人が、卒業後に新しい環境での自由を手に入れられるのです。**

また、受験は「挑戦」です。合唱コンクールをはじめとして、六組の皆さんは難しいことに対して、ひるまずに挑戦する姿勢を見せてくれました。そして、仲間と協力する姿勢を見せてくれました。**受験は、絶対に負けたくない挑戦です。ライバルに負けないのはもちろん、自分の弱い心に負けないでください。受験という戦いに勝利し、全員が「英雄」になりましょう。**

目指せ世界一

講師の先生を招いての合唱集会の様子。航稀さんと侑汰さんの歌う表情が、とても素敵です。

いよいよ全日本音楽教育研究会全国大会（全国音研）が明日に迫ってきました。大会に向け、二十七日（木）には札幌から講師の先生を招き、学年合唱や全校合唱について助言をいただきました。椅子なしで二時間にわたって練習をしたため、教室に戻るとさすがに疲れた様子でした。

しかし、疲れ以上に収穫がありました。それは、亀田中学校の合唱の水準の高さを確認できたことです。全校合唱の「麦の唄」とオペラ「アイーダ」を歌い終えた時に、講師の先生から次のような講評をいただきました。

「合唱部も上手だけど、合唱部以外の生徒がこれだけ歌える中学校は、北海道の中でもかなり高いレベル。そして中学生が「アイーダ」を歌うなんて、もう世界レベルですよ。」

合唱の専門家から太鼓判をもらえました。明日の本番は、合唱部だけではなく、皆が自信をもって歌いましょう。六組は三年生の最後列です。一番後ろから一番美しい声を響かせ、全校生徒を支える役割を果たしましょう。いよいよ、六組の「全国デビュー」です。

続く完食　食欲の秋？

ここ一・二週間ほど、給食の様子に変化があります。残す量が減っているのです。二十日（木）にはどさんこ汁が空になり、二十六日（木）にはおかわりがすべてなくなりました。その日の献立はごはん、牛乳、みそ汁、豚肉とキャベツのソース炒め、プルーンでした。他の日も、給食があまり残らなくなっています。

理由を考えてみると「食欲の秋だから」というわけではなく、当番がてきぱきと準備をし、食べる時間を十分に確保できていることが大きいようです。係活動をがんばると、学校生活がよりよくなるという一つの例です。

頭をよぎる卒業の時

認証式での晴歩さん。凛々しい姿です。

26日（水）に後期認証式が行われました。本校では委員が代表生徒に合わせて、返事をして、その場に起立します。写真は給食委員に認証された晴歩さんです。どの委員も、晴歩さんのように凛々しい表情で認証を受けていました。

6組の皆さんにとって、残る儀式的な行事は2学期終業式、3学期始業式、そして卒業式のみです。卒業式では、一人一人がステージ上で、今回の認証式以上に立派な姿を見せてください。旅立ちの時は、着実に迫っています。

【格言〜未来へ歩む参考に〜】●●●●●●●●●●●●●●●●●●●●●●●●（●●●●）

この時期は進路の三者面談を控え，生徒に受験を意識させるのが重要です。そこで，受験勉強にも学級目標が関わることをトップ記事で伝えました。それにより，受験を個人の問題ではないと生徒に気づかせ，学級で力を合わせて受験に取り組む雰囲気づくりにつながりました。

■3年生　■「亀の湯」第31号裏（2016年10月31日発行）

悩みを軽減　友の力

2016年10月31日（月）　　函館市立亀田中学校　3年6組　学級通信「亀の湯」　　第31号

悩みを軽減　友の力

２６日（木）の道徳の時間は思いやりをテーマに「人生相談」を行いました。これは、事前に書いてもらった悩みに対して、皆で答えを考えるという活動です。誰もが真剣に答えを書き、班で考えを交流していました。

回答を書いている時に大輝さんが「自分の悩みに答えているみたいだ…」とつぶやいていました。まさにその通りです。皆さんの回答の中にも書かれていますが、同じような悩みを抱えている人がたくさんいます。

悩みに共感し、仲間の存在に安心することで、悩みは軽くなるかもしれません。そして、共感によって仲間との絆はさらに深まったはずです。すばらしい回答がたくさんありましたが、その中から少しだけ紹介します。

寄せられた悩み　悩みに対する真摯な回答

受験生の呪い（呪験生）

当然ですが私は受験生です。テストの点も良くなくて「これもうわかんねぇなぁ」と思ってしまいます。そこでいつも勉強しようとするんですが、気付いたら遊んでいます。助けてください。

わかる！ほんと共感できる！
だけどテストの点数が悪くて行きたい高校に行けないってことの方が、勉強することよりつらいと思う…。頭良い人はもう受験勉強を始めている！一緒にがんばろう。

遊んでしまうのは、あなたの心のどこかに「まだ大丈夫」という気持ちがあるからだと思います。あなたが「本当にやばい」と思わない限り、改善されることはありません。逆に言えば、まだ余裕があるということです。

将来のこと

将来、上手く生きていけるかわかりません。人生すべてにおいてです。

それはみんなそうだと思う。未来のことなど誰にもわからないから、ひとまず今、どんなに辛いことや苦しいことがあっても、それを乗り越えて「ガムシャラ」に生きていけば、楽しくて明るい未来が訪れると思う。

自分がしたい仕事やなりたいもののために、今からがんばる。嫌な仕事は誰も続かない（と思っている今日この頃…）。それが叶ったら全力でやり通す。自分で選んでおいて文句は言わせない！

家族

家族の一匹が冷たいです。近づくと逃げます。しかも全力で。好きだから触ったり、乗っかってほしかったりするのに、近づいてくれません。強引に抱っこするくらいしかできません。とても悲しいです。

押してだめなら引いてみては？強引に行くのは良くないと思います。

その「一匹」は、強引なところが苦手なのではないでしょうか。気持ちをおさえて、まずは興味を引くようなこと（直接えさをあげてみるとか遊び道具使うとか！）を少しずつやってみたらどうですか？がんばってください！

僕も同じ経験を今、しています。その時僕は、ペットと顔を合わせて見つめ合っています。ペットが何を考えているのか、なんとなくわかりますよ。ペットの気持ちを読んで遊んでみたら良いと思います。

悩み相談の答えを交流する天斗さんたち４班

感想

みんなの意見を聞けて、良かった。がんばれそうになりました。こういう相談がすごい力になりそう。【武さん】

ガチ人生相談で意外とタメになった。とくに６班がすごくて、心理カウンセラーの先生みたいで面白かった。何か相談することがあったら６班の皆さんに相談したいなと思った。普段もそうだけど、今日も考えさせられました。【璃梨加さん】

回答大募集

今回紹介した人生相談が好評だったため、本日、別の悩みを紹介した用紙を配布しました。回答は、６組の皆さんに加え、保護者の皆様にもぜひお願いしたいと考えています。もしお時間があれば、保護者の皆様からも人生の先輩としての助言がいただけるとうれしいです。回答は第３３号の「亀の湯」で紹介する予定です。

次回（第３２号）予告…全国音研を終えて　他（１１月７日（月）発行予定）

受験が目前に迫ると，今までに経験したことがないようなストレスにさらされる生徒もいます。その悩みを告白し，皆で悩みを軽減するような助言を考えることで，仲間との絆が強くなります。この悩み相談は，後に保護者も回答を寄せてくれ，コミュニケーションが進みました。

この表情を大切に

２０１４年１０月２０日（月）　八雲町立熊石第二中学校　３年Ａ組　学級通信「喜怒哀楽」　第２９号

この表情を大切に

十月十七日（金）に、乳幼児ふれあい体験が実施されました。手作りのおもちゃを用意し、七名の乳幼児とその保護者の皆さんと交流しました。乳幼児の扱いに慣れている生徒も、そうではない生徒もいましたが、皆、やさしい表情を浮かべながら交流しているのが印象的でした。普段の生活の中でも、このような表情と感情を大切に生活してほしいと思います。

また、交流に先立って、自分の幼い時のエピソードを披露し合いました。記入に際して、保護者の皆様にご協力いただきましたことを、あらためて感謝申し上げます。生徒にとっては、自分に注がれている温かな愛情を再認識する機会になりました。

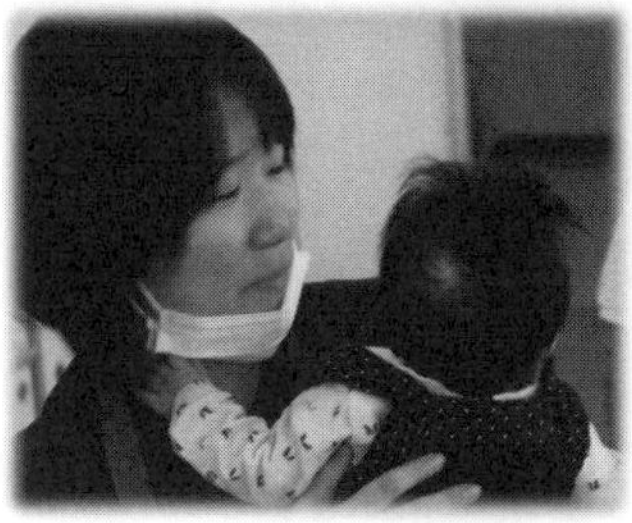

【最高の学級ためのひと言】乳幼児ふれあい体験での３Ａ１０名の表情は，とても素敵でした。全員が，やさしい心をきちんともっています。

古い例のため，右の文章が縦長で読みづらく，写真に見出しやタイトルも付けていない点は問題ですが，ポイントは見出しと写真の関係です。乳幼児ふれあい体験での写真を厳選し，見出しに「この」という指示語を用いることで，生徒の柔和な表情に注目させる効果があります。

11月の学級通信 実践編

成功！全国への挑戦

2016年11月7日（月）　函館市立亀田中学校　3年6組　学級通信「亀の湯」　第３２号

成功！　全国への挑戦

亀の湯

第３２号
函館市立亀田中学校
発行　3年6組学級担任　川端裕介

3年6組学級目標
みんなGU（自由）　みんなAU（英雄）
～37+1の挑戦！～

絶賛の全国音研　見せた　亀中の底力

十一月一日（火）に、全日本音楽教育研究会全国大会（全国音研）が本校を会場の一つとして開催されました。六組の生徒たちは、合唱集会やオペラ「アイーダ」で、全国各地から来た先生方を感動させることに成功しました。

左の写真は、全国音研で三年生の学年合唱「砂丘」を披露している時の様子です。まなざしの真剣さとしっかりと開かれた口から、素晴らしい合唱だったことが伝わると思います。写真はバスのメンバーたちですが、練習では人数の割に声量が不足し、全体練習で注意される場面が目立ちました。しかし、本番では奮起し、合唱に安定感をもたらしてくれました。そして、会場の最後方から全校生徒を支えたのが、六組のメンバーたちでした。

私の耳には「すごいね」「普通の中学じゃできないな」とほめている声が聞こえました。自分のことのようにうれしく感じました。また、ある校長先生は「歌わされているのではなく、歌いたい、もっと良い表現をしたい。そんな思いで全身全霊を振り絞り歌い上げている姿に心が動きました。」というメッセージを寄せてくださいました。**美原祭に続き、皆さんの歌声によって、再び聴く人を感動に包むことができました。全国音研への六組の挑戦、そして学校全体の挑戦は、見事に大成功で終わりました。皆さんの力で、また一つ、大きな財産を得ることができました。**

全国音研での合唱集会の様子。六組の本気を見ました。

この姿勢が六組のすごさ

全国音研で六組が輝いていた場面は、歌だけではありません。歌以外の立派な姿勢にも、私は感心しました。

下の写真は、二年生の学年合唱の時の六組の様子です。遠くから隠し撮りのように撮影してしまったのですが、誰もが顔を上げ、真剣に二年生の方を見つめています。気を抜いて下を向いたり、隣の人とひそひそと話したりしてもおかしくないような状況です。しかし、気を抜かず、後輩が一生懸命に歌う姿を見守っています。このように、目立たない所でも集中し、すべきことを徹底できるのが六組の皆さんの良さです。

思い返すと、日常の授業はもちろん、朝読書の時間などもきちんと集中して取り組むのが当たり前になっています。普段からきちんと切り替えができているからこそ、このような大舞台でも同じことができたのだと考えます。全国からのお客さんに、歌だけではなく、このような姿勢を披露できて良かったです。

他学年の歌を聴く様子。

8分間の拍手の嵐

一日の午後から、全国音研の記念公演として、函館市内の中学生によるオペラ「アイーダ」が市民会館で披露されました。六組からは、エジプト王女の侍女役で合唱部の亜由美さん、美月さん、遥菜さん、そしてオーディションで選ばれたソロキャストとして武さんと天斗さんが出演しました。当日の写真撮影は禁止だったのですが、音楽の辻先生からリハーサルの時や控え室での写真をいただいたので、紹介します。

「アイーダ」で祭司長ランフェスを演じた武さん。

本番の公演は、驚きと感動の連続でした。侍女役の亜由美さん、美月さん、遥菜さんは、座ったり動いたりなどの演技をしながら、普段と変わらない美しい歌声を披露していました。

司祭役の武さんは、独特の甘美な声を会場中に響かせ、観客を魅了していました。威厳ある司祭を、堂々と演じていました。

エチオピア王アモナズロを演じた天斗さん。

アモナズロ役の天斗さんは、落ち着いた演技と歌声を披露しました。客席からは「中学生離れしている」という感嘆の声が聞こえました。

カーテンコールの盛大な拍手は八分間も続きました。観客の皆さんの高い評価が表れていました。

【格言～未来へ歩む参考に～】●●●●●●●●●●●●●●●●●●●●●●（●●●●）

全国規模の研究大会が勤務校で行われた後に発行した通信です。大勢の参観者を前にして，堂々と合唱を披露した姿を，写真を活用して伝えました。緊張のため，当日の様子をあまり覚えていない生徒もいましたが，通信によって努力したことを再確認し，自信を深めていました。

黒板アートで全国とコミュニケーション

2016年11月7日（月）　函館市立亀田中学校　3年6組　学級通信「亀の湯」　第32号

黒板アートで全国とコミュニケーション

全国音研の前日、6組教室が控室になるとわかり、上のように、黒板に函館にちなんだ絵と歓迎のメッセージを描きました。さらに、生徒には内緒にしていましたが、会場に来る先生方と双方向のコミュニケーションを図れないかと私は考え、教室に一冊のノートを置き、自由にメッセージを書いてもらうことにしました。大会終了後にノートを見ると、神奈川や長崎、そして沖縄など全国各地から来函した先生方が、メッセージを残してくださいました。6組の取組が全国の先生方に認められました。

きっと、それぞれの地域に戻ってからも「全国大会で函館の生徒が…」と話を伝えてくれることでしょう。6組の皆さんの思いが、日本中の人たちとつながりました。

ボランティアでおもてなし

黒板の歓迎メッセージは、有志を募り、放課後に描きました。時間に限りがある中で、上のように素晴らしい作品ができました。

また、5組の髙橋先生から「うちもやってよ～」と頼まれ、下の写真のように急遽5組の分も描き上げました。おもてなしに力を尽くしてくれた皆さん、ありがとうございました。

隣に出張

六組教室のノートに書かれたメッセージ

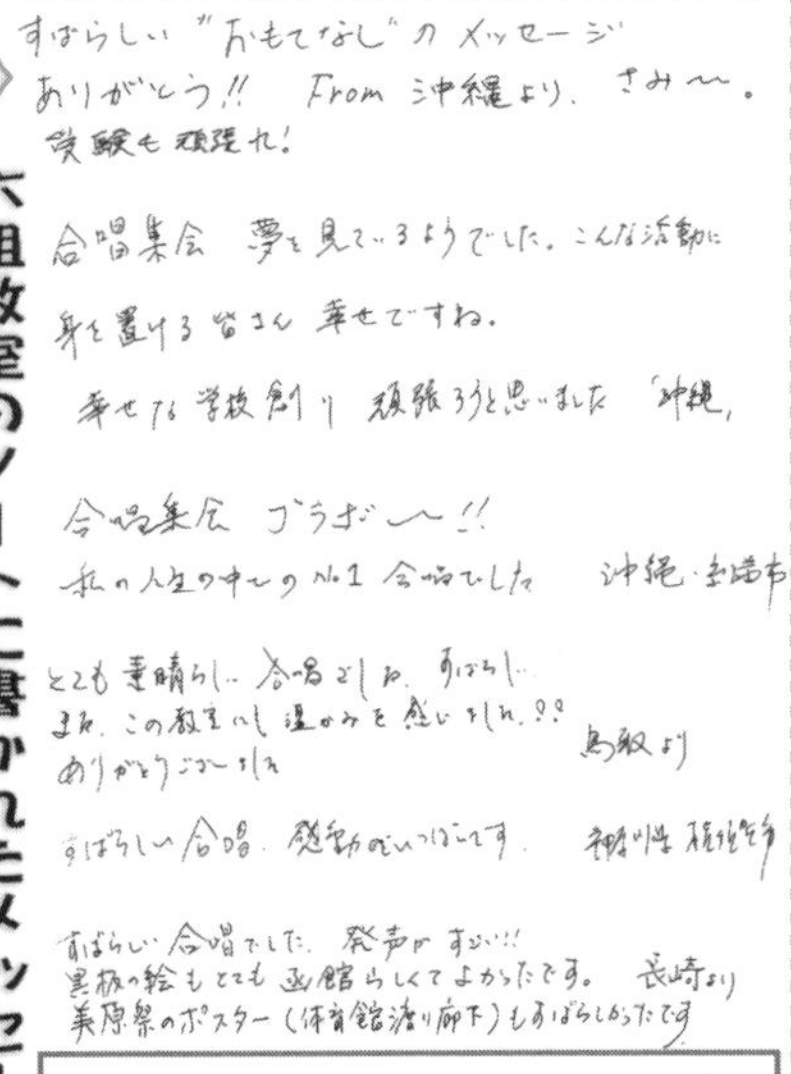

心が温まるメッセージの数々です。合唱に加え、6組のこともほめてくださり、とてもうれしく感じます。

次回（第33号）予告…総合Cテストを終えて／期末テストに向けて／進路説明会／人生相談保護者の回答　他（11月14日（月）発行予定）

全国大会という貴重な機会を学級経営に生かせないかと考え，偶然にも控室となった自分たちの教室の黒板に絵を描きました。そして，研究大会の参観者がノートに記入してくれたコメントを，通信に掲載しました。心温まる交流の姿を，保護者にも伝えることができました。

実例 82

3年生 「亀の湯」第33号裏（2016年11月14日発行）

君は一人じゃない

２０１６年１１月１４日（月）　函館市立亀田中学校　３年６組　学級通信「亀の湯」　第３３号

君は一人じゃない

「亀の湯」第３１号で、生徒の悩みに対する回答を、保護者の皆様に募集した所、１０以上の回答が寄せられました。お忙しい中、温かい助言をお寄せいただき、ありがとうございます。学校と家庭の双方向のコミュニケーションができ、うれしく思います。また、今回の相談と回答がご家庭の話題の一つに上れば幸いです。

生徒の皆さん、自分の子どもでもないのに、皆さんの悩みを軽くしようと協力してくれる大人がいます。皆さんは一人ではありません。これらの助言を読めば、自分の悩みではなくても、きっと心が軽くなるはずです。

6組生徒の悩み　保護者からの温かい助言

勉強のやる気が起きない

私は、テストが近いのはわかっていても勉強のやる気が起きず、なかなか集中できないことが悩みです。

テストが返ってきたときは「勉強しなきゃ」という気持ちになりますが、家に帰ると、とりあえず学校の宿題を終わらせて満足してしまいます。そうしていつも１週間前に焦って始めるので、あまり納得のいく点数を取ることができません。何かやる気が起きる方法を教えてほしいです。

２週間前を目安にノートを見直し、プリントなどが配布されていたら、それも復習し始めると良いと思います。テスト前には目標を明確に決めて、それも達成できなければ…などすれば、気が引き締まると思います。受験に向けて、これからのテストも満点を取る勢いで勉強すると良いですよ。

「勉強」を難しく考えていませんか？大事なのは、日々習ったことの復習だと思います。まずは、その日の授業で取ったノートの内容を不要な紙などに書き写しましょう。書くことで大抵のものは頭に入ると思います。過去のノートがあれば、それもやってみると良いでしょう。貴方の若い脳なら大丈夫です。諦めずがんばってみてください！

豆

私は豆類が一切食べられません。理由はあのモサモサ感です。どうしたら食べられるようになりますか？

豆類がとても健康に良いということがわかっているんですね。今は食べられなくてももう少し大人になったら食べられるようになることも往々にしてあります。栄養価がわかっているあなたなら大丈夫です。

豆は体に良いので、できれば食べた方が良いと思いますが、豆を食べなくても生きていけるので、あまり気にしなくて良いと思います。大人になったら食べられるようになるかもしれないしね…

性格について…

思ったことを悪いと思わないで、つい言ってしまいます。何も考えないで言葉にしているので相手を傷つけているかもしれません。しかも嘘がつけません…。どうすれば良いでしょうか。

誰よりも自分の性格をわかっていて悩みと感じている貴方には心配ないと思います。嘘がつけない正直なところは長所でもあり、自分の意見を言えるタイプなのでしょうね。相手を傷つけないために自分が言われて嫌な気持ちになったり、悲しくなったりする言葉はなるべく避け、間違った時はごめんなさいと心から謝ることができれば、上手に付き合っていけるのではないでしょうか。

自分の思いを言葉にして発するのは良いことだと思います。しかしながら、相手がみんな気持ちの強い方とは限らないので。同じことを言うにしても、言い方には十分気を付けて、少しゆっくりした話し方で、表情もやさしくすることを心がけてみてはいかがでしょうか。

難しいかもしれませんが「嫌なことを言われた時の自分」を想像してみましょう。「こんな嫌な気持ちになるなら気を付けよう」と、少しは思えるかもしれませんね。それでも、うっかり口にしてしまったら素直に謝りましょう。日にちが経っても遅くないです。

自分の性格を省みるなんて素晴らしいです。いろんな経験をして素敵な大人になってくださいね。

二次元にどっぷりと…

私は幼い頃（3～4歳ぐらい）から今までずっとアニメや漫画が好きで、ことごとく二次元に恋をしています。好きな人も二次元の人、行きたい場所も二次元…。と、二次元にどっぷりとハマってしまいました。三次元に戻って来ても、声優さんとか、ミュージカル男子ぐらいしか好きになれません。そのことで、ついに周りから「イタい」と言われてしまいました。三次元の人間が、次元を超えた恋をするのはおかしくて、イタいものなのでしょうか…？

夢中になれることがあってうらやましいです。今は現実に好きな人がいなくてもまだ中学生！これからですよ！

高校、大学、社会へ出ても二次元に夢中な人はたくさんいます。同じ趣味で出会い、結婚した人も知っています。今は焦らず、好きなことにどっぷり浸かってください！！

アニメや漫画のキャラ、カッコ良いですよね～。こんな人が本当にいたら♡…って思いますよ！二次元が「イタい」のなら、何ならイタくないのかな～。好きな物は人それぞれ違うし、良いも悪いもないと思います。「好き」という気持ちが大事で、好きなものがあった方が人生楽しい！！自分の好きになったもの、胸を張って「好き」と言ってください。

次回（第３４号）の予告…期末テストを終えて／フットサル全道へ／道徳「生きがいを求めて」　他（１１月２１日（月）発行予定）

生徒が匿名で出した悩みに対して，保護者に回答を呼びかけました。生徒と担任や生徒同士に加えて，生徒と他の保護者のコミュニケーションの場として，学級通信を機能させることができました。また，ここで取り上げた悩みと回答に関わって，話が弾んだ家庭もありました。

実例 83

■2年生　■「亀の湯」第31号表（2015年11月9日発行）

その先にある喜びのため

2015年11月9日（月）　函館市立亀田中学校　2年2組　学級通信「亀の湯」　第31号

その先にある喜びのため

亀の湯

第31号
函館市立亀田中学校
発行　川端裕介

2年2組学級目標
A・Y・K！

職場体験
考えよう夢と進路

十一月五日（木）に、職場体験学習が実施されました。合計五十二の職場に、二年生約二百二十名がお世話になりました。学校ではできない貴重な経験をきっかけに、将来の夢や進路について考えていきましょう。

職場体験は、中学校生活三年間の中で、わずか一日しかない貴重な機会です。それぞれの受け入れ先で、学校ではできない経験をしました。

例えば、匠海さんと紀佳さん、愛巳さんの三人は、ケーブルテレビの番組制作等を行うNCVにお世話になりました。左上の写真は、NCVのスタジオで、アナウンサー体験を行う様子です。発声練習用の原稿を読み上げながら、姿勢や腹筋の使い方、発音の仕方などの指導を受けました。三人とも最初は声が小さく、良く聞こえませんでした。スタッフの方はその状況を許さずに、何度も助言や練習を繰り返します。その結果、次第にハキハキと原稿を読めるようになっていました。この練習の成果は、学校での音読やスピーチに生かすことができそうです。

他の職場でも、貴重な経験ができました。仕事の大変さや難しさの一端を感じ取ることができたでしょう。

仕事の苦労の対価は、お金だけではありません。苦労の先には、喜びがあります。自分の希望する仕事に一生懸命に取り組むことで、喜びや充実感が得られます。

働く喜びを得るためには、進路選択が大切です。職場体験をきっかけに、将来の夢や卒業後の進路を真剣に考え始めましょう。夢への第一歩を踏み出す時期が近づいています。

職場体験で発生練習をする紀佳さんたち

届け三〇〇〇分
家庭学習の倍増を

期末テストに向けて、三週間で家庭学習時間を合計五十時間行うことを目指す「三〇〇〇分大作戦」を実施中です。ただし、現在の所、三〇〇〇分を超えそうな生徒は数名です。0分（家庭学習時間なし）が続いている人もいます。今年最後の定期テストを良い形で終えるためには、家庭学習時間を大幅に増やす覚悟が必要です。

家庭学習時間を増やすコツは、無駄な時間を削ることです。遊びだけではなく、ぼーっとしているような時間も見直しましょう。

文化の秋
掲示物で教室に彩りを

十月の末から、教室の掲示板を下の写真のように飾っています。各班で作った掲示物の数々です。紅葉やイチョウの葉、柿・栗・焼き芋・本・月夜など、デザインは多岐にわたります。その中には、なぜか北斗市のゆるキャラの「ずーしーほっきー」までありました。二組の皆さんの柔軟な発想には驚かされます。

掃除だけではなく、このように掲示物で教室をきれいすることも大切です。居心地の良い教室にするためには、環境づくりが欠かせません。

先生も学びの秋

学びの秋ですが、2組の皆さんにいつも「勉強しなさい」と言う手前、私自身も教育に関する勉強（研究）をするように心がけています。

先週末、教育に造詣の深い、皇族の高円宮妃殿下や、国語学者の齋藤孝先生や数学者の秋山仁先生など、教育界で有名な先生方とお話をさせていただく機会がありました。どの方も口にしていたのが、時代に合った教育の必要性でした。情報化やグローバル化などの変化や、少子化や人口減少といった課題に対応するためには、やはり教師も日々の勉強が必要だとあらためて感じました。

学び続けることでしか得られない経験や喜びがあります。2組の皆さんにも、ぜひその喜びを味わってほしいと思っています。その一番身近な機会が、テストです。

次回（第32号）の予告…期末テスト直前、合唱集会、読書の秋　他（11月16日（月）発行予定）

トップ記事では，２年生で行う職場体験学習を取り上げました。写真と共に，学級目標「Ａ・Ｙ・Ｋ（安心・喜び・語り合う）」と関連させた見出しを付けました。それにより，職場体験を意欲的に行う姿を保護者に伝え，職場体験の意義を生徒に実感させることができました。

実例

84

■２年生　■「亀の湯」第32号裏（2015年11月16日発行）

心に響く言葉と経験

２０１５年１１月１６日（月）　函館市立亀田中学校　２年２組　学級通信「亀の湯」　第３２号

心に響く言葉と経験

１１月５日（木）の職場体験では、様々な職種の事業所で貴重な体験をすることができました。今回は、職場体験の作文から、保護者の皆様や２組の皆さんに広く紹介したいと判断した作品を掲載しました。また、職場体験の中で２組の皆さんが印象に残ったという言葉を、あわせて紹介しています。

これらの言葉には、私も一人の社会人として、感銘を受けました。仕事は、楽しいことよりつらいことが多いかもしれません。しかし、人生を豊かにする１つの糧になるのも仕事です。２組の皆さんも、職場体験で学んだことを生かし、夢の実現に向けて一歩ずつ努力を続けてほしいと思います。

消防士

僕は、北消防署に職場体験に行きました。二班に分かれ、最初に消防訓練をしました。

消防訓練では防火服を着ました。切るのも脱ぐのも難しかったです。次に空気呼吸器をつけて走らせてもらいました。とても重くて、このまま部活のロードにいったら一分ももたないだろうな、と思いました。

次は楽しみにしていた放水の体験でした。壁に向かってものすごい勢いの水を発射しました。とても重かったです。その時使った消防車には水が二千リットル積んでありますが、なんと四分程度で水がなくなるそうです。思っていたよりもはるかに短いと感じました。放水の体験が終わった、消防車の中を見学しました。中にはたくさんの物があり、衝撃を受けました。

その後、救急の訓練をしました。最初に救急車の中を見ました。無駄がない収納がされていました。次に実技の訓練をしました。実技の訓練ではＡＥＤを使ったり、心臓マッサージや人口呼吸をしたりしました。心臓マッサージがとてもきついことを知りました。

最後に、終わりのあいさつをして職場体験が終わりました。今回は午前中だけの短い体験でしたが、今日学んだことを今後に生かしていきたいです。

京介さんの作文です。職場体験の内容がわかりやすくまとめてあり、文章を読むだけで体験の様子が目に浮かびます。重たい装備を身に付けた際に、部活動での練習をイメージする想像力も見事です。ぜひ、命を救う現場での体験を生かしましょう。

看護師

「この体験を通して夢に向かってがんばってね。」

教材販売

「仕事は辛いし苦しいけど、その中で自分なりの楽しさを見つけて、仕事ができれば続けていられる。」

温泉入浴施設

「一番汚くなる所は、一番きれいにしておかないといけないの。」

美容師

「失敗は成功のもと。」

【格言～夢～】●●●●●●●●●●●●●●●●●●●●（●●●●）

職場体験特集です。職場体験のいくつかの写真と合わせて，心に残った言葉を小見出しのような形で付けました。生徒は１つの職場のみの体験ですが，通信でこのように紹介することで，様々な仕事の雰囲気を感じ取り，働くことについて多面的に考えるきっかけとなりました。

実例 85

■2年生 ■「ジャンプ」第33号表（2013年11月11日発行）

外での活躍

第３３号　八雲町立熊石第二中学校　２年Ａ組　学級通信「ジャンプ」　２０１３年１１月１１日（月）発行

外での活躍

ジャンプ

第３３号
熊石第二中学校
発行　川端裕介

①外での活躍～熊石地域音楽と芸能の集い～
②響く伝統の音
③コロネをクルクル

２年Ａ組学級目標

熊石地域音楽と芸能の集い

「熊石地域音楽と芸能の集い」で、全校合唱を披露する様子。普段より少ない人数での合唱でしたが、がんばっていました。

十一月二日（土）に熊石第一中学校体育館で「熊石地域音楽と芸能の集い」が開催されました。本校は全校合唱を披露しました。

小学生から一般の団体までが出場する会でした。一生懸命に歌う姿を披露することで、中学生の合唱の素晴らしさや、二中生の素晴らしさを示すことができました。

学校を離れて、地域の人に向けて合唱を披露するのは、めったにない機会です。せっかくの機会を十分に生かすことができました。

合唱は、心を一つにしなければ良いハーモニーを響かせることができません。その意味で、合唱は団結力や一体感を高める力があります。

歌うことが好きな人が多いのが、二Ａです。教室に歌声が響くことが、しばしばあります。「特技」というにはもう少し練習が必要ですが…。今年度、歌を披露する機会は、卒業式を残すのみです。卒業式では、卒業生も保護者も来賓の方も感動させるような歌を目指しましょう。

がんばった男子

「音楽と芸能の集い」の全校合唱では、男声は五人しかいませんでした。普段以上に少ない人数です。

そのような厳しい状況の中で、翔さんと悠馬さんのがんばりが見られました。いつも以上に大きな声で、音程も確実にとりながら歌っていました。「自分たちが何とかする」という意思が歌声に込められていました。みんなのことを考えながら行動する姿は、とても立派でした。

響く伝統の音

「熊石地域音楽と芸能の集い」で、泊川太鼓の会の一員として演奏する拓海さんと悠馬さん。「格好良い」演奏でした。

「音楽と芸能の集い」のトリを務めたのが、泊川太鼓の会の演奏でした。大人のメンバーが少ない中、拓海さんと悠馬さんが一生懸命に演奏しているのが印象的でした。

呼吸を合わせ、強弱をつけ、隣の太鼓を叩いたり、ばちを何度も投げたりというパフォーマンスを成功させる…その姿はとても立派でした。何度見ても（聞いても）、感動します。学校の勉強や部活動で疲れた中、毎週厳しい練習を重ねた成果でしょう。演奏する姿は、輝いていました。

人口が減少し、子どもの数も減り続ける今、地域の芸能の担い手として、中学生が活躍することは、とても大きな意義があります。相沼奴や泊川奴、下の句かるた、そして太鼓。文化を継承し、さらに発展させることは、地域を活性化につながります。

何かと忙しいのが、最近の中学生です。しかし、「地域のため」という意識をもち、そのエネルギーを地域のために使うことは大切です。

次はテストでのがんばりを

コロネをクルクル

この写真は、パン屋さんでの職場体験で風香さんがコロネを作る様子です。風邪を引いて職場体験ができなかった風香さんですが、職場のご厚意で、日を改めて体験をすることができました。

扱っているパンの種類が豊富で、仕事内容もたくさんありました。生地の伸ばしやオーブンへの移動、卵を塗る手伝いなど、風香さんはテキパキと作業をしていました。普段の学校生活や部活動での気遣いが、職場体験でも発揮されていました。

夕方には、中学校へ販売に来ました。風香さんの効果か、パンは飛ぶように売れていました。

来週の「ジャンプ」予告（１１月１８日）…テスト勉強大詰め　他

紙面全体で，異なる角度から校外での生徒の活躍を紹介した例です。トップ記事の合唱では練習の成果，左下の準トップでは郷土芸能を伝承する様子を紹介しました。そして，右下の囲み記事は職場体験です。同じテーマを取り上げたことで，伝えたいことが明確になりました。

実例

86 あきらめない　残り一秒まで

2016年11月21日（月）　函館市立亀田中学校　3年6組　学級通信「亀の湯」　第34号

亀の湯

第34号

函館市立亀田中学校

発行　3年6組学級担任　川端裕介

3年6組学級目標
みんなGU（自由）　みんなAU（英雄）
～37+1の挑戦！～

あきらめない　残り一秒まで

二学期期末テスト終了
意識の変化が行動に

先々週の学力テストに続き、先週には二学期期末テストが実施されました。テスト前の学習の様子やテストを受ける姿勢を見ると、テストに対する意識の変化が表れていました。

期末テストの英語を解く圭吾さん。最後まで真剣でした。

期末テストの一教科目は、英語でした。いつものようにリスニングから始まり、続いて記述問題を解いていく六組の生徒たち。しかし、テストの終盤になると、いつもと様子が違います。ひと通り解き終ってからも、何度も問題文を読み直す姿、書き間違いがないか解答用紙を見直す姿、字を丁寧に書き直す姿など、**最後の一秒まで大切にする行動が見られました。**以前は解き終ると居眠りをしたりぼうっとしたりする人が多かったことを考えると、劇的な変化です。

また、社会科に関しては、わからない問題や難しい記述問題をあきらめず、何とか自分なりの答えを書こうとする意識が伝わってきました。採点の時に解答用紙を見るだけで、テストにかける思いを十分に感じ取ることができました。受験生としての意識は以前よりも格段に高くなっています。のんびりとした性格の人が多い六組ですが、とうとう「やる気スイッチ」が入ったようです。

受験までは、実施が一番遅い公立入試でも、残された時間は百日あまりしかありません。しかし、まだ間に合います。テストの数時間だけではなく、受験まですっと努力を継続し続ければ、希望する進路に届くはずです。自分の未来を自分の努力でつかみとるため、今を大切にしましょう。

将吾　全道の舞台へ

六組でただ一人、部活動を引退していないのが、将吾さんです。サッカー部の希望者で結成されたフットサル大会に出場し、地区大会、そして道南ブロック大会を勝ち抜き、二週間後の全道大会に出場します。全国レベルの強豪チームを倒しての快挙です。

将吾さんは、練習と受験勉強を両立しています。すべき勉強をした上で好きなサッカーにも打ち込む姿勢が立派です。ぜひ、全道大会でも伸び伸びとしたプレーを期待しています。

早朝のフットサル練習で機敏な動きを見せる将吾さん（右）。

一・二年復習　今が最後の機会

期末テストが終わったので、年内に大きなテストはもうありません。今が、一・二年生の内容を復習する絶好の機会です。

冬休みに復習をしようと考えてはいけません。なぜなら、冬休み明けすぐに学年末テストがあるからです。学年末テストに向けて、冬休み中は三年生の内容に重点を置かざるを得ません。そして、三学期になれば入試の過去問などの総合的な問題を解くことが中心となります。したがって、一・二年生の復習は今の時期にすべきです。もっと言えば、今しかできません。

期末テストに向けて勉強に打ち込んだ人が多かったので、その姿勢を続けましょう。絶対に遊びに流れてはいけません。

とくに、英語は一・二年生の内容を、成長した今なら、理解できるようになっているかもしれません。藤根先生が毎日印刷してくださっている基本プリント、解いてみませんか。

時間が自信に

期末テストの学習計画表を点検していて、その家庭学習の時間の多さに驚いたことが、何度もありました。例えば、航稀さんは休日に9時間もの家庭学習をした日がありました。他の人も、平日に5時間など、自分の好きなことをがまんしながら家庭学習に打ち込んでいる姿が目に浮かぶようでした。

こうした努力は、間違いなく自信につながります。そして、部活の練習に打ち込んだ経験と同じように、今後の人生そのものの財産になるでしょう。

他にも、潤也さんは「社会がわかるようになった。楽しい」というコメントを書いていました。努力を続ければ、徐々に結果として表れるものです。受験勉強は苦しいものですが、得られるのは苦しさだけではありません。

【格言～未来へ歩む参考に～】●●●●●●●●●●●●●●●●●●●●●（●●●●）

2学期期末テストの様子を伝えた例です。受験が迫りつつある時期のため，トップ記事でも右下の囲み記事でも，受験に向けて時間を大切にすることを強調しました。見出しの表現についても，1秒というわずかな時間も惜しむ必要があると，生徒に自覚させる効果がありました。

この集中力を常に

2015年11月24日（火）　函館市立亀田中学校　2年2組　学級通信「亀の湯」　第33号

この集中力を常に

亀の湯

第33号
函館市立亀田中学校
発行　川端裕介

2年2組学級目標
A・Y・K！

期末テストを終えて
毎日の授業で集中を

十一月十七日（火）・十八日（水）に、二学期期末テストが実施されました。今年最後の大きなテストに向けて、これまで以上に学習に打ち込む姿が見られました。

テスト前に復習をする雄太郎さんや唯さん。

今回の期末テストでは、学習に対する意欲の高まりを感じました。左上の写真は、テスト直前の教室の様子です。全員が集中してテストに向けた最終確認をしていました。テスト期間中には、これまであまり見られなかった行動が多く見られました。例えば、昼休みに半数以上の生徒が自主的に英語の学習をする姿や、十分休みに数学や理科の内容を教え合う姿などです。

先月から、「十月と十一月は勉強の月」と学校を挙げて学習の充実に力を入れています。二組の皆さんの多くが、その流れに乗って学校での学習をこれまで以上に充実させることができたようです。

また、家庭学習についても成長が見られました。裏面に詳細を載せていますが、テスト前に五十時間の家庭学習を目指す「三〇〇〇分大作戦」は、十名の生徒が目標時間を超えるという結果になりました。できることなら全員に達成してほしいという思いはありますが、これまでと比べて家庭学習時間が全体的に増加しました。

今後の課題は、テストが終わってからも学習に対して気を抜かないことです。返却された答案の点数を見て、悔しい思いをした人もいます。普段の授業に真剣に臨み、提出物をきちんと出し、小テストで確実に得点をする。そのような地道な努力の積み重ねが大きなテストでの良い結果の土台となります。やればできる二組の皆さんです。がんばりましょう。

読書の秋
スマホを休んで本を読もう

期末テストが終わり、自由な時間が増えた人も多いでしょう。昨日までの三連休でゆっくり休んだ人も多いと思います。ただし、家庭学習時間を0分にしてはいけません。テスト前にせっかく身に付けた家庭学習の習慣を維持するために、短い時間でも良いので必ず机に向かいましょう。そして、学習後に余った時間を自分の好きなことに使いましょう。

二組の皆さんの自由時間の使い方を聞くと、テレビ・ゲーム・（スマートフォンを含めた）インターネットが中心のようです。現代の中学生らしい時間の使い方です。

そんな二組の皆さんに、私が勧めるのは読書です。しかも、デジタル書籍ではなく紙の本です。

読書を勧める理由は、二つあります。一つは、ゲームやスマートフォンより本の方が目の刺激が少ないためです。私自身、中学生の頃にゲームをしすぎて視力を大幅に低下させたという失敗をしています。

もう一つの理由は、読書は物語の場面を想像したり、行間を読んだりすることで、思考力を養う効果があるためです。視覚的な情報があふれる現代こそ、自分のペースで本を読む時間が大切だと考えます。

読書の秋に合わせ、学級文庫の図書を増やしました。本を読むきっかけにしてほしいと思います。

これからもカラーで「亀の湯」

4号限定の予定だったカラー版の学級通信ですが、これからも当面継続することになりました。職員室のカラー印刷機の使用が今後も可能になったためです。

カラー印刷の方が、白黒よりも作成時間が長くかかります。色のバランスや掲載する写真をより慎重に検討するためです。しかし、読みやすさはカラー印刷の方がはるかに勝っていると思います。先日、ある保護者の方から電話で「学級通信をカラーにしたんですね。写真が見やすくて良いですね。」というお褒めの言葉をいただきました。今後も、記事の内容に加えてデザインにも工夫を図りながら、生徒の皆さんにも保護者の皆様にも読みやすい学級通信を目指したいと思います。

次回（第34号）の予告…残り4週間の過ごし方、個人懇談について　他（11月30日（月）発行予定）

2年生の11月から12月にかけての時期は，これまではぼんやりとしていた進路が少しずつ明確になる頃です。そこで，テストを通して進路選択へ生徒の意識を少しずつ向けさせるようにしました。また，テスト後も気を抜かずに学習に力を入れるように呼びかけています。

実例 88　2255分を無駄にしない

第３５号　　八雲町立熊石第二中学校　２年Ａ組　学級通信「ジャンプ」　　２０１３年１１月２５日（月）発行

2255分を無駄にしない

ジャンプ

第３５号
熊石第二中学校
発行　川端裕介

①２２５５分を無駄にしない～２つのテストを終えて～
②全校体育で見せた「らしさ」
③続けよう「うがらい」
④保護者の皆様へ

２年Ａ組学級目標

二つのテストを終えて

二二五五分。これは、二A十名の、後期中間テスト前の二週間での、家庭学習時間の平均です。目安が二四〇〇分でしたので、まずまずの結果といえます。なかには、三三一四分という記録を残した生徒もいます。約五四時間、一日平均四時間弱です。相当な努力を続けたことがわかります。

テストは終わりましたが、二Aの皆さんの学習は終わりません。今日からテストが返却されますが、これから二つのことを実行してほしいと考えます。

分析

一つ目が、テスト結果の分析です。とくに、教科ごとの家庭学習時間とテスト結果の関係について分析をしましょう。具体的には、家庭学習を十分な時間行ったにもかかわらず、点数の伸び悩んだ教科がないか、確認します。もしあった場合は、学習方法が効率的ではない可能性があります。来週の教科懇談会などで、より良い家庭学習方法について助言をもらうと良いでしょう。

挽回

テストが終わり、気分は早くも冬休みという人もいるかもしれません。しかし、中学生に勉強をしなくて良い時期は存在しません。大人に働かなくて良い時期や、家事をしなくて良い時期がないのと同じです。

今週から来週にかけて、各教科のノート・ワークの提出や小テストなどがあるはずです。テスト結果が満足できなかった人にとっては、挽回の機会となります。悔しい思いを、学習への原動力にしましょう。

逆に、目標点に達した人にとっては、平常点をとることが成績の上昇につながります。テスト結果を無駄にしないようにしましょう。

保護者の皆様へ

先週の二十一日（木）に学校アンケートを配布しました。大変お手数ですが、学校をより良くするために、忌憚なきご意見をお寄せください。記入後は、アンケートと一緒に配布した封筒に入れて提出をお願いします。締め切りは十二月六日（金）です。よろしくお願いします。

全校体育で見せた「らしさ」

左の写真は、先週の全校体育の様子です。バレーボールで、チームを盛り上げるための掛け声を考えて、試合中に実行するという授業を行いました。どの班も個性的な掛け声を考えていました。

写真にある通り、拓海さんたちの班は言葉だけではなく、体全体を使って雰囲気を盛り上げていました。バレーボールではミスが続くと険悪な雰囲気になってしまいがちです。しかし、この授業では得点をしてもミスをしても、和気あいあいとプレーが続くのが印象的でした。

そして、良い雰囲気づくりの中心にいたのが、二Aのメンバーでした。教室での明るい雰囲気を、全校生徒がそろう場面でも十分に出せていました。

また、この授業ではプレーでも積極性が見られました。試合では、男子だけではなく、ななみさんやあまねさんもスパイクやブロックを決めていました。去年までは見られない積極的な姿勢でした。経験を重ね、運動にも自信をもって取り組むことができるようになっています。

バレーボールの試合で雰囲気を盛り上げる拓海さん。

スパイクを打つあまねさん。ブロックも決めていました。

テストが終わってからも勝負は続きます

続けよう「うがらい」

うがらい。うがいと手洗いを合わせた造語です。昨年、副担任だった西村先生が広めた言葉です。

十一月以降、一人、また一人と体調を崩して欠席する生徒が出ています。前期に比べて、欠席率も上昇傾向にあります。かくいう私も先週は風邪を引いていました。

これからは寒さが一段と増し、空気も乾燥します。うがいと手洗いを確実に行い、風邪などの予防に努めることが大切です。

そこで気になるのが、ハンカチを持参していない生徒がいることです。ハンカチを持たない生徒ほど、きちんと手を洗っていない傾向にあります。

もう中学二年生も折り返しの時期です。ハンカチくらい、エチケットとして自分で用意しましょう。

来週の「ジャンプ」予告（１２月２日）…家庭学習方法の見直し，今度こそ忘れ物ーケタへ　他

実例87と同じく，通信を活用して２年生に対して家庭学習に継続して力を入れることを促しました。見出しにテスト期間中の家庭学習の平均時間を使うことで，読み手の関心を引くように工夫しました。生徒は，次のテストではこの学習時間を超えるように努力していました。

実例 89

全力疾走できる道を

2014年11月25日（火）　八雲町立熊石第二中学校　3年A組　学級通信「喜怒哀楽」　第34号

全力疾走できる道を

喜怒哀楽

発行
八雲町立熊石第二中学校
3年A組担任　川端裕介

3年A組学級目標
最高の学級
［全力疾走］
～二中を支える柱となれ～

進路決定直前
三者面談に向けて

来週から、進路決定のための三者面談が始まります。いよいよ、受検校を決める時が訪れました。自分の将来のため、最適な進路を冷静に判断し、進路の実現に向けたラストスパートを始めましょう。

十二月一日（月）から、三者面談が始まります。とうとう、受検する学校を決める日が迫ってきました。選択次第で将来を左右する可能性があります。その決断の日に向けて、進路選択で大切なことを再度確認したいと思います。

どの道を選んでも、努力をすることに変わりはありません。ただし、どの道を選んだかで、努力しようとする意欲は変わります。つまり、進路の実現に向け、自分が最もがんばることができる進路を選択することが大切です。

自分が最もがんばることができる進路とは、自分に合った進路を意味します。自分に合った進路とは、次の三つの条件を満たしたものです。

第一に、将来の夢の実現につながることです。進学はゴールではなく、夢の実現に向けた第一歩です。自分の夢を振り返った上で、選択した学校が自分の夢の実現につながるかどうかを再度確認しましょう。希望する職業が決まっていない人も、進学か就職か、進学であれば大学か専門学校かは考えた上で、進路選択を行いましょう。

第二の条件は、これから三か月間の努力で合格が可能な進路であることです。成績やこれまでのテストの結果などを参考に、合格のために残り三か月でどれだけの努力が必要かを考えましょう。そして、その努力を続けられるだけの心と力が自分に備わっているか、冷静に判断しましょう。その判断の結果、これまでの進路希望を変更するのは、やむを得ないことです。新しい進路に向けて、気持ちを切り替えましょう。

第三の条件は、家族の理解です。家族の内、誰かが反対する進路では、学習になかなか身が入らないものです。逆に、保護者の方に進路を応援してもらうことで、受験勉強への意欲はさらに高まるはずです。将来の職業を含め、進路について家族で話し合ってほしいと思います。

三Aの皆さんは、人生で初めての入試に臨みます。自分の生きる道を自分で選ぶ、初めての機会かもしれません。これからの三か月間、学級目標の通り「全力疾走」できる道を選んでほしいと思います。選ぶのは皆さんです。じっくりと考えて選択しましょう。

入試を意識した生活を
礼儀作法と忘れ物

進路決定の時期が迫る今、普段から入試を意識した生活をしてほしいと思います。とくに、礼儀作法と忘れ物に気をつけましょう。

礼儀作法については、「入試当日の受検する学校での態度」が基本になります。普段できていないことを入試当日にしようとしても、上手くいきません。あいさつや礼の仕方、言葉遣いは気をつけて当然です。それに加え、休み時間の過ごし方やちょっとした仕草にも、気をつけましょう。例えば授業中、足が机の下からはみ出ていないか、時折確認してみまましょう。だらしない格好になっているかもしれません。試験中にそんな姿勢をすることはできません。

忘れ物に関しては、普段の生活からもっと減らすような意識をしなければいけません。もし入試当日に忘れ物をした場合、かなりの動揺があるはずです。入試で実力を十分に発揮するためにも、普段から必要なものを早めに準備をするようにしましょう。普段の生活が出るのが入試です。

ほっとしている暇はない

二十一日（金）に後期中間テストが実施されました。おそらく、今日中にすべての教科が返却されるでしょう。これまでなら、テストが終わって少しのんびりできたかもしれません。しかし、三年生は入試が終わるまでゆっくりする暇はありません。むしろこれからが正念場です。

三Aの皆さんに共通するのが、範囲の広いテストに弱いところです。例えば社会科の場合、学力テストに出題されるのは、定期テストと同じような問題です。しかし、数か月前に学習した内容なので、忘れていて解けないことが多々あります。テストの解説の時に、「定期テストにも出したけど」という言葉を、私は毎回言っているような気がします。

範囲の広いテストに対応するには、定着するまで繰り返し同じ問題を解くしかありません。そのためには、継続的な学習が大切です。三月まで、毎日四時間家庭学習です。それが受験生の務めです。

総合の時間も活発に

先週から，総合的な学習の発表会に向けた準備を始めました。3年生は郷土と進路の２つの内容で発表します。先週は２つの班に分かれ，発表内容と発表方法について話し合いました。どちらの班でも，全員が意欲的に話し合いに参加し，活発に意見のやり取りを行っていました。

教科の授業だけではなく，総合や道徳の時間なども全員が意欲的に参加するのが，３Ａの持ち味です。発表会は１２月１８日（木）です。他学年の模範となるような発表を期待します。

次回（第３５号）の予告…公立入試まで３か月，社会科出張授業　他（１２月１日（月）発行予定）

進路選択を前に，トップ記事の内容と見出しを学級目標の「全力疾走」に関連付けました。３年生の秋から冬にかけては，受験に直面することで，学級への意識が希薄になりがちです。学級目標との関連付けにより，学級という集団の１人として受験に臨む意識が高まりました。

決意を固め　意欲を高め

2016年11月28日（月）　函館市立亀田中学校　3年6組　学級通信「亀の湯」　第35号

決意を固め　意欲を高め

亀の湯

第３５号

函館市立亀田中学校

発行　3年6組学級担任　川端裕介

3年6組学級目標
みんなGU（自由）　みんなAU（英雄）
～37+1の挑戦！～

今週から三者懇談
ゴールを明確にして一層の努力を

今週から三者懇談が始まります。受験（受検）する学校を決める時が訪れました。目標を明確にし、四か月後の自分の姿を想像することで、一層の努力を重ねる機会にしましょう。

教室で三者懇談の話をすると「いやだなあ」という反応が返ってきます。たしかに、厳しい話が中心になるかもしれません。三者懇談では、志望校に現状では届いていないという話をする場合もあります。「絶対」や「大丈夫」という言葉が通用しないのが受験です。不安や緊張を抱えて面談を迎える人もいるでしょう。

しかし、三者懇談は不安をあおる場ではありません。志望校合格への道のりは厳しいものですが、けっしてたどり着けないものではないとわかってもらう場です。そして、その厳しい道をどのように進むべきかを、生徒・保護者・学校で共通理解するための機会が、三者懇談です。**面談を終えて教室を出る時に「がんばらなきゃ」という決意を固め、「がんばりたい」という意欲を高めるのが最大の目的です。**

人は、ゴールが明確な方が努力しやすいものです。これまでは勉強に身が入らず、ゲームやDVD鑑賞、SNSなどに流されていた人たちも、変わるはずです。志望校の合格のために足りないことが明確になれば、自分の欲望を抑え、周りの誘惑を退けることができるようになります。

さあ、学級目標の通り、最後の「挑戦」の時が来ました。未来のために、覚悟を決めましょう。

緊張の一瞬　面接練習

面接の手本を見せることになった天斗さん。緊張に負けず、立派でした。

入試に向けた面接練習が始まりました。二十二日（火）には面接のしおりを配布し、入退室の礼法について説明しました。

その際、私が流れを説明した後、くじで選んだ人に実演してもらいました。幸か不幸か、最初に選ばれたのは天斗さんです。最初ということもあり、動きに戸惑う場面もありましたが、何とかやり遂げていました。さすがです。オペラ「アイーダ」などで鍛えた度胸を感じました。

次に選ばれたのは、潤也さんです。ぎこちなさはあったものの、大きな間違いもなく手本を見せていました。

面接の入退室の手本を見せる潤也さん。

他の皆さんは、二人の手本を楽しそうに見ていました。しかし、次は皆さんの番です。緊張感と、礼法の意外な難しさを実感するのは、すぐ先です。

たこめしに舌つづみ

二十一日（月）の給食では、食育の一環として三重県の郷土料理である「たこめし」が出されました。他校では別の食缶に盛られた具とご飯を給食当番が混ぜていたそうです。本校では調理員さんが事前に混ぜてくださっていました。そのおかげで、ご飯の容器のふたを開けた瞬間に、ふわっと香りが広がり、周りの人が「お～」と歓声を上げていました。

たこめしは醤油とだしで味付けられ、生徒の評判も上々でした。その証拠に、おかわりの声が相次ぎ、食べ残しは普段の三分の一以下でした。

たこめしをおいしそうに食べる萌乃さんと綺さん。

給食の良さは、このように普段なかなか食卓に上がらない料理を口にできる点にあります。給食も卒業まで残り五十回余りです。食べなれない料理や食材にも挑戦しながら、おいしく食べましょう。

パチンと倫太郎

面接練習で使うプリントを重ねてホッチキスで留める作業をしていた時です。倫太郎さんが、右の写真のように「パチン！…パチン！」と他の人の資料を留めてあげていました。このような気遣いを何気なくできるのは、とてもすばらしく、格好の良いことだと思います。

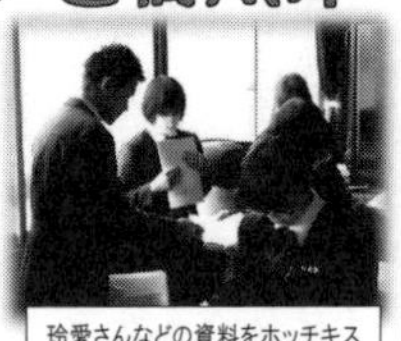
玲愛さんなどの資料をホッチキスで留めてあげる倫太郎さん。

受験に向けて、マナーに気を付け、身だしなみを整える意識が高まっていますが、このような気遣いこそ、高校側が求めていることなのかもしれません。見ていて心がじんわりと温かくなりました。

【格言～未来へ歩む参考に～】●●●●●●●●●●●●●●●●●●●●●●（●●●●）

実例89と同様に，学級目標の「挑戦」と受験を関連付け，受験が最後の挑戦であると伝えました。また，受験一色になると，教室が重苦しい雰囲気になりがちです。そこで，給食の様子や親切な行動など，心が温まるようなエピソードや，和やかな教室の様子を紹介しました。

実例 91 ■3年生 ■「亀の湯」第35号裏（2016年11月28日発行）

親の心を知る子に

２０１６年１１月２８日（月）　函館市立亀田中学校　３年６組　学級通信「亀の湯」　第３５号

親の心を知る子に

今回紹介するのは、期末テストの取組と結果についての生徒反省と保護者の方からのコメントです。親子のコメントを横に並べてあります。６組の皆さん、親御さんたちが忙しい中でコメントを書いてくれる、その思いを感じていますか。「合格したい」という皆さんの心の奥底の部分をわかっているからこそ、心を鬼にして厳しい言葉をかけているのです。

その親心を感じ取っている生徒も、少しずつ増えているようです。親子の「一言」を読み比べると、以前（例えば「亀の湯」２１号紹介の夏休みの時）より、親子の認識のずれが減ってきたように感じます。６組の皆さん、その場限りの反省で終わらず、行動に移しましょう。

内容にも文字の量にも溢れる親心

子から一言

もっともっと勉強すべきでした。高校受験は一生に一度しかないので、後悔しないよう、今からやっていきたいとあらためて思いました。がんばります。

もう少し要領よく勉強します。
そしてもっと点数が上がるようにがんばります。これからが僕の挑戦です。

今回は、基本問題は解けたが、応用問題は解けなかったので、次（学年末）は全部解く気持ちで挑みたいと思います。

技能系教科をもう少し勉強すれば良かったです。次は学年末テストなので、勉強を倍増させてがんばります。

中間より勉強が少なかったと思います。学年末は一番良い点数を取ります！

３年生のテスト勉強の中で、一番多く量をやったと思います。この勢いのまま、入試に突入します！

テストが終わってめちゃ気が楽になりました。だけど、今後も気を抜かずにがんばりたいと思います。

私は今回のテスト範囲で苦手な単元がいろいろあって、すごく不安でした。でも自分なりにがんばりきることができて良かったです。もう今からしっかり勉強して本番に備えたいと思います。気を抜かないでしっかりやりたいと思います。

親から一言

苦手な教科はもうわかっているので、そこから目をそらさず、理解するまで何度もやりましょう。
最後まで緊張感を保ち、悔いの残らないようにしましょう。

「やる気が出ない」などと言っている場合ではありません。つらい道を避けないこと。自分の目指す場所にたどりつくためには進まなければいけません。がんばりましょう。

点数に関しては「あの程度の勉強量」にしては取れた方だと思います。それが「慢心」や「油断」にならなければ良いけどね。今後はとにかく過去問を数多くこなすなど、本番の問題に慣れてください。それと「時間」をとくに意識して！集中して勉強する時間と休憩する時間をキッチリ決めてメリハリをつけるように！気にし過ぎるくらいがちょうど良いです。でないと生活もお腹もたるむわよ！！

目標をもち計画を立て家庭学習に取り組み、がんばっていたと思います。これから受験に向けて、一日一日を大切に過ごし、時間の使い方を工夫し、体調に気を付けてがんばってほしいと思います。

塾で自習をしていると言って、家では寝てばかりで、私としてはまだまだ足りません。自分の置かれている状況をもっと理解してほしい。「勉強いつするの？今でしょ！！」を改めて標語にしたいです。

後半は時間が足りなかったようですが、本人なりに勉強したようです。今回の目標「目標を高くもち、その点数に１点でも近づける。」これを、受験の目標にもしてほしいです。

毎日こつこつ勉強できれば、結果も上がると思うのですが。テスト勉強だけではなく、少しでも毎日がんばってほしいものです。

何とかテストを終え、脱力感でいっぱい…受験はこれからが本番なのに…がんばれ、がんばれと言うことも言われることもお互い疲れ気味。でも本当に残りわずか。明るい未来のため、笑顔で結果を迎えられるよう、もう少しうるさく言わせてもらいます！！がんばっているのはわかります。でもがんばって！！

次回（第３６号）の予告…学級目標達成度／学級力アンケート／進路に向けた「個人調査書」　他（１２月５日（月）発行予定）

テストや長期休業中の振り返りを紹介する際に，子どもと保護者の声を横に並べて紹介する形を続けてきました。入試が迫る中，生徒の反省はより具体的になり，保護者の方の思いはさらに強くなっていきました。継続的な取組がマンネリ化せず，中身の濃いものへ発展しました。

実例 92

■2年生　■「亀の湯」第34号表（2015年11月30日発行）

12月の課題は毎日の生活

2015年11月30日（月）　函館市立亀田中学校　2年2組　学級通信「亀の湯」　第34号

亀の湯

第34号
函館市立亀田中学校
発行　川端裕介

2年2組学級目標
A・Y・K！

12月の課題は毎日の生活

二〇一五年の締めくくり
来年はもう受験生

明日から十二月に入ります。この一年間と二学期の締めくくりとして、授業や家庭学習、あいさつなど、当たり前のことを徹底しましょう。それが、受験という大きくて長い壁を乗り越える原動力になります。

二学期の終わりまで残り一か月を切りました。二年二組として過ごす時期も、残り四か月ほどです。大きな行事やテストが終わったためか、教室での様子を見ていると、冬休み気分と言うか、生き生きしている人が多いように感じます。

しかし、二〇一五年の集大成として、気を引き締めて毎日の生活を送ってほしいと思います。この時期は、新しく何かに挑戦するというよりは、これまで努力してきたことを続けるのが大切です。学校全体で力を入れている、あいさつや授業への意欲的な参加を続けましょう。また、忘れ物の多さなどの学級の課題については、少しでも改善できるように学級全体で意識を高めるようにしましょう。

この一か月間は、これまでがんばってきたことや気を付けてきたことを徹底し、自分や学級の成長を確認する期間です。すべきことをきちんと続けて、成長に自信をもって来年を迎えるようにしましょう。

二〇一六年は、受験生になる年です。先日の学年茶話会では、保護者の皆さまから「進路について真剣に考えている様子がない」「勉強が足りていないのに行動に移さない」などのご意見がありました。二組の多くの生徒が自覚していないかもしれませんが、受験まで残された時間はそれほど多くありません。一月になればもう受験生であるという自覚をもち、今からできる準備をしましょう。

自己判断と自己管理
冬に適した服装を

先週から冷え込みが一段と強まり、週末には学校周辺でも積雪が見られました。例年より少し遅く、函館にも冬が訪れました。

そのような中、心配なことがあります。登下校時の服装です。コートやウィンドブレーカーを着ている生徒は、学級全体の六割ほどです。手袋をはめているのは全体では三割ほどですが、男子はほとんど用意していないようです。

寒さを感じるためか、男女とも、ポケットに手を入れながら登下校する姿も見られます。転倒すれば大けがにつながりかねませんし、印象も決してよくありません。体調を崩すきっかけにもなるので、温かい格好をしてくるように学校では呼びかけています。

また、校舎には廊下などの暖房がない場所や弱い場所がたくさんあります。温かい肌着を身に付けたり、カイロをもってきたりする工夫もしてほしいと思います。

中学二年生であれば、体調管理を自分で行うことが望ましいと思います。「言われなくてもきちんと準備する」ことを目指しましょう。

冬の掲示物つくり
和気あいあいと

先日の学級の時間に、冬を題材にした掲示物づくりを行いました。いくつかのデザイン例を参考にしながら、画用紙を使って合計五十個ほどの掲示物が完成しました。雪だるまや雪の結晶、こたつ、みかんやサンタクロースなど、かわいらしい作品がたくさんできました。

これらの作品は今週中に教室に飾る予定です。保護者の皆様は、懇談で来校された時に掲示物もご覧になっていただければと思います。力作ぞろいです。

掲示物づくりの様子

柔道女子

うれしい話を耳にしました。体育の授業で、先週から男子に引き続き、女子の柔道が始まりました。その柔道の授業に、２組の生徒がとても意欲的に参加しているそうです。教科担任の髙橋先生が「すごく一生懸命で良い」とほめていました。

柔道は体育の授業の中でも接触が多い競技です。「痛い」「怖い」「はずかしい」など、否定的な印象をもつ生徒が、少なからずいます。しかし、２組の生徒は授業中にそのような態度を見せず、楽しみながら柔道の授業を受けているそうです。とても立派なことだと思います。

柔道を始めとして、武道は礼儀作法や相手を尊重する姿勢を学ぶ良い機会でもあります。私も剣道を習っていました。武道は、学校以外で体験することが難しい競技です。授業に意欲的に取り組む中で、武道の良さをぜひとも感じ取ってほしいと思います。

次回（第35号）の予告…２学期をふりかえろう　他（12月7日（月）発行予定）

12月は１年間の反省や２学期の反省をして来年に備えるべきであることや，中学２年といえども年明けからは受験生としての意識をもつことを伝えました。また，保護者懇談で同様の話をしていたため，保護者と連携しながら生徒の気を引き締めることができました。

12月の学級通信

実践編

2を死守！

第３６号　　八雲町立熊石第二中学校　２年Ａ組　学級通信「ジャンプ」　　２０１３年１２月２日（月）発行

2を死守！

ジャンプ

第３６号
熊石第二中学校
発行　川端裕介

①2を死守！～今度こそ忘れ物一ケタへ～
②初めての
③ケガを乗り越える
④保護者の皆様へ

2年A組学級目標
自進

今度こそ忘れ物一桁へ

先週、残念なことがありました。全校集会で恒例の忘れ物の集計発表で、二Aがビリになりました。今年度初の不名誉な事態です。

改善は見られます。先週一週間での忘れ物は、学級全体で二つだけでした。

この意気で、次の発表では忘れ物一桁を達成することを願います。集計の締め切りは来週の九日です。普段より集計期間が短い分、チャンスがあります。忘れ物をしないために、次の二点を意識しましょう。

脱・雑

一点目に、教科連絡黒板と、提出物が書いてあるホワイトボードを確認し、きちんと生活ノートに写しましょう。それが忘れ物をしない基本です。さらに普段は用意しない物は、色を使って目立つようにしましょう。

生活ノートの記入や持ち物の準備のような、毎日行う何気ないことほど、つい手を抜いてしまうものです。しかし、雑になってしまうと忘れ物につながります。まずはこの一週間、雑なメモや、適当な持ち物の準備とはお別れしましょう。

家庭学習も

二点目に、家庭学習を地道に行いましょう。家庭学習と忘れ物には、密接な関係があります。なぜなら、宿題のプリントやノート・ワーク提出を忘れる人が多いからです。

宿題やノート提出は、提出期日が迫ってからではなく、課せられた日に終えましょう。そうすれば、忘れることはありません。逆に「面倒くさい」と後回しにすると、忘れてしまいます。

今年も残り一ヶ月を切りました。一年生の頃から、忘れ物の多さは学級の課題でした。その課題を今年の内に克服しましょう。それも「自進」につながります。

保護者の皆様へ

今週の六日（金）には、二年生の教科懇談会があります。ご家庭によって来校時刻が異なりますので、今日配布したプリントでご確認ください。また、ひと足早く、先週に面談を実施した保護者の皆様におかれましては、お忙しい中お越しいただき、ありがとうございました。

初めての

バドミントンの大会での賞状を手にする慧さんと風香さん。

バドミントン部の二年生が、初めて大会で入賞しました。十一月二三日（土）に今金町で行われた、檜山新人バドミントン交流会で、慧さんと風香さんがそれぞれ三位に入りました。二人とも、一年生と組んでのダブルスでした。小さな大会ではありますが、立派な結果です。

慧さんは十月から部長としてチームをまとめています。部全体のことを考えた言動や行動が、随所に見られるようになってきました。リーダーとしての成長を感じます。

風香さんは、副部長として、また女子のまとめ役として、持ち前の思いやりを十分に発揮しています。部長を支える役割を見事に果たしています。二人とも、部全体を見る経験が、きっとプレーにも好影響を与えたのだと思います。

最後の大会である中体連までは、残り半年ほどです。バドミントン部も卓球部も、残された時間は決して多くありません。初心者からのスタートだった皆さんです。成長の余地は大いにあります。

月並みですが、後悔をしないように、日々の練習に打ち込んでほしいと思います。そうすれば、結果は自ずとついてくるでしょう。

ケガを乗り越える

最近、放課後に職員室前を走る姿が見られます。知恵美さんが中野先生、井田先生、松井さんと「スロージョギング」（ゆっくりと長時間走るトレーニング）を行っているからです。

膝の手術を終えてから、何ヶ月も厳しいリハビリに取り組んできた知恵美さん。その努力の成果が表れ、次第にできる運動が増えたそうです。完全復活までもう少しでしょうか。

また、バドミントン部では紫帆さんが一ヶ月ぶりに復帰しました。怪我は完全には癒えていませんが、遅れを取り戻そうと一生懸命に練習しています。

怪我は、肉体だけではなく精神的にもつらいものです。しかし、乗り越えることで心はとても強くなります。二人の姿を見て、そう感じました。

今年も残り一ヶ月。部活は残り七ヶ月。入試は残り一年三ヶ月。

来週の「ジャンプ」予告（１２月９日）…残り１１日ですべきこと　他

トップ記事では，学習用具や宿題の忘れ物を減らすための方法を提案しています。見出しに2という数字を使い，見出しで関心を引くようにしました。また，忘れ物を減らすためには家庭学習をきちんと行う必要があると伝えたことで，学習への意識を高めることができました。

2年生　「亀の湯」第36号表（2015年12月14日発行）

1年後に後悔しないために

2015年12月14日（月）　函館市立亀田中学校　2年2組　学級通信「亀の湯」　第36号

1年後に後悔しないために

亀の湯

第36号
函館市立亀田中学校
発行　川端裕介

2年2組学級目標
A・Y・K！

進路への危機感を
個人懇談を終えて

先週まで五日間にわたり、二組の保護者の皆様と個人懇談を行いました。その話題の中心になったのが、進路に関するものでした。一年後の三者懇談が進路決定の場になります。一年後に後悔しないため、今から努力をすべきです。

個人懇談では、学校の様子から恋愛事情まで、多岐にわたる内容をお話しました。その中で、どの保護者の方とも一番長く話したのが、進路です。これまでの成績やテストの結果を元に、希望する進路を実現するための課題についてお話させていただきました。その際、「家の子は危機感がなくて、何を言っても行動に移さなくて…」、「机で勉強していると思ったら、スマホばかりしていて…」といったお話を何人もの保護者の方から伺いました。

たしかに、二年生のこの時期は学習以外のことに関心が向きやすい時期です。しかし、一年後の三者面談で希望進学先を決めることを考えると、気を抜いている場合ではありません。また、先日は現時点での内申ランクを元に志望校を考えましたが、現実の厳しさを実感した人も多かったことでしょう。もっと危機感をもつべきです。

希望する進路と現状の成績に差がある人でも、今から努力すれば間に合う可能性があります。なぜなら、将来同じ学校を志望するライバルも、今の皆さんと同じ状況、つまり進路への危機感がない状況かもしれないからです。

二組の皆さんにとっては、今が最大のチャンスです。入試は、「いつスタートしても良いマラソン」に例えられます。この冬の内に、ライバルが走り出す前に、ゆっくりでも良いので一歩ずつ走り始めましょう。

掲示物で気分を温かく
クリスマスからお正月まで

十二月に入り、教室の掲示物を秋から冬へと変更しました。

手作りの力作ぞろいです。眺めていると、心が温まります。

生かそう　せっかくの機会
検定のすすめ

現在、漢字検定と英語検定の校内試験の募集をしています。今年度最後の募集となります。検定には対策の学習が不可欠ですし、若干の検定料もかかります。しかし、次のような良い点があります。

一点目に、復習には絶好の機会です。検定では、実力に応じて級を選択できます。そのため、例えば英語検定であれば、英語が苦手な人は五級や四級、得意な人は三級や準二級に挑戦することで、自分のレベルに合った復習ができます。

二点目に、目標が明確になり、意欲的に学習できるようになります。冬季休業中の学習として、検定対策は最適です。

三点目に、漢字検定や英語検定は、高校入試などで書類に記入できる資格です。「進路に有利」などとは一概には言えませんが、資格がないよりはあった方が良いのは当然です。

今まで各種検定に興味がなかった人も、せっかくの機会を生かしてみてはどうでしょうか。なお、漢字検定は十六日（水）、英語検定は十七日（木）が申し込みの締め切りです。将来のために、何事も挑戦です。

緻密なサンタさん

緻密な雪だるま

チェックの服がかわいいサンタさん

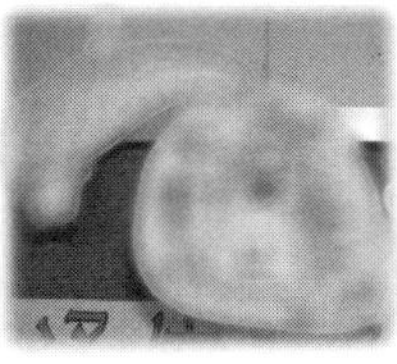
キャラクターもクリスマスバージョンに

こちらの雪だるまは、画用紙を上手に貼り合わせています。

インドア派　2組

亀田中学校では、廊下に暖房が入りません。そのため、昼休みは暖かい教室で過ごす人が多くなります。とくに2組はその割合が多く、ほぼ全員が教室にいる日さえあるほどです。「2組はインドア派だから」という声も聞こえています。

そこで、昼休みの遊び用に、先週からトランプなど置いています。その人気はすさまじく、ごちそうさまのあいさつと同時に保管場所で人が殺到するほどです。数に限りがあるため、「一緒に遊ぼう」「いいよ」といったやりとりが見られます。ほほえましい光景です。

寒い冬こそ、仲間との温かい交流を大切にしてほしいと思います。それも学級目標「安心できる学級」につながるはずです。

次回（第37号）の予告…2学期を振り返る、学級目標到達度調査、綱引き大会参加　他（12月21日（月）発行予定）

12月は，3年生が三者懇談で受験校を決めます。その時期に合わせて，2年生にも進路を意識するように伝えた例です。2年生の2学期は「中だるみ」をしやすいと言われます。しかし，進路について考えさせることで，生徒は気を引き締めて2学期を終えることができました。

3年生　「亀の湯」第36号表（2016年12月5日発行）

実例 95　100日後の卒業に向け

2016年12月5日（月）　函館市立亀田中学校　3年6組　学級通信「亀の湯」　第36号

100日後の卒業に向け

亀の湯

第36号
函館市立亀田中学校
発行　3年6組学級担任　川端裕介

3年6組学級目標
みんなGU（自由）　みんなAU（英雄）
～37+1の挑戦！～

さらなる自由・英雄・挑戦を
成長した現状に満足せず

二学期の振り返りとして、第二回学級目標達成度調査と学級力アンケートを実施しました。この好結果に満足せず、最高の形での卒業を目指して、学級の課題と改善の方策を考えます。

学級目標達成度とは、学級目標「みんなGU（自由）　みんなAU（英雄）～三十七＋一の挑戦！～」の達成状況を六組の生徒一人一人が評価する取組です。それぞれの基準には差がありますし、目標の解釈も多少の個人差があります。しかし、数値化することで学級の現状をわかりやすく把握できるという利点があります。

数字を見ると、達成度は全体的に上昇しています。記入時には前回の数値をあらためて知らせていません。それにもかかわらずに達成度が上昇したのは、六組の皆さんが学級の成長を実感していることの表れです。

続いて、それぞれの達成度にした理由を紹介します。「みんなGU（自由）」については前回も高い数値でしたが、今回はさらに上昇しました。その理由として「一学期よりもみんな仲良く、一人一人の個性を出して生活している（一〇〇％）」という意見などが出されていました。その一方で「自由に発言していた。残りの五％は自由が行き過ぎた発言（九十五％）」という指摘も重要です。今後の課題は、仲間への配慮と尊重を忘れずに自由な雰囲気を高めることです。

次に、第一回の達成度が比較的低かった「みんなAU（英雄）」では「美原祭の合唱の時に英雄っぷりを出した（九〇％）」や「美原祭で、皆それぞれの英雄を見ることができた（八〇％）」など、学校行事を通したがんばりが評価されました。一方で「一人一人、しっかりと意見をもっているのにそれを言わないでそのままにしている（六〇％）」という意見もありました。「英雄」となるには、仲間のために行動することが大切です。その一つの方法が、自分の意見を表明することです。これも今後の課題です。

最後の「三十七＋一の挑戦」についても合唱コンクールに関する意見が多く見られました。「美原祭での合唱コンクールで難しかった「ある真夜」に挑戦して銀賞をとった」などです。また「受験への挑戦が残っているので一〇〇％ではない」という意見が多く出されていました。たしかに、その通りです。

公立入試まで九十二日、卒業まではちょうど百日です。百日後の三月十五日に、六組全員が満足して卒業するために、学級目標を意識し、仲間とさらに協力し、皆で努力を重ねましょう。

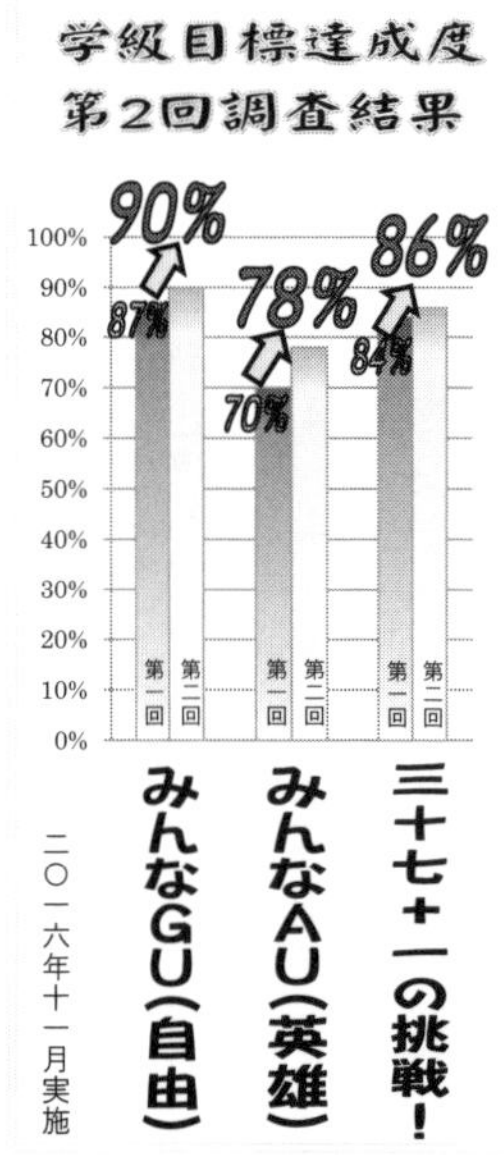

データを元に一層改善

学級目標達成度調査を合わせて「学級力アンケート」を実施しました。これは、学級の様子について右のグラフのように六つの観点から二十四の設問に答えることで、学級の現状と課題を可視化するアンケートです。上述の学級目標達成度調査は私の考案したものですが、学級力アンケートは全国的に実践されているものです。しかし、私が見た例の中で今回の六組ほどの高い数値は、稀です。皆さんが六組を良い学級だと自負していることの表れでしょう。

しかし、この結果に満足しないでほしいと思います。六組はもっと良くなります。卒業までの百日間にできることを考え、実行に移しましょう。

そのために、今週の学級の時間に、より良い学級づくりのために話し合う場を設けます。学級力アンケートと学級目標達成度調査の結果を詳細に分析した上で、先週出した個人の意見を参考に、今後の百日間の行動目標を話し合って決めたいと思います。**データを元に冷静に分析しながら、話し合いでは熱い思いを表明し、六組が「最高の学級」となるために力を入れるべきことを明確にしましょう。**

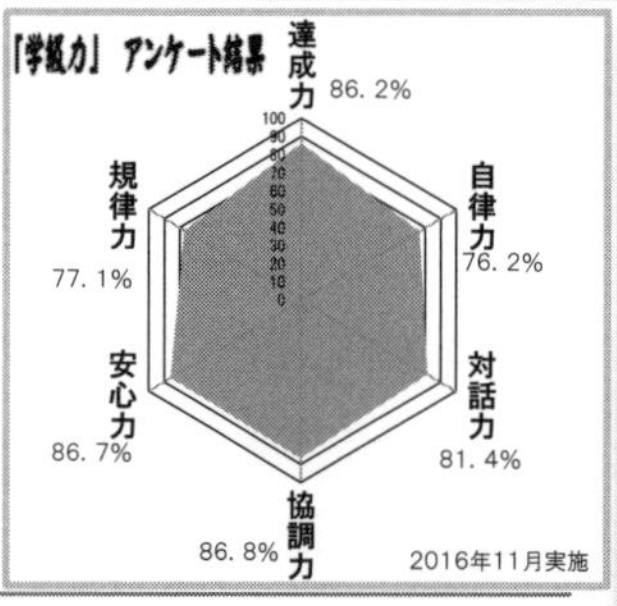

【格言～未来へ歩む参考に～】●●●●●●●●●●●●●●●●●●●●●●●（●●●●）

3年生の冬になると受験一辺倒になり，学級への意識が希薄になりがちです。受験勉強は重要ですが，同時に中学校の卒業が迫っていることを意識させることも大切です。そこで，学級に関するアンケート結果を紹介し，卒業までに学級の力をさらに高めるように呼びかけました。

実例 96

3年生 「喜怒哀楽」第35号表（2014年12月1日発行）

専門家も驚く高度な議論

2014年12月1日（月）　八雲町立熊石第二中学校　3年A組　学級通信「喜怒哀楽」　第35号

専門家も驚く高度な議論

喜怒哀楽

発行
八雲町立熊石第二中学校
3年A組担任　川端裕介

3年A組学級目標
最高の学級
［全力疾走］
～二中を支える柱となれ～

法について学ぶ
弁護士　出前授業

十一月二十八日（金）の社会科の時間に、弁護士の先生方を招いた授業を実施しました。三Aの十名全員が授業に意欲的に参加し、とくに話し合いの場面では、根拠を明確にしながら、活発に議論する様子が見られました。

説得力のある意見を述べる涼凪さん

函館や江差から弁護士の先生方を五名招いて実施した今回の授業。ある男女間の契約（婚約破棄）を題材とし、契約の有効性や損害賠償の請求ができるかどうかを議論しました。

具体的には、設定された様々な条件から、婚約が成り立つかどうか、そして、損害賠償が請求できるかどうかを議論しました。議論の中では、一〇人全員が自分の感情や感覚に加え、設定された条件を詳細に検討し、論理的な意見を述べていました。その高度な議論に、弁護士の先生方も「すごい」「高校生と変わらない」と感嘆の声を挙げていました。

その高度な議論の中で、私がとくに印象に残ったのは、涼凪さんと翔さんです。涼凪さんは議論の中で、婚約が破棄された女性に対し、「結果は不幸だったけれど、六年間の遠距離恋愛をした青春そのものが不幸になったわけではない」と発言し、班内の他の生徒をうならせていました。そして、班の結論を損害賠償ができない方向に導きました。

もう一方の班は、損害賠償ができるという意見にまとまりつつありました。しかし、一人異論を唱え続けていたのが、翔さんです。翔さんは婚約指輪とされるものの価格が五千円という事実に着目し、「いつまでに結婚するという明確な婚約のための指輪ではない」などの主張をしていました。弁護士の先生からも「本当の裁判みたい」とほめられていました。

熱弁をふるう翔さん

また、授業の前半には、婚約の当事者や関係者になりきって、それぞれの意見を応酬する場面がありました。その場面でも、拓海さんや風香さん、涼凪さんが役になりきってセリフを言っていました。また、あまねさんやなみさんは意欲的に挙手し、相手側の主張に反論をしていました。

私や弁護士の先生方の予想を超える、内容の濃い授業でした。とくに話し合いの場面での真剣で論理的な議論は、見ていてとてもうれしくなりました。

休み時間に弁護士バッジを見せてもらう様子

優先順位をまちがえない
公立入試まで三か月

公立高校の学力検査は、三月三日です。今日は十二月一日。入試まで、ほぼ三か月となりました。時間との戦いがこれまで以上に重要になってきます。

例えば、毎日二ページずつ問題集を解いたとしても、入試までには一八〇ページ、五教科で割れば三六ページしか解けません。これでは、学校のワークを解くだけで入試当日を迎えてしまいます。

したがって、学習時間と学習量を増やすとともに、自分にとって必要な学習に優先順位を付ける必要があります。テレビやゲーム、インターネットを後回しにするのは当然です。合格という大きな喜びを得るためには、がまんが必要です。計画的に、粘り強く学習するしかありません。

立派！作文・検定での好成績

先日、拓海さんが全国小・中学校作文コンクールにおいて佳作を受賞しました。作文の内容は、広島の原子爆弾や平和への願いをつづったものです。拓海さんは、八雲町の平和学習事業にも積極的に参加しました。今回の受賞は、学んだことをしっかりと生かしている一つの証拠だと思います。

また、先日は英語検定の三級に知恵美さんが見事に合格しました。英語の先生の指導の下、二次試験の面接対策に取り組んだ成果が表れました。合格の通知が届いた時には、教室で自然と拍手が起こりました。

拓海さんや知恵美さんのように、学校の学習以外の場でも努力する姿勢は、とても立派です。また、良い結果にうれしく思います。

今週の土曜日には数学検定があります。三Aからは四名が挑戦します。先週は放課後に補講を受けるなど、準備に励んできました。良い結果を期待しています。

ある生徒の日誌から

「自分，甘いぞ。非常に自分に甘い。一体自分が何をしなければいけないのか，しっかり考えて行動しなくては。」

これは，ある生徒の生活ノートに，中間テスト後に書かれた一文です。学習が足りなかったことを自覚し，反省している様子が伝わります。受験は，自分の甘さや弱さとの戦いです。つらく，長い戦いです。しかし，努力すれば勝てます。自分の将来を自分の手でつかむため，自分の甘さを克服し，1分1秒でも多く受験勉強をしましょう。

次回（第36号）の予告…希望進路の実現に向けて，総合的な学習発表会に向けて　他（12月8日（月）発行予定）

トップ記事では，社会の時間に弁護士の方々をゲストティーチャーとして招き，法教育に関する学習を行った様子を紹介しました。3年生のこの時期でも，受験対策だけではなく，将来に生きるような深い学びを行っていることを，保護者や地域の方々に伝えることができました。

実例 97 ■3年生 ■「喜怒哀楽」第36号裏（2014年12月8日発行）

動物の声が聞けたら

2014年12月8日（月）　八雲町立熊石第二中学校　3年A組　学級通信「喜怒哀楽」　第36号

動物の声が聞けたら

先週の道徳の時間は、「自然への畏敬」をテーマに、架空の動物裁判を行いました。未来に動物の思考を理解する装置が開発され、動物が人間に対して裁判を起こしたらどうなるかという設定で、模擬裁判を行いました。動物側と人間側に分かれてそれぞれの主張をぶつけ合いましたが、議論に熱が入り、予定していた時間では足りないほどでした。二十年ほど前に実際に行われた、「アマミノクロウサギ訴訟」を参考に私が考えた授業です。

人間も自然の一部であり、その恩恵なしでは生きられない存在ですが。そのことを忘れてしまうのが現代の世の中です。環境問題が地球規模の課題と認識されて数十年。これからの時代こそ、自然との共生を意識しながら暮らさなければいけないのかもしれません。

「動物裁判」の概要

二〇XX年、科学技術の進歩により、動物の考えを人間がわかるように翻訳する装置が開発された。さらに、地球環境の悪化に伴い、国際連合で「自然の権利条約」が採択され、日本では「動物基本法」や「動物民事訴訟法」が制定された。これにより、動物が人間に対して訴訟を行ない、裁判で争うことが可能になった。

その結果、日本各地で動物たちが、人間による被害を訴える事例が相次ぎ、ついに北海道でも、動物たちを原告、北海道の住民を被告とする裁判が行われる。

【原告の要望】

- **動物の生息地を破壊する道路や土地の開発の停止。**
- **動物の減少につながる経済活動の制限。**
- **動物が減ったことへの損害賠償。**

被告側（人間たち）の主張

【メンバー】農家代表（悠馬さん）・漁師代表（ななみさん）・林業代表（知恵美さん）・土木建設会社代表（風香さん）・北海道知事（涼凪さん）

「動物に住みかが必要なように、人間も住む所を作るためには仕方のないこと」

「動物たちは農作物を食べる被害を出す」

「生きていくには仕方がない」

「北海道の発展のためには仕方ない！少しの犠牲は必要だ」

「保護センターや動物園、養殖場を整備して絶滅しないようにする」

原告側（動物たち）の主張

【メンバー】エゾオコジョ（あまねさん）・シマフクロウ（翔さん）・エトピリカ（拓海さん）・チシマウガラス（紫帆さん）・イトウ（慧さん）

「人間たちに土地を奪われている」

「人間のせいで天敵のカモメが増えた」

「森林をむやみにきったせいで住みかがなくなった」

「異常な量の漁で仲間が減った」

「自己中な人間たちめ！」

「動物だって、生きるのもどこに住むのも自由だ。動物園や水族館のような所で保護されたくない！」

自然に対して人間はどう関わるべきか

・もっと自然に対して寄り添うべき。【紫帆さん】

・自然の中にも立ち入って良い所と良くない所があると思うので、そこをしっかりと判断すべき。【風香さん】

・自然を破壊する以外で、動物たちにも人間たちにも利益が生まれる方法を考える。【翔さん】

道徳の時間の感想

それぞれの立場があるからこそ「対立」が生まれるのかもしれないけれど，その中でも必ず，誰にでも平等の価値はあるはずだと思った。正直，今の日本では人間・自然・動物の共存を確立するには絶対時間がかかると思う。それでも共存はするべきだと感じた。【翔さん】

環境破壊や動物の絶滅など，人間のしてきたことが原因なのが残念なことだと思う。実際に動物たちの声が聞けるとしたら，動物たちは人間に対して言いたいことがたくさんあるだろう。しかし，人間にも生きていくためには仕方がないこともあるので，難しいなと思った。これからは，自然と動物，人間が共に生きていける環境づくりが大切だと思う。【知恵美さん】

【最高の学級ためのひと言】受験する学校が決まりました。合格のためには，自分に厳しくする覚悟が不可欠です。

道徳の時間に，ロールプレイをしながら裁判の形で討論をした様子を紹介しています。実例96と同様に，中学3年生の後半になると，大人顔負けの議論ができるようになります。生徒が学びを通して成長する姿を保護者に伝えると共に，生徒も自分たちの成長を実感できました。

実例 98

■3年生 ■「亀の湯」第38号表（2016年12月19日発行）

息を止めるほど集中して

2016年12月19日（月） 函館市立亀田中学校 3年6組 学級通信「亀の湯」 第38号

息を止めるほど集中して

亀の湯

第38号
函館市立亀田中学校
発行 3年6組学級担任 川端裕介

3年6組学級目標
みんなGU（自由） みんなAU（英雄）
～37+1の挑戦！～

願書の清書完了 姿勢に表れた強い意思

先週、願書を清書しました。入試本番のような集中力でした。この集中力を持続しましょう。

集中して願書を記入する悠太さん。

十五日（木）の午後から、受験（受検）する学校すべての願書を記入しました。前の週に練習したものを見ながら、静まりかえった中で、真剣に鉛筆とペンを動かしていました。

記入の様子を見ていると、例えば、茉惟さんは息を止めるほど集中し、少し書き終わるたびに「ふうー」と大きく息を吐いていました。真剣な思いが、美しく丁寧な字として表れていました。

また、佑樹さんや亜由美さんは、右下の写真のように文字を真っすぐ書くために、定規で薄く線を引くようにしていました。他にも、航大さんは習字を書く時のように背筋を伸ばして願書を書くなど、それぞれ自分なりの工夫をしていました。希望する進路を実現したいという強い意思が、願書を清書する姿勢に表れていました。

真っすぐ書くために定規を使う佑樹さん。

願書を書き終わった時に璃梨加さんが「二十歳は老けたわ～」とつぶやいていましたが、皆、どっと疲れるほどに集中していました。

記入に集中して気づかなかったかもしれませんが、願書には「貴校に入学したいので、許可してください。」という文章が書いてあります。その願いを実現するために、学習にさらに力を入れましょう。

せーのっ ワッショイ！ 綱引き大会大健闘

低い姿勢で綱を引く潤也さん。倫太郎さんと同じチームで準優勝しました。

十七日（土）に函館市民スポーツフェスティバル綱引き大会が開催されました。六組からは七名の男子が二チームに分かれて出場しました。潤也さんと倫太郎さんの「亀田ミラクルズ」は快進撃を続け、決勝では惜しくも敗れたものの、見事準優勝に輝きました。また、武さん・圭吾さん・航大さん・晴歩さん・大輝さんの「亀田ビックバンアタック」も三位に入賞しました。

七名とも朝練を重ねて大会に臨み、見事な団結力を見せました。これも学級目標の通り、立派な「挑戦」です。

三位決定戦の勝利の瞬間。

一分間 面接練習

六組の朝の学活では「一分間トーク」や「一分間クエスチョン」を実施してきました。現在は「一分間面接練習」と銘打って、サイコロの出た目に応じてペアで質問を出しています。質問の内容は「志望動機」や「中学校生活でがんばったこと」など、入試の面接試験でよく聞かれる内容ばかりです。

面接練習の対策は推薦生徒が冬季休業中から、一般入試の生徒は三学期から始めます。面接練習を本格的に始める前に、面接の雰囲気を体感する目的で朝の学活で実施しています。

様子を見ていると、楽しそうに面接練習をしています。左の写真では侑汰さんが本番のように背筋をピンと伸ばして質問に答えています。仲間と協力しながら受験の準備をするのも良いことです。

朝から面接練習をする侑汰さん。

武画伯の芸術的年賀状

先日、地域の高齢者の方に向けた年賀状作りを行いました。生徒会の用意したデザインに色を塗るのですが、作業中に、武さんの周りに人だかりができ始め、やがて「先生！見てください」と声をかけられました。

見てみると、武さんが下のような作品を描いていました。適当に描くのではなく、このように丁寧に仕上げる姿勢が立派です。きっと、受け取った方も喜んでくれるでしょう。

下が一般的な作品（十分上手です）。右が武さんの作品。ペンと色鉛筆を使って描き、「あけまして～」の所も書き足しています。

【格言～未来へ歩む参考に～】●●●●●●●●●●●●●●●●●●●●●●●●（●●●●）

紙面の構成が上手にできた例です。トップと準トップは入試に関する記事です。とくにトップ記事では，入学願書の清書を教室で行った時の緊張感漂う様子を，生徒の言葉を引用しながら伝えました。一方で2つの囲み記事は，スポーツや絵に関する明るい話題にしました。

■3年生　■「亀の湯」第39号表（2016年12月22日発行）

受験のための冬休み

2016年12月22日（木）　函館市立亀田中学校　3年6組　学級通信「亀の湯」　第39号

受験のための冬休み

亀の湯

第３９号
函館市立亀田中学校
発行　3年6組学級担任　川端裕介

3年6組学級目標
みんなGU（自由）　みんなAU（共雄）
～37+1の挑戦！～

六組全員で家庭学習に専念
努力の先の自由のために

明日から中学校生活最後の冬季休業が始まります。「合格したい！」という強い意志を行動に移し、くじけそうな時は、がんばっている仲間のことを思い浮かべましょう。充実した表情で三学期を迎えることを期待しています。

左に紹介しているのは、美月さんが書いた「はがき新聞」です。二学期の反省を元に冬休み中の目標を考え、新聞形式でまとめました。内容を見ると、入試に備えて学力の向上を図ることが、自らの課題であると述べています。美月さんを含めて、多くの人が二学期に残った課題として「学力」を挙げていました。たしかに、志望校に合格するためには、家庭学習を増やして学力を向上させることが何よりも重要です。

休み中に一人で勉強を続けるのは、楽なことではありません。学校よりも集中力を持続させるのは大変です。もしも心が折れそうな時には、仲間の存在を思い出しましょう。「自分が机に向かっているように、今頃、六組の仲間もがんばっているんだ」という思いや「皆、自分と同じように受験の重圧を感じながら、めげずに勉強しているにちがいない」という思いが、学習への原動力になるはずです。**これまで育んできた六組の絆は、離れていても消えません。きっと、仲間の存在が受験勉強の支えになるはずです。**

倫太郎さんがはがき新聞に「早く解放してくれ～」と書いていました。**受験の苦しみから解放されるには、勉強するしかありません。努力の先にある本当の自由の手にするために、冬休みを「学ぶための休み」にしましょう。**

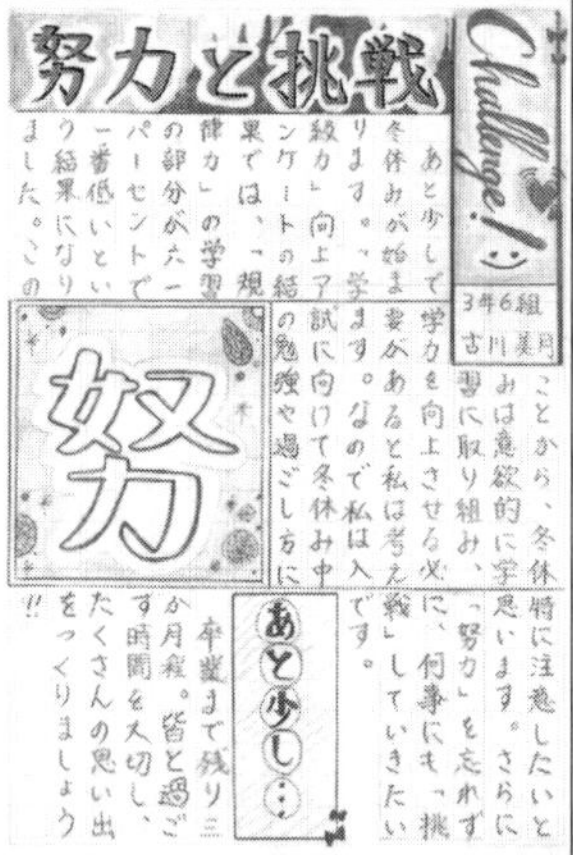

今後の目標について書いた、美月さんの「はがき新聞」です。美しいデザインと的確な文章です。

武の言う通り
この冬が勝負の分かれ目

下に掲載したのは、武さんの「はがき新聞」です。「せまる緊張、全ては冬休みに。」という見出しで、受験までの少ない時間を有効に使うために、学習の妨げになるもの（ゲームやスマートフォン）を控えるという決意を述べています。

武さんの言う通り、明日からの二十五日間の過ごし方が、入試の合否を左右するかもしれません。また、三年生のみ、学年末テストが冬休み中の一月十三日(金)と十六日(月)にあります。入試に備えた一・二年生の復習と、テストに備えた二学期の復習を並行して行う必要があり、のんびりしている余裕はありません。

受験生の中には、一日平均十時間の家庭学習を続ける人もいます。六組全員がそうなることを期待するわけではありませんが、自分の目標に届くための努力は不可欠です。努力すれば必ず結果につながるわけではありませんが、結果を出した人は皆、努力をしています。

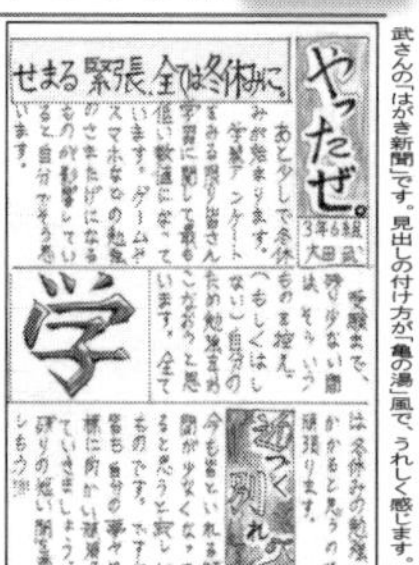

武さんの「はがき新聞」です。見出しの付け方が「亀の湯」風で、うれしく感じます。

皆の5時間をください

先週から、委員長の茉惟さんを中心に総務班が学級レクの計画を練っています。生徒主体で準備する姿に感心しています。

当初はクリスマスパーティーのみの予定でしたが、学習塾などで皆の都合が合わないため、年内に１回と年明けに１回、合計２回実施することを決めました。「２回やるか！」と言い出したのは私です。「受験のための冬休み」と言っていることと矛盾するように聞こえるかもしれません。担任としては、もちろん勉強の妨害をする意図はありません。むしろ逆で、レクは家庭学習に打ち込むための気分転換になると考えます。

学級レクは２回合わせても５時間ほどです。冬休みは合計６００時間あります。レクの５時間で仲間の絆を確かめ合い、気分を一新して、残り５９５時間を有効に使うきっかけにしてほしいと思います。この冬は、ゲームやSNSや動画ではなく、仲間と過ごすわずかな時間を活用して息抜きをしましょう。

【格言～未来へ歩む参考に～】●●●●●●●●●●●●●●●●●●●●●●（●●●●）

２学期の終業式の例です。冬季休業中や３学期に努力すべきことに関して，２枚のはがき新聞を掲載しました。同じ内容でも，教師の言葉だけで伝えるより，生徒の言葉も使うことで，他の生徒の心に響くようになります。また，掲載された生徒の自信も深まったと思います。

■3年生 ■「亀の湯」第39号裏（2016年12月22日発行）

100 団結して高め合った２学期

２０１６年１２月２２日（木）　函館市立亀田中学校　３年６組　学級通信「亀の湯」　第３９号

団結して高め合った2学期

４か月にわたった２学期が今日で終わりました。２学期の６組の様子を写真で振り返ります。２学期は何よりも美原祭を通して、学級の団結力が高まりました。美原祭が終わってから、学級の雰囲気が一段と和やかになり、本音を言い合えるようになりました。また、入試に向けての様々な取組を、お互いに励まし合いながら乗り切ろうとする関係ができました。３学期は、この絆をさらに深めて、合格を勝ち取り、感動の卒業式を皆で迎えたいと強く願っています。

次回（第４０号）の予告…６組にとっての２０１７年（年賀状）　他（１月１日（日）発行予定）

２学期最後の学級通信の裏面です。４か月に及ぶ２学期の中から，学級の団結力が高まったり，絆が深まったりする様子がわかる写真を厳選して掲載し，写真ごとに見出しを付けました。８月から順番に写真と見出しを読むと，学級の成長が伝わるような構成にしています。

さらに一歩「最高の学級」へ

2014年12月22日（月）　八雲町立熊石第二中学校　3年A組　学級通信「喜怒哀楽」　第38号

さらに一歩「最高の学級」へ

喜怒哀楽

発行
八雲町立熊石第二中学校
3年A組担任　川端裕介

3年A組学級目標
最高の学級
［全力疾走］
～二中を支える柱となれ～

総合発表会大成功
学習の集大成を全力で発表

十二月十八日（木）に、総合的な学習の時間発表会が行われました。三Aは、郷土と進路をテーマに発表をしました。内容も方法も、最高学年にふさわしい立派な発表でした。学級目標「最高の学級」にまた一歩近づきました。

総合的な学習の時間発表会では、郷土学習として修学旅行、進路学習として進路選択の方法や体験入学について発表しました。詳細は裏面で紹介しますが、工夫を凝らした発表で、内容も立派でした。校長先生からの講評でもほめていただきました。他の先生方や一・二年生の感想にも、発表を評価する言葉が並んでいました。三A十名の持ち味を十分に発揮した成果です。学級目標である「最高の学級」の実現に向け、大きな一歩を進むことができました。

また、本校では以前から原稿なしで発表する伝統がありました。それに加え、三Aの皆さんは三年間、発表方法や内容にもこだわってきました。発表会の伝統を受け継ぎながらも、さらに良い形に改善することができました。学級目標の副題である「二中を支える柱となれ」にふさわしい財産を残すことができました。今回の成功に自信を深めながら、入試に向けて「全力疾走」をすることを期待しています。

寸劇を取り入れて郷土学習の発表をする風香さん

普段から礼法を意識して
面接練習開始

みんなの前で面接練習に挑戦する涼凪さん

先週から面接練習が本格化しました。金曜日には、まず教室への出入りの仕方などを練習しました。先生方の手本を見た後に、涼凪さんと翔さんが挑戦しました。「失礼します」と言いながら礼をしないことや、ノックを丁寧にすることなど、理屈はわかっていても実際に行うのは難しかったようです。涼凪さんも翔さんも「すごく緊張した」と感想を述べていました。

入試本番はもっと緊張します。緊張しても失敗しないように、自然とできるまで練習することが必要です。そのためにも、授業の始めと終わりのあいさつや職員室の出入りなどから、礼法に気をつけるようにしましょう。面接試験においても、普段の努力の積み重ねが大切です。

『今から』なのは三年生も
合格にはまだ間に合う

「成績が良くないと、行きたい高校にいけないかもしれない。だから、今から勉強をがんばりましょう。」

これは、総合的な学習発表会で、三年生から一・二年生に向けたメッセージです。「今から」なのは、実は三年生も同じです。

最近、「一年生から勉強しておけば」という後悔を口にする人がいます。単なる言い訳ではなく、本気で後悔しているならば、今、努力すべきです。すべてを入試に捧げるつもりで、残りの日々を学習に費やすべきです。合格を勝ち取りたいなら、まだ間に合います。

保護者の皆様へ

入試手続きに関わって，２５日（木）までに必ず，願書の保護者署名と検定料の納入をお願いします。検定料は北海道立，函館市立，私立，高専によって納入方法が異なりますので，進路保護者会の資料や先週の学級通信で再度確認をお願いします。

また，１２月の諸費については，各種支払いを年内に済ませるため，今週中の納入にご協力をお願いします。師走のご多用の折に恐縮ですが，よろしくお願いします。

りんご　ふたたび

先週の臨時休校の日に，３Ａ宛に再びリンゴが届きました。送り主は前回と同じく，修学旅行のバスガイドさんでした。前回，手違いで傷のあるりんごを送ってしまったため，わざわざきれいなりんごを贈ってくださったそうです。

それを聞いた３Ａの皆さんは，口々に「そんなわざわざ」と言っていました。りんごを手に，再び集合写真を撮りました。ガイドさんの温かなお心遣いに，受験勉強の疲れも吹き飛び，教室が笑顔に包まれました。

次回（第３９号）の予告…冬休みの学習・生活について　他（１２月２６日（金）発行予定）

総合的な学習の時間の発表会を紹介した例です。全校生徒の前で発表を行う形式でした。3年生にとっては，学習の成果を後輩や他の先生方に発表する最後の場面です。発表の素晴らしさを通信で伝え，学級目標の達成に近づいていることを生徒が実感する効果がありました。

1月の学級通信

実践編

実例 102 ■3年生 ■「亀の湯」第40号（2017年1月1日発行）

2017年　6組が英雄になる時

2017年1月1日（日）　函館市立亀田中学校　3年6組　学級通信「亀の湯」　第40号

2017年　6組が英雄になる時

亀の湯

第40号
函館市立亀田中学校
発行　3年6組学級担任　川端裕介

3年6組学級目標
みんなGU（自由）　みんなAU（英雄）
~37+1の挑戦！~

受験への挑戦に全力を
仲間と共に粘り強い努力で

三年六組の皆さん、あけましておめでとうございます。冬季休業も十日目を迎えました。皆さんはどのように過ごしてきたでしょうか。もし「思ったよりも受験勉強がはかどらなかった」という人がいたら、心機一転してがんばりましょう。まだ、間に合います。

六組の皆さんにとって、今年は人生最大の挑戦の年です。自分を信じて、共に戦う仲間を感じて、受験という山を踏破しましょう。皆さんは学級目標の通り「みんなAU（英雄）」になる力があります。「挑戦」を成功させて「みんなGU（自由）」を手にしましょう！

3.15　感動の涙を

２０１７年３月１５日は、皆さんが亀田中学校を卒業する日です。受験勉強に全力を尽くしつつ、今以上に絆を深めて、感動の中で「亀中で良かった」と、そして「６組で良かった」と思いながら卒業してほしい。私はそう強く願っています。

困難もこの仲間となら乗り越えられる！

2学期の終業式後の集合写真です。インフルエンザなどの欠席者が多く、全員集合とはなりませんでした。3学期こそ全員集合で！

次回（第４１号）の予告…中学校生活のまとめ／冬休み中の生活／学級レク／学年末テスト（１月１７日（火）発行予定）

年賀状に縮小印刷して発行した例です。原版は普段と同じくＢ４版で，フォントを大きくしています。内容は，生徒が受験勉強に対して前向きな気持ちになるようなものにしました。また，卒業や学級目標に関連させた表現を多用し，学級にも目を向けさせるように心がけました。

実例

103 挑戦への土台をつくる2か月に

2年生 「亀の湯」第40号表(2016年1月18日発行)

2016年1月18日(月)　函館市立亀田中学校　2年2組　学級通信「亀の湯」　第40号

挑戦への土台をつくる2か月に

亀の湯

第40号
函館市立亀田中学校
発行　川端裕介

2年2組学級目標
A・Y・K!

「最後」に向けた準備を　三学期の過ごし方

今日から三学期です。三学期は、一年間のまとめの時期であると共に、次の一年に向けた準備をする時期でもあります。とくに、この三学期には中学三年生、そして受験生になる準備をしましょう。

三学期はわずか二か月しかありません。しかし、期間の短さと裏腹に、一年間で最も重要な時期と言えます。その理由は、二つあります。

一つは、学級のまとめの時期だからです。二年二組の一員として過ごした一年間を振り返ると共に、個人目標と学級目標の達成を目指しましょう。学級目標に関しては、二学期末の調査で「A・Y・K!」の「K」、「(夢を)語り合える学級」の到達度が低い結果となりました。三学期を、卒業後の進路を含めて、将来について考える期間にしましょう。

三学期が重要な理由の二点目は、三年生への進級が間近に迫っているからです。進級すると、様々な場面で「最後」の経験が続きます。最後の体育大会、最後の中体連、最後のコンクール、最後の美原祭など、中学校生活の集大成となるのが、三年生の一年間です。最後の一年間を充実したものにするために、この三学期の二か月の過ごし方が大切になります。学習面・生活面・部活動・人間関係など、学校生活に関わるあらゆる面で、不安なことや課題に感じていることを、三学期の内に一つでも多く解消しましょう。とくに学習面については、三年生になってからの苦労を少しでも減らすために、今から努力することが大切です。

以上のように、三学期はまとめと準備の期間です。時間を有意義に使い、二組三十八名全員が、過去最高の努力を見せ、さらに成長することを期待します。

三期に分けて過ごせた冬　時間の使い方で変わる未来

冬休み中も、部活動など学校の中で二組の皆さんに会う機会が何度もありました。また、外で偶然会ったり、電話で連絡をとったりした人もいました。皆さん、大きなケガなどもなく、楽しい冬休みを過ごせたようです。

話を聞く中で、長期休業中の過ごし方が、夏休みと大きく違うことを感じました。それは、宿題を早い時期に終わらせた生徒が増えた点です。二学期の終業式の日に話した通り、冬休みを三つの時期(片づける序盤、休む中盤、準備する終盤)に分け、メリハリを付けた過ごし方ができたのは、大きな前進です。この経験を三学期にも生かしましょう。

時間は誰にも等しくあります。しかし、その価値は過ごし方で変化します。

例えば、毎日三十分だけ、家庭学習を増やしたとします。三学期の二か月間だけでも、その合計は三十時間になります。相当な力が身に付くでしょう。同様に、毎日少しの時間でも良いので、部活動で活躍するためにトレーニングをしたり、希望する職業について調べたりするだけで、数か月後、数年後、そして将来が良い方向に変わる可能性が高まります。時間を大切に使いましょう。

入試のつもりで対策を　二月実力テスト

再来週には、冬休み明けの実力テストが実施されます。冬休み中から対策の学習を積み重ねた人はよくわかるでしょうが、範囲がとても広いのが特徴です。

実力テストは入試の練習問題という意味合いがあります。出題傾向が入試に近く、定期テストや塾のテストとは違う意味で重要です。今回の出題範囲は、二年生の二学期の内容が中心です。復習の機会として生かすと共に、入試の模擬試験のつもりで取り組んでほしいと思います。

具体的なテスト対策として、定期テストの解き直しを勧めます。まずは、五教科の二学期中間テストと期末テストを解き直しましょう。合わせて十回分のテストですが、この一週間で十分に解く時間はあるはずです。

工夫が必要　家庭学習

2組の皆さんの中には、学校に加えて塾の宿題もあり、普段以上に宿題に追われた人もいたでしょう。今日までに全員が宿題を終えていることを願うばかりです。

さて、私の長男は幼稚園に通っていますが、幼稚園にも休み中の宿題があります。文字や数字のドリルや逆立ちなどの運動、家の手伝いなど、4歳児にしてはなかなかの量です。「宿題しようね」と声をかけるだけではやる気を出しませんし、集中力はすぐに途切れてしまいます。そこで、午前中の集中しやすい時間に取り組むように促したり、私と競争して書かせたりと、あの手この手の工夫をしていました。

中学生の皆さんの場合、「やる気スイッチ」は自分で見つけて押さなければいけません。3学期の内に、様々な学習方法や学習環境づくりを試し、自分に最適なものを見出しましょう。

次回(第41号)の予告…3学期1週目の様子、実力テストに向けて　他(1月25日(月)発行予定)

2年生の3学期は，1年間のまとめの時期であると同時に，中堅学年から最高学年になるための準備期間です。そこで，3学期の始業式に「挑戦」をキーワードにして，残り2か月間の心構えを説きました。生徒の気を引き締めて，冬休み気分を払拭する効果がありました。

実例 104　スタートダッシュ　成功！

2016年1月25日（月）　函館市立亀田中学校　2年2組　学級通信「亀の湯」　第４１号

スタートダッシュ　成功！

亀の湯

第４１号
函館市立亀田中学校
発行　川端裕介

２年２組学級目標
A・Y・K！

授業に集中　仕事に意欲　まとめの学期を有意義に

三学期が始まって一週間、二組の皆さんは冬休みからの切り替えに成功し、授業はもちろん係活動などにも意欲的に取り組んでいました。さらに努力を重ね、「まとめの三学期」にふさわしい過ごし方を続けましょう。

三学期初日の十八日（月）、二組の皆さんが、二学期と変わらず元気に登校する姿を見ることができました。その表情を見て、多くの生徒が有意義な冬休みを過ごせたことを実感できました。

そして、先週の一週間で皆さんの成長を感じた場面がたくさんありました。その一つが、提出物です。夏休みの時には、宿題が終わらずに放課後居残りをしている生徒が何人もいました。しかし、今回は激減しました。ゼロではないのが悔しい所ですが、当たり前のことを当たり前にできるのは立派です。

また、係や当番の仕事をきちんと行うこともできていました。例えば、係活動開始の初日から、文化班の小姫さんは忘れずプリントを配布していました。また、金曜に日直だった涼風さんは、良く通る声で号令をかけ、朝の学活では、堂々とスピーチをしていました。「休みボケ」をせず、自分たちのすべきことができていました。

そして、最も立派だと感じたのは、授業中の姿勢です。先週は六時間目まで教科の授業が入っていることが多く、休み明けにしては大変な時間割だったと思います。しかし、ほとんどの生徒が集中力を切らせることもなく、もちろん居眠りもせず、毎時間の授業に意欲的に参加していました。がんばりすぎたのか、一〇分休みには疲れて突っ伏している人もいました。しかし、その場その場ですべきことの切り替えはできていました。

三学期はまとめの学期です。一年間のまとめをするためには、二学期にできていたことが冬休み明けになってできなくなっていると困ります。その点、二組の皆さんは、幸先の良いスタートを切ることができました。

現状に満足せず、さらに成長し、個人目標と学級目標を達成しましょう。時間を大切に使い、夢の実現へ一歩を踏み出す三学期にしましょう。

まだ間に合う　実力テスト九日前

今日で実力テスト九日前です。夏休み明けのテストに比べると、少し余裕のある日程です。しかし、範囲の広さを考えれば、テスト当日までに残された時間は決して多くありません。

先週は、実力テストに関わって、残念なことが一つありました。範囲表の再配布です。きっかけは、ある生徒が「範囲表がないんですが…」と申し出たことでした。全体に確認すると次々と手が上がり、なんと二十名以上の生徒が範囲表を紛失していたことがわかりました。四月の配布時に一年間使う旨を伝えていただけに、残念です。

再配布した範囲表を見て、今回のテストの大変さにやっと気づいた人もいたようです。例えば、社会科は一学期から二学期まで学習した内容すべてが出題範囲です。今から教科書やノートを使ってこまめに復習するのは、現実的ではありません。総合的な問題を使って自分の弱点を把握し、苦手なところを重点的に復習する方法が効率的です。

一年後の入試は、今回のテストの数倍の出題範囲です。入試に向けた力試しとして、家庭学習も「もし入試直前ならどうするか」という発想で取り組んでみましょう。

進路・修学旅行と大忙し　三学期の総合

まとめの時期の三学期ですが、総合的な学習の時間についても、まとめに向けた準備を行います。具体的には、進路学習のまとめとしての高校調べと、地域学習のまとめである修学旅行の準備です。

進路学習については、二学期の職場体験を生かしながら、中学卒業後の進路を具体的に考えます。高校調べでは、進学先の候補を絞ることになりますが、その際に将来の夢を考慮することが大切です。目先のことだけではなく、未来を見据えた選択ができるようにしましょう。

また、修学旅行については、今週から徐々に準備を進める予定です。修学旅行も進路も、綿密な準備が成功につながります。授業に加え、これらの時間を大切に使いましょう。

風邪・インフルエンザ対策に本腰を

インフルエンザが流行するシーズンが近づいています。函館での感染者数はそれほど増加していないようですが、校内では風邪やインフルエンザで休む生徒が徐々に増えています。うがい・手洗いをこまめに行うなど、予防にいっそう力をいれてほしいと思います。

それに関わって、心配なことが１つあります。それは、ハンカチのない人がいることです。体調管理のためにも、最低限のマナーとエチケットを身に付けるためにも、きれいなハンカチをきちんと毎日用意しましょう。

次回（第４２号）の予告…２月は学習のまとめ、実力テスト直前、いじめをなくすために　他（２月１日（月）発行予定）

２年生の３学期１週目の様子を伝えた例です。トップ記事で，長期休業明けにも関わらず，授業や課題の提出，係活動などの基本的なことを着実に行ったことを評価しました。名前を挙げながら生徒の良い行動を紹介することで，記事の内容に厚みが生まれる効果がありました。

2年生　「亀の湯」第41号裏（2016年1月25日発行）

冬休みを振り返る

2016年1月25日（月）　函館市立亀田中学校　2年2組　学級通信「亀の湯」　第41号

冬休みを振り返る

今回は、生活と学習の記録に加え、印象に残ったことの絵日記から、冬休みを振り返ります。皆さんの文章や作品からは、充実した冬休みだったことがうかがえます。ただし、自己反省や保護者の方のコメントを見ると、学習面ではもっとがんばりが必要な人が多いようです。まずは実力テスト対策から、皆さんの本気を見せてほしいと思います。

冬休みの思い出～絵日記で表現～

1/10(日)に、北海道アンサンブルコンクールの函館地区予選があり、亀中吹部の代表として出場しました。残念ながら全道には行けなかったものの、「金賞」という大切な努力の結晶は、いつまでも大事な宝物です。

部活動に打ち込んだ冬休み。そして、見事な金賞の受賞。運動部以上に長く練習をした成果を、大舞台で存分に発揮しました。

夏休みや冬休み中に誕生日だと、少しさみしい思いをする場合もあるでしょうが、友人に恵まれるとそんなことはないようです。

大好きな姉と一緒にごはんを食べました～!!
たこやきと やきそば おいしかったです!!
また2人でごはんたべたいです!!

年末年始といえば、家族や友人とのパーティーです。温かい料理を食べながらの楽しいお話、光景が目に浮かぶようです。

冬休みを振り返って　保護者の皆様から

個人反省

・毎日必ず、1日3時間勉強すると言っていたのですが、できていない日もあったので、ちょっと気持ちが弱いのかなと思いました。可もなく不可もなく、普通の冬休みでした。
・もっと勉強すれば良かった。受験生なので、もっと気合いを入れる。
・夏休み以上に友達と遊びませんでした。思ったより一問一答に時間がかかりました。みかんがおいしかったです。

最高な出来事

札幌／マンガ大量購入／コピック購入／欲しかった本を大人買いした／時々ある休日を過ごすこと／う～ん。／統一模試自己記録更新／年明けにすぐ買い物に出かけて、たくさん服を買えた！／お年玉最高金額もらった／大会でベストが出た／アンコン金賞／ケガしなかったこと／手越に会った／おいしいものをたくさん食べた／風邪を引かなかった／お金がたくさんたまった

最低な出来事

階段から3回くらい落ちた／大会で負けた／背中が痛くなった／初夢にG（ゴキブリ）が出てきた／正月太り／ほぼ毎日塾だった／買う物が多すぎてお年玉が…／大会明けの練習がとてもきつかった／事故にあった／同じ場所で3回も転んだ／メガネが折れた／不幸があった

・部活・勉強・手伝いと自分なりにやっていました。とくに、家のまわりの雪かきはがんばってくれていました。勉強はこまかくやっていたのですが、もう少し集中して、勉強時間を長めに保ってください。3学期はけじめのある行動で自分に厳しくがんばってください。
・部活と塾はがんばったけど、普段の生活に全然進歩がなかったので残念です。このプリントに書いたことを何も守れていませんでした。マンガばかり買って読むのも止めましょう。
・勉強が足りません。部活の勉強会と塾と宿題で一杯で、自分なりの勉強を何もしていない。1年後には受験生で困るのは本人なのに、自覚が足りない！
・塾、宿題の山に毎日朝方まで起きていました。本当に大変な冬休みでした。よくがんばったと思います。
・スマホばっかりいじってちょっと心配…。

自分のことだと思って、じっくりとしっかりと目を通し、保護者の方の期待と思いに応えましょう。

【格言～夢～】●●●●●●●●●●●●●●●●●●●●（●●●●）

冬休みの思い出を作文ではなく，絵日記にまとめさせました。その中から，有意義な冬休みだったことが伝わるような作品を厳選して紹介しました。一般的な作文と比べて，絵日記やはがき新聞の場合は，そのまま学級通信に掲載すると紙面に映えるという良さがあります。

実例 **106**

■3年生　■「亀の湯」第41号表（2017年1月17日発行）

時間を味方につけて勝て！

２０１７年1月１７日（火）　函館市立亀田中学校　３年６組　学級通信「亀の湯」　第４１号

時間を味方につけて勝て！

亀の湯

第４１号

函館市立亀田中学校

発行　3年6組学級担任　川端裕介

3年6組学級目標
みんなGU（自由）　みんなAU（英雄）
～37+1の挑戦！～

公立入試まで五十日
キーワードは計画性

今日から三学期が始まります。そして、今週から入試が続々と実施されます。残された時間を有効に使うため、計画的に学習を進めましょう。時間を味方にした人が合格を手にします。

六組の皆さん、入試までに残された時間は、けっして多くありません。実施の早い推薦入試を除くと、私立入試までは一か月を切り、公立入試までは五十日ほどです。いよいよ、本番へのカウントダウンが始まっています。

そこで、時間を有効に使って合格を手にするために、計画を立てて学習することを勧めます。その理由は、計画を立てることで見通しをもった学習が可能となるからです。見通しをもつことで、焦らずに効率よく力をつけることができます。

とくにおすすめなのは、一週間ごとに目標とする家庭学習時間と内容を決めることです。学習する教科と単元を決め、復習に使うものも事前に決め、計画を立てましょう。時間については、最低目標と理想的な目標の二段階にすると、より効果的です。例えば「十八日は地理の地形図の復習を、去年の学校のワークと家にある問題集を使って、最低二時間、できれば三時間勉強する」という計画を立てます。もし、睡魔に負けて二時間でやめても、最低目標は達成しているので、自信がつきます。万が一、二時間未満だったら、翌日に挽回することもできます。

また、計画を立てておけば、余った時間を趣味や休憩に回すこともできます。**計画を立て て、見通しをもって学習を進めれば、時間に追われるのではなく、時間を味方につけることができます。**

時間だけは、すべての人に平等に与えられるものです。自分の時間をコントロールするために、自分の心をコントロールしましょう。

ラストのテストへ準備万端

学年末テスト直前の勉強の様子

始業式に先立ち、一月十三日（金）と十六日（月）の二日間で、学年末テストを実施しました。三年生だけが早く冬季休業を終えてテストに臨むという形でした。

冬季休業中の様子を聞くと、きちんと家庭学習を行っていた人がほとんどでした。さすが受験生です。なかには、大みそかや元日も含めて、一日も休まずに受験勉強を行ったという人もいました。

テスト前の様子を見ても、上の写真のように、余裕がありました。気が抜けているわけではなく、これまでよりも学習を積み重ねてきたことへの自信を感じました。最後の定期テストに向けて、万全の準備ができたようです。すっかり、受験生らしくなってきました。

しかし、入試は甘くありません。皆さんと同じように、あるいは皆さん以上に、ライバル達もこの冬に勉強をしてきたはずです。本当の勝負は、これからです。学年末テストが終わったからといって気を抜かずに、さらに家庭学習に力を入れましょう。

三日後から始まる入試

一般入試に先行して、各学校の推薦入試が実施されます。三日後の私立推薦入試に挑む生徒が、六組最初の受験生になります。一般入試の生徒から見れば、筆記試験がないためにうらやましく感じるかもしれません。しかし、推薦生徒は皆、これまでの努力の成果を認められて推薦基準を超えているのであり、合格してからも推薦生徒として厳しい目で見られ続けます。推薦には、一般入試とは違った大変さがあります。

私立の推薦入試を受ける生徒は、十二月の内から面接の準備をして、冬季休業中は学校に来て面接練習を重ねてきました。そして、最後は校長先生や教頭先生、主幹先生の面接を経て、本番に臨みます。亀田中学校の代表として、そして六組の受験のトップバッターとして、自信をもって試験に臨んでほしいと思います

時間を味方にした倭

テストの見直しをする倭さん

学年末テストの１教科目の理科で、感心した場面がありました。テストの時間の後半、ひと通り問題を解き終えた生徒が増えてきた頃です。倭さんが上の写真の通り、問題の見直しを行っていました。真剣なまなざしで、問題文の読み直しと解答の確認をしていたようです。

上の記事で、時間を味方につけることの大切さを述べました。倭さんの姿は、まさに時間を味方につけている良い例でした。他の皆さんも、きっとできるはずです。入試までは、学校でも家庭でも、１分１秒を惜しむくらいの気持ちで生活しましょう。

【格言～未来へ歩む参考に～】●●●●●●●●●●●●●●●●●●●●●●（●●●●）

３年生の３学期始業式に発行した例です。受験に向けて残された時間が少ないことを意識させるために，全体的に時間を意識させるような紙面を心がけました。トップと囲み記事では見出しに「時間」の文言を使った他，「50日」や「３日後」などの数字も積極的に使いました。

107 受験の英雄になれ！

2017年1月23日（月）　函館市立亀田中学校　3年6組　学級通信「亀の湯」　第42号

受験の英雄になれ！

亀の湯

第42号
函館市立亀田中学校
発行　3年6組学級担任　川端裕介

3年6組学級目標
みんなGU（自由）　みんなAU（英雄）
～37+1の挑戦！～

中学校のテスト終了
反省に表れた受験生の自覚

先週の学年末テストをもって、中学校でのテストがすべて終わりました。次に六組の皆さんが臨むテストは、入試本番です。これまでの反省を生かし、さらに学習に力を入れましょう。

六組の皆さんが、亀田中学校で試験を受けることは、もうありません。六組全員が同じテストを受けることも、もうありません。次に控えるのは、高校や高専を会場にした入試です。

学年末テストは、冬季休業明けすぐに実施しました。休みの間の反省を聞くと、左上の花心さんや、下の亜由美さんの反省のように、受験生としてかなりの時間を家庭学習や学習塾に割いたようです。

夏季休業明けには「休み中は遊びほうけました」や「誘惑に負けました」といった反省が多かったのとは、大違いです。課題よりは成果の多い冬になりました。

残された時間は、私立入試まで三週間、公立入試まで一か月半です。学習にいっそうの力を入れる必要があります。学級目標の通り、**自分の限界に「挑戦」し、受験勉強中心の生活を徹底しましょう。**

六組での生活の中で磨いた力を、余すところなく、受験勉強に注ぐ時です。**学級目標として「英雄」になることを掲げた皆さんなら、今よりもっとがんばり続けることができるはずです。**

塾で今までやってきたことを復習することができた。塾はほぼ毎日あってすごく大変だったけどがんばることができた。家で勉強するとき集中できるようにしたいです。

もうちょっとまだだめなところを見直していく！
とにかく「苦手…る」を「得意！」に変えたい！

花心さんが書いた、冬季休業中の学習の成果（上）と課題（下）です。苦手を得意に、きっとできます！

今までの中で一番勉強した冬休みだった。集中力を切らさず受験までこの調子でいきたい。

亜由美さんの反省です。入試までの残りの日々も「一番勉強」していきましょう。

志望動機は勉強の原動力
面接練習のもう一つの意味

三学期が始まり、面接練習が本格化しました。その練習の中で複数の人が口にしていたのが「志望動機がまとまらない…」という悩みでした。

志望動機は、面接練習において一番重要なものです。入試本番の面接で必ず質問されるので、具体的に答えることができるように準備しておかなければいけません。

そもそも、志望動機は進路選択においても最も重要なものです。面接の有無に関わりなく、受験生なら誰もが明確にしておかなければいけないはずです。しかし、実際は志望動機があいまいな人もたくさんいます。とくに第二志望の学校の場合、その傾向は顕著です。

そこで、面接練習をきっかけとして、自分がなぜその学校を受験するのか、あらためて考えてほしいと思います。志望動機が明確になればなるほど、入学への意欲が高まるはずです。その意欲が、受験勉強の原動力となります。

正月返上！

下の学習計画表は、六組のある生徒のものです。見てわかる通り、元日を含めてお正月の間も十分に家庭学習をしています。受験生であっても簡単にはできません。立派です。

こうした姿勢で学習する効果は二つあります。一つが、他の受験生より家庭学習時間が長くなる分、差が付くことです。もう一つは「正月返上でがんばった」という自信がつき、受験への不安が減ることです。他の皆さんも、自分に厳しくする姿勢を見習いましょう。

1	1	日			イオン 他（2:00）	日本国憲法（1:00）	
	2	月	漢字（1:00）			過去問2012年（2:00）	[英] ワーク（2:00）
	3	火		円（1:30）			[英] ワーク（2:00）
	4	水		円（1:00）			[英] ワーク 他（0:30）
	5	木	古文（1:30）	相似（1:30）			[美] 篆刻 他（2:00）
	6	金		方程式 他（2:00）			

侑汰の「勉強させてください」

先週、学校で配布したプリントの中に、将棋大会のお知らせがありました。6組の将棋名人といえば侑汰さんです。私が（少しおどけて）出場しないのか尋ねた所、侑汰さんは「いや、勉強させてください」と苦笑いしながら答えました。この答えを聞いて、私はとてもうれしく感じました。

この「勉強させてください」という言葉が出るほど、6組の教室には受験に向かう雰囲気が整ってきました。実際に侑汰さんは、冬季休業中から入試対策や学年末テストの対策を十分に行えたそうです。

この「勉強させて」が6組の流行語になれば、学習面で皆がさらに伸びるでしょう。遊びの誘いを受けた時やSNSでメッセージが届いた時に「勉強させて（笑）」などと返答してみてはどうでしょうか。自分が変わるきっかけになると思います。

【格言～未来へ歩む参考に～】前途は遠い。そして暗い。然し恐れてはならぬ。恐れない者の前に道は開ける。行け。勇んで。小さき者よ。（有島武郎「小さき者へ」より）

3年生の最後の定期テストが終了した直後に発行した例です。テストの計画表のコメントや，冬休み中の学習計画表をコピーして掲載しました。短くても生徒の決意がにじみ出るような文章を選ぶことで，受験に向けてさらに努力する決意を，学級全体に広める効果がありました。

実例 108

3年生　「亀の湯」第43号表（2017年1月30日発行）

学びこそ本当の自由

２０１７年１月３０日（月）　函館市立亀田中学校　３年６組　学級通信「亀の湯」　第４３号

学びこそ本当の自由

亀の湯

第４３号
函館市立亀田中学校
発行　3年6組学級担任　川端裕介

3年6組学級目標
みんなGU（自由）　みんなAU（英雄）
～37+1の挑戦！～

SNS・ゲームに支配されるな　夢のために正しい選択を

刻一刻と入試当日が迫っています。すべての受験生に平等に与えられた時間をどのように生かすか、六組の皆さん一人一人に問われています。今一度、自由の使い方を考えましょう。

私立一般入試と公立推薦入試まで二週間となりました。先週は、学年末テストの得点通知表が配布されました。受験に向けて弾みのついた人がいる一方で、危機感が増した人もいたようです。

入試が迫る今こそ、六組の学級の目標である「みんなGU（自由）」を意識してほしいと私は考えます。「自由」というと、わがままや自分勝手など、よくない印象もあるかもしれません。しかし、社会科で六組の皆さんが学習したように、**自由とは本来、強制や妨害をされず、自分で行動を選択できる状態**を意味します。

さて、皆さんの受験勉強を強制する人はいるでしょうか。先生方も家族の皆さんも、勉強をするように促すことはあっても強制することはないはずです。逆に「スマートフォンのゲームで毎日ログインしなければいけない」あるいは「SNSで必ず返信しなければいけない」などと思って生活している人はいないでしょうか。それは、**ゲームやSNSに自分の心を支配され、自由を失っている状態**といえます。皆さんの将来の夢を叶えるための進学を、誘惑が妨害していると考えることもできます。

六組の皆さん、本当の自由は、遊ぶことではなく、学ぶことで得られるのです。「みんなGU（自由）」を心に刻み、誘惑に心を支配されず、正しい選択をしましょう。その先には、合格が待っています。

一喜一憂　全力前進　数字に踊らされるな

二十七日（金）に、北海道の公立高校入試の出願状況が発表されました。そのデータは全学級いっせいに、給食時間に配布しました。六組の皆さんも、給食の沖縄そばを食べながら、倍率の数字を真剣に見つめていました。

帰りの学活などでも話しましたが、倍率の数字に踊らされてはいけません。倍率が高かった学校に挑戦する人たちは、昨年の三者面談で私が示したボーダーラインを思い出しましょう。あの枠は、倍率の変動を予測して作成してあります。つまり、合格に必要な得点が変わったわけではありません。

逆に倍率が低かった人は、油断してはいけません。定員より一人でも出願者が上回っていれば、不合格の可能性はあります。また、高校入学後の学習に対応するためにも、上位での合格を目指しましょう。

いずれにせよ、数字に一喜一憂するのではなく、自分のすべきことを冷静に見定めて、行動に移しましょう。勉強あるのみです。

面接でこそ「未来の力」

先週から、一般入試に臨む生徒を対象にした面接練習が本格化しています。なかには、推薦生徒顔負けの見事な受け答えをする人もいます。進路の実現に向けて、高い意識をもって準備してきたことがうかがえます。

しかし、立派なのは少数派です。ほとんどの人は「中学校生活でがんばったこと」や「高校でがんばりたいこと」といった基本的な質問さえ、しどろもどろな答えになったり、声が小さくて良く聞こえなかったりしている状況です。入試がとても不安です。

私の経験上、受験勉強をきちんと行っている人ほど、面接の準備も着実にしているものです。「勉強に専念していて面接の受け答えを考えていなかった」というのは、案外言い訳に過ぎないと考えます。ペーパーテスト以外の皆さんの力を試すのが面接です。「未来の力」を高めてきた亀中生として、面接でもっと語ることができるはずです。

卒業生一人ひと言

入試が迫ると同時に、卒業までの日数も残り少なくなってきました。先週は生徒会誌『美原』に掲載するため、卒業生一人ひと言の文章を考えました。

出席番号順に縦書きで文を書くのですが、六組ではある工夫をしました。それは全員の文章の一文字目を横につなげると、メッセージになっているというものです。定番と言えば定番かもしれませんが、一文字目が決まっているため、考えるのは苦労します。和気あいあいとした雰囲気の中で、頭を使いながら文章を考えていました。生徒会誌が届くのが楽しみです。

おそらく、勉強が十分にできていてもいなくても、六組の皆さんの頭の中は、受験のことでいっぱいでしょう。卒業への意識が強くなるのは、入試がすべて終わってからだと思います。

しかし、六組での生活がゴールに近づきつつあることを、ぜひ忘れないでほしいと思います。義務教育を終え、笑顔（と涙）で亀田中学校を旅立つ時は、そう遠くありません。学級目標「みんなGU（自由）　みんなAU（英雄）～三十七＋一の挑戦！～」を達成し、充実感の中で卒業するために、勉強以外の生活も大切にしましょう。

【格言～未来へ歩む参考に～】●●●●●●●●●●●●●●●●●●●●●●●●（●●●●）

受験勉強を進める中で，生徒たちのストレスが高まっているように感じた時に発行しました。学級目標と関連させて，本当の「自由」は努力の先にあることを伝えました。その一方で，卒業に関わる記事を左下に載せることで，受験一辺倒にならないように工夫しました。

実例 109　■3年生　■「亀の湯」第43号裏（2017年１月30日発行）

今ここに生きる意味

2017年1月30日（月）　函館市立亀田中学校　3年6組　学級通信「亀の湯」　第43号

今ここに生きる意味

先週の道徳は、国際理解や人類愛に関する内容として「難民の生活を知ろう」というテーマで行いました。この道徳では、教科横断的な学習として、まずは社会科で難民についての学習と、国際理解に関する体験的な活動を実施しました。その上で、道徳の時間にスーダンからの難民の生活について、実際の写真などから考えました。

このような工夫によって、広い視野から総合的に難民について考え、国際理解の第一歩を踏み出すことができたようです。今、豊かで恵まれた環境の中で自分たちが生きる意味について、改めて考える機会になりました。

まずは社会でバーンガ

社会科では２学期末から「国際」の単元の学習を進めています。先週は難民問題を取り上げて学習した他、異文化理解の難しさを大観するために「バーンガ」というカードゲームを行いました。

バーンガとは、基本はページワンのようなルールで、勝者は隣の班へ移動します。当初は秘密にしていますが、各班によってカードの強さなどのルールが異なります。生徒の移動が始まると、どの班でも混乱が生じます。しかし、会話も筆談も禁止でルールの紙も回収済みのため、混乱はいっそうに深まるというゲームです。盛り上がりました。

ルールの違う班から移動して生きた晴斗さんに、梨々香さんが身振り手振りでルールを伝えようとしています。

ジョーカーが最弱の班から移動して来た茉惟さんが、（この班では最強の）ジョーカーをいきなり出したため、爆笑が起きた場面。この後、皆がジョーカーに重ねてカードを出しました。ルールを間違えている人に合わせて、柔軟に対応していました。実社会において、文化の異なる人との関わる際にも、起こり得る行動だと思います。

道徳で難民を深く学ぶ

情報カードと写真から「食事は少量のアイシュ（おかゆ）とスープだけ…」や「難民登録で待たされる間に亡くなる人も…」などの難民の過酷な実態を読み取っていました。皆、真剣な表情です。

各班で「⑯（チャドの一般的な家族）の写真は鶏肉があるし食事の量も多いけど、⑮（難民）は少ないし、家がテントみたい」といった読み取りをしていました。

「この水、配給じゃないか？」という読み取りをした班もありました。鋭いです。

道徳の時間には、チャドに住む二つの家族の食事や住居の違いについて、写真から読み取りをしました（左の写真）。その後、片方の家族がスーダンからの難民であることを知らせ、水汲みやモスクの写真や、難民への取材メモから、難民の暮らしを具体的に調べながら理解を深めました（右の写真）。

私たちは、難民をすぐに救えるわけではありません。しかし、思春期の多感な今、難民について考えることで、将来の自分の行動を変え、世界を変えるきっかけとなる可能性はあります。

私たちと難民の共通点についても考えました。悩みながらも「平和を望む」「家族を大切にする」などの意見が出ました。

道徳の感想

同じ人間であっても、格差があるのは納得できない。発展途上国には、魚を与えるより釣りを教えろというように、物資も重要だが、物資を得る方法も教えると良いかもしれない。【悠宇さん】

社会の時間に難民という言葉を聞いた。最初はどういう人たちかよくわからず、「そんな人がどこかにいるんだ」という気持ちだったが、今は身近に感じる。つらい思いをしている人がたしかにいるということがよくわかった。【まみさん】

僕は長期休み明けの学校がとてもつらく、もっと休んでいたいと思っていた。しかし、難民の立場からすれば長期休みがないどころか、学校にすらいけない人が多いということを知り、なんだか胸が痛んだ。【航大さん】

自分たちにとっては当たり前のことでも、どこかの国の誰かにとっては夢のようなことかもしれないと思った。もっと毎日を大事に過ごそうと思った。【翔天さん】

次回（第４４号）の予告…「未来の力」の育成／迫る一般入試／カウントダウン／節分／夢マップファイナル（２月６日（月）発行予定）

３年生になると，国際理解などの身近ではないテーマについても深い学びができるようになります。この例では，社会科と道徳で計画を合わせて，国際理解の教材を取り上げたことを紹介しました。写真を組み込みながら，活発な議論や活動の様子を伝えることができました。

実例 110

3年生　「喜怒哀楽」第43号表（2015年1月26日発行）

厳しい壁を乗り越えよう

2015年1月26日（月）　八雲町立熊石第二中学校　3年A組　学級通信「喜怒哀楽」　第４３号

厳しい壁を乗り越えよう

喜怒哀楽

発行
八雲町立熊石第二中学校
3年A組担任　川端裕介

３年Ａ組学級目標
最高の学級
［全力疾走］
～二中を支える柱となれ～

結果に自信と不安
すべて終了　定期テスト

一月二十一日（水）・二十二日（木）の二日間で、後期期末テストが終わりました。先週の内に五教科のテストは返却も終えています。結果を受けて、さらに学習に力を入れましょう。

テスト前の休み時間の様子

最後の定期テストが終わりました。答案が返却される中で、三Ａの皆さんが感じているのは、入試に対する自信と不安の両方の感情ではないでしょうか。

得点が伸びた教科については、「やればできる」という自信になったはずです。一方、思うような結果が出なかった教科については、本番の入試への不安が増加したかもしれません。入試まで残りわずかとなりましたが、入試本番で得点をさらに上げることはできます。ただし、相当な努力が必要です。希望進路を勝ち取る道は、けっして甘くはありません。覚悟を決め、入試に向けて努力を続けましょう。

今週はスキー授業とスキー遠足があり、学習に集中しづらい一週間です。体の疲れも、たまりやすいでしょう。そのような状況でも、入試まで家庭学習を休むわけにはいきません。右の写真は、二十三日（金）の学習会の様子です。テスト翌日の放課後でしたが、真剣な姿勢が見られました。さっそくテストの解き直しや復習をするのは立派です。

テスト後の学習会

明日には公立入試の倍率が発表される予定です。来週には、入試模擬試験の意味合いをもつ、最後の学力テストがあります。入試まで待ったなしです。もうひとふんばりです。

ヤツヤルツッテル
普段から言葉を大切に

入試が迫り、義務教育の終了が控える今、言葉遣いにいっそう気を付けてほしいと思います。思いやりに欠ける乱暴な言い方はもとより、思わず出てしまう不適切な表現にも注意しましょう。例えば、「先生が～つってたよ」などという言い方を教室で耳にすることがありますが、正確には「～とおっしゃっていた」、最低でも「言っていた」と言うべきです。

他にも「あそこのヤツ取って」（「あそこのものを取って」と言うべき）、「勉強やってねー」（「していない」と言うべき）など、公の場でふさわしくない言葉遣いが散見されます。テストでの記述はもちろん、面接が心配です。

言葉は心の表れです。相手のことを考え、丁寧な言葉遣いをすることが大切です。学校で適宜指導しますが、ぜひご家庭でもご協力をお願いします。

卒業へのカウントダウン
手作り日めくりカレンダー

教室に掲示したカレンダー

先週から、教室に日めくりカレンダーを掲示しています。先週の学活の時間に皆で作成しました。日付と主な行事に加え、卒業までの登校日数とコメントを記入するようにしました。上の写真は、今日のカレンダーです。卒業式を含め、あと三十二回しか登校日はありません。

また、「（入試まで）まだ大丈夫じゃね」というコメントが小さく書いてありますが、大丈夫かどうかは、これからの過ごし方次第でしょう。テレビを我慢し、ゲームを我慢し、インターネットを我慢し、学習にすべてを捧げれば、希望進路の実現は「大丈夫」となる可能性が増します。

日めくりカレンダーを見ながら、入試と卒業までに残された時間を実感し、一日一日を大切に過ごしてほしいと思います。決戦の日と、旅立ちの日は迫っています。

家族は見ている

「受験を控えているという自覚不足が心配です。残り少ない日々の中，どれだけの頑張りを続けられるか，ここでふんばらなければ，後悔することは目に見えています。」

「誘惑に負けているように見受けられます。残された限られた時間に焦ってください。本当に，残りわずかです。」

「よくがんばっていたと思います。受験に向けて，このまままもっとがんばってほしいです。」

「本人なりにがんばっていたようです」

これらは，冬季休業中の３Ａの皆さんの様子に関する，保護者の皆様のコメントです。３Ａの皆さんのがんばり，あるいは甘さを，家族はきちんと見ています。その上で，さらなる努力を期待しています。その期待に応えましょう。

次回（第４４号）の予告…最後の学力テストに向けて，倍率を受け止める，スキー授業・遠足　他（2月2日（月）発行予定）

左上の囲み記事の見出しに工夫を図りました。高校の面接試験を前に，言葉遣いに気を付けることを伝えるために「ヤツヤルツッテル」という，一見すると意味のわからない文字を見出しに使いました。読み手の関心を引き付け，読んだ後に強く印象に残る効果がありました。

2月の学級通信

実践編

実例 111 特効薬より地道な取り組み

2016年2月1日（月）　函館市立亀田中学校　2年2組　学級通信「亀の湯」　第42号

特効薬より地道な取り組み

亀の湯

第42号
函館市立亀田中学校
発行　川端裕介

2年2組学級目標
A・Y・K！

思いやり宣言作成
いじめを許さない風土を

先週の学級の時間に、「思いやり宣言」を作成しました。いじめ撲滅の取組として、生徒会が発案したものです。いじめを防ぐ確実な方法はありません。地道な努力を積み重ね、思いやりにあふれる雰囲気をつくることが大切です。

思いやり宣言は、全校生徒がいじめをなくすためのメッセージを考えるという取組です。二十九日（金）の中央委員会では、各生徒のアイディアを元に、学年ごとの宣言を考えました。後日発表があると思います。

いじめに関しては、「これをすれば絶対に起きない」という方法はありません。しかし、いじめは絶対に許してはいけない行為です。

そこで、ありとあらゆる方法を考え、それらを組み合わせながら継続的にいじめ撲滅の取組を続けることが大切です。今回の生徒会の取組は、いじめをなくすためには思いやりの態度が大切であると考えたものです。二組でも、いじわるな発言やわがままな行動に対して、「それは良くない」「やめようよ」という声が増えています。例えば、先日の班替えの際には、欠席の生徒に仕事を押し付けようとした発言に対し、京介さんが「それはダメだ」と注意をしました。誰もが、どの場面でもそのような行動ができるようになれば、いじめの芽も摘まれるはずです。

二組の皆さんの「思いやり宣言」の中にも、すばらしいものがたくさんありました。例えば、「言われた人の気持ち　考えよう」、「助けてくれる仲間がそばにいるよ」、「いじめは犯罪です」などです。これらの言葉を全員が胸に刻み、思いやりのある行動を続けることで、いじめを認めない雰囲気が徐々に出来上がるはずです。誰もが安心して過ごせる学級、学校をつくりましょう。

ご当地グルメに舌つづみ
全国学校給食週間

先週の給食では、全国学校給食週間の一環として、道東地区のご当地メニューが毎日提供されました。下の写真は、釧路のザンタレ（味付けされた鶏の唐揚げ）です。他にも、サーモンバーガーや玉ねぎラーメン、ホワイトカレーなど、珍しくておいしい料理が続きました。給食の様子を見ていると、いつもより料理に関する話題で盛り上がっていました。また、男女問わずおかわりも多く、欠席者が多い中でも残食は少なめでした。

珍しい料理との出会いによって、食への関心を高めることができました。今年度の給食も残り三十回ほどですが、食わず嫌いをせず、給食時間を楽しんでほしいと思います。

受験二日前なら…
迫る実力テスト

三学期初めての、また今年度最後の実力テストまで二日です。一・二学期の内容すべてがテスト範囲という教科もあり、先週から「もう何から手をつけて良いかわからなくて…」という声が聞こえています。二日前なら、なおさらどんな対策をすべきか悩むと思います。

そこで、一年後を想定し、「入試の二日前ならどのような勉強をするか」と考えることを勧めます。限られた時間を、有効に使う方法を考えましょう。例えば、苦手分野に絞るという方法があります。また、十分に対策を積み重ねている人なら、テスト型の総合問題に取り組んで自信を深めるという方法もあります。時間がないからとあきらめず、すべきことを実践しましょう。

データで見るお正月

２組の皆さんに、お正月に関するアンケートを取りました。その結果を見ると、興味深い点がありました。

１つは、お年玉です。２組の平均は２８６５３円でした。中学生にとっては大金です。使い道を見ると、ゲームやＣＤなどの趣味の他、文房具や部活動の道具、なかには「お母さんとの外食代」に使うという人もいました。しかし、圧倒的に多いのは貯金です。堅実派が多いようです。

もう１つは、おせち料理です。雑煮（１８名）の他、数の子・栗きんとん（１３名）、伊達巻・かまぼこ（１２名）、黒豆（１１人）など、定番の物を食べた人は一定数いました。ただし、道南の伝統的なお正月料理である「くじら汁」は、わずか３名。くじらが入手しづらくなっていることも影響しているのかもしれません。先日、給食でくじら汁が出されましたが、食卓に上がる機会は減っているようで、少しさみしい気がします。

次回（第４３号）の予告…２年生最後の定期テスト、ちがいのちがい　他（２月８日（月）発行予定）

トップ記事で生徒会のいじめ対策の取組を紹介しました。それに合わせて，学校生活の中からいじめの防止につながるような生徒の発言を紹介しました。さらに「安心して過ごせる学級」という経営方針をあらためて示し，いじめ防止のために多角的なアプローチを行いました。

最低30　目指すは50

2016年2月8日（月）　函館市立亀田中学校　2年2組　学級通信「亀の湯」　第43号

亀の湯

第４３号
函館市立亀田中学校
発行　川端裕介

2年2組学級目標
A・Y・K！

最低30　目指すは50

二週間での家庭学習時間　そして入試まで一年

学年末テストまで、今日で二週間前になります。入試までは約一年です。入試へのカウントダウンが、ついに始まります。学年末テストは、これまで以上に家庭学習を充実させることが不可欠です。

別途配布した通り、今日からは家庭学習強調週間も始まります。校区のすべての小学校と連携し、ゲームやスマートフォンの使用を控え、その分の時間を家庭学習に活用する取組です。「勉強中に、ついスマホを触ってしまう」という声も多いので、保護者の方に預けてしまいましょう。なぜなら、今回の学年末テストは、これまでの定期テスト以上に重要だからです。その理由は三つあります。

一つ目は、先週の実力テストの結果が振るわなかったからです。今回の学年末テストと範囲が重複する教科もあります。失敗や後悔を繰り返してはいけません。

二つ目に、学年末テストは三学期の評定に大きな影響があるからです。高校入試の際の「内申点」に直結します。

三つ目に、高校入試まで一年ほどだからです。今の三年生は、来週に私立一般入試、三週間後に公立一般入試を控えています。二年生に皆さんにとっては、入試までに残された時間は一年ほどです。すでにカウントダウンが始まっていると考えるべきです。

これまでのようにのんびりと構えていては、自分の夢の実現は遠のいてしまいます。ライバル達に後れを取ってはいけません。家庭学習は、残り二週間で最低でも三〇時間（一日平均約二時間）、できれば五十時間（平均三時間三十分）を目標にしましょう。「やればできる」ことを証明しなければいけない時期が来ました。

弱い気持ちをノックアウト！　心の中の鬼退治

先週の学級の時間に、「自分の直したいと思うことを心の中の鬼に見立てて外に追い出す」という活動を行いました。節分にちなんだものです。上のイラストは、ひまりさんの作品です。秀逸な表現です。他の人も、文字で自分の弱さを表していました。例えば、「なまけぐせ」（紀佳さん）や、「逃避（面倒なことから）」（悠宇さん）、「言われたことをやらない心」（有紀菜さん）、「おやつを一人で全部食べてしまう」（将和さん）、「三日坊主」（京介さん・来生さん）などです。なかには、「世界中の人々を裏切る邪悪な心」（健斗さん）という壮大なものもありました。

受験まで一年を切った今、自分の弱さと向き合い、その弱さを乗り越える必要性が増しています。将来の夢を叶えるために、心の中の「悪い鬼」を見つけ、今の内に退治してしまえると良いですね。

突然の「おぉー！」

先週火曜日の朝の学活のことです。日直の響さんが「今日の目標は「インフルエンザに打ち勝て」です」と発表した直後に、晴歩さんが突然「おぉー！」と合いの手を入れました。周りの人は、何とも言えない反応でしたが、学活終了後には晴歩さんの周りに人だかりができていました。

実は、前日の掃除の時に打ち合わせをしていた「ネタ」でした。元気がないと言われることも多い２組ですが、最近はそんなこともありません。休み時間や給食時間に加え、掃除の時間まで元気に楽しく過ごすのが、当たり前になっています（もちろん、掃除や給食の当番もきちんとこなしています）。授業中の反応がさらに良くなると完璧です。

２年２組として過ごす日々も短くなってきました。来年も同じ校舎で過ごす仲間だからこそ、今のメンバーとの交流を大切にしてほしいと思います。

油断せず体調管理　欠席は減少傾向

学校全体でも欠席者が減少傾向にありますが、二組も同様に体調の戻ってきた生徒が増えました。とくに、三日（水）と五日（金）は欠席者が一人もいませんでした。欠席者ゼロは、三学期に入ってから初めてでした。

また、毎朝、健康委員の恭弐さんが「感冒調査」（風邪などの症状の調査）を行っています。先々週までは、体調を崩している生徒の割合が、全校トップクラスでした。しかし、先週に入ってからはかなり減っています。良い傾向です。

ただし、インフルエンザの流行のピークが今後訪れる可能性もあります。テストも控えています。手洗いなどの基本的な予防を徹底し、万全の体調で三月まで登校することを期待しています。

次回（第４４号）の予告…人生で最も学ぶ一週間に、春の飾り　他（２月１５日（月）発行予定）

２週間後の学年末テストに向けて，見出しでは家庭学習の目標時間を数字で示しました。また，文章では学年末テストの重要性を入試と関連させながら伝えました。さらに，左上の囲み記事では節分にちなんで弱い気持ちに負けないように励まし，学習への意欲を喚起させました。

実例 113

3年生　「喜怒哀楽」第44号表（2015年2月2日発行）

2か月後の仲間と競う

2015年2月2日（月）　八雲町立熊石第二中学校　3年A組　学級通信「喜怒哀楽」　第44号

2か月後の仲間と競う

喜怒哀楽

発行
八雲町立熊石第二中学校
3年A組担任　川端裕介

3年A組学級目標
最高の学級
［全力疾走］
～二中を支える柱となれ～

公立入試出願状況発表　最後の追い込みを

先日、公立高校入試における出願状況が発表されました。同じ高校を目指すライバルたちの存在を、明確に意識できたと思います。学習にいっそう力を入れましょう。

ついに、同じ高校を目指すライバルが何人いるのかが明らかになりました。発表された志願者数と倍率を見て、顔の見えないライバルたちを想像し、皆一様に焦りと緊張が高まったようです。

しかし、そのライバルたちは、高校入学後に仲間となる存在でもあります。敵視するのではなく、同じ試練に臨む良きライバルだと思いましょう。ライバルたちが努力する姿を想像し、切磋琢磨する意識をもつことが大切です。

また、出願状況の発表によって、入試が刻一刻と迫っているという現実に、あらためて気付かされたと思います。入試までの残り日数は、公立まで三十日、私立まで約二週間、高専までは十日余りです。合格を勝ち取るために、「ライバルはもっと勉強しているかもしれない」と、危機感をもちましょう。そして、行動に移しましょう。テレビもゲームもスマートフォンも、今はすべて余計なものです。他の受験生が何をしているのかを想像すれば、受験勉強へと気持ちが向くはずです。

何気ない場面だからこそ　気をつけよう　姿勢

二十九日（木）に、生徒会役員選挙と立会演説会が実施されました。生徒会活動も、ついに後輩たちへとバトンタッチをする時期になりました。三Aの面々は、候補者たちの今後のがんばりに期待を込めながら、演説に耳を傾けていました。

この立会演説会で、私が感心したのが、あまねさんの姿勢です。

立会演説会で話を聞くあまねさん

上の写真のように、イスにもたれかからずに、背筋を伸ばし、手はひざの上に置く…まるで面接のような座り方です。普段から美しい座り方ができていて、とても立派です。入試を控える今、他の人にもぜひ見習ってほしい姿勢です。

やはり、「入試の時だけきちんとすれば良い」という甘い感覚では、本番で失敗します。問題を解くことに全力を注ぐべき入試で、姿勢のことまで意識するのは至難の技です。したがって、普段の姿が入試でも出てしまうものです。逆にいえば、普段から姿勢や言動に気を付けていれば、入試本番で失敗せずに済む可能性が高まります。改善するには、まだ間に合います。普段の学校生活や家庭でも、十分に注意しましょう。

八段の快挙　漢字コンクール終了

先週で、三年間続けてきた漢字コンクールが終わりました。全員が十級から始まったコンクールですが、最終的には級を超えて段位を取得する生徒がたくさんいました。なかでも、翔さんは八段となりました。これは、W試験を含めて三年間で十八回実施されたすべての試験で合格したことを意味します。すばらしい結果です。また、紫帆さんと知恵美さんは、七段まで到達しました。これも快挙といえます。三人とも、たゆまぬ努力を続けてきたことがうかがえます。

漢字コンクールと英単語コンクールは、学校独自の取組です。しかし、コンクールで高段位の生徒ほど、その教科が得意であったり、関連する検定（英検や漢検）を取得していたりする傾向はあります。地道な学習の積み重ねによって、着実に学力が向上するのだと考えられます。

今月には最後の英単語コンクールがあります。コンクールを活用し、一つでも多くの単語を覚えましょう。それが、入試での力となります。

保護者の皆様へ

来週の9日（月）の19：00より，第4回PTA役員会が開催されます。3月の総会を除けば，最後のPTAの集まりとなります。

また，PTA役員会終了後に，3学年PTA部会を開催します。卒業式後の謝恩会（祝賀会）等について話し合う予定です。9日を除けば，卒業式まで学年PTAとして集まる機会はありませんので，ご参加をよろしくお願い申し上げます。

喜怒哀楽もあとわずか

3年A組学級通信「喜怒哀楽」も，今回で44号となりました。第1号に載せた発行計画に沿って，現在まで毎週一号の定期発行を継続中です。

学級通信は，夜中や早朝に作成することが多いので，決して楽ではありません。しかし，「今頃，3Aの皆も受験勉強をがんばっているはず！」と，自分自身を奮い立たせながら，発行を続けています。

入試と卒業が近づく中，学級通信も残り6号となりました。今後も「読まれる　待たれる　参加する」学級通信を目指し，紙面の質にこだわりながら定期発行を続けます。

次回（第45号）の予告…最後の学力テストを終えて，入試に向けて　他（2月9日（月）発行予定）

入試は他の受験生との競争ですが，その競争相手は入学後には仲間に変わります。小規模校のため，高校入学後は同じ中学校の生徒が少ない面からも，ライバルと敵が同義ではないことを強調しました。入試本番に向け，まっすぐな気持ちで努力するようになる効果がありました。

実例
114

楽しい行事を終えて…次は

２０１５年２月２日（月）　八雲町立熊石第二中学校　３年Ａ組　学級通信「喜怒哀楽」　第４４号

楽しい行事を終えて…次は

一月三十日（金）に、七飯スノーパークにてスキー遠足が実施されました。三年生にとっては、入試前の最後の大きな行事です。ケガもなく、皆が楽しみながら一日を過ごしたようです。その様子を写真で紹介します。涼凪さんとななみさんの写真は、知恵美さんが撮影した作品です。
スキー遠足の昼食の時に、「もう入試しかない」という声が聞こえましたが、その通りです。志望校合格という喜びを得るために、これからは楽しいことの一切をがまんし、ひたすら努力するしかありません。辛抱強く、がんばりましょう。

【最高の学級ためのひと言】ライバルたちの努力する姿を想像しましょう。そうすれば，自ずと机に向かうはずです。

最後のスキー遠足の様子を伝えました。生徒の素敵な表情を捉えた写真を掲載することができました。反省としては，写真に１枚ずつタイトルかキャプションを付けるべきでした。また，楽しい行事がすべて終わったことを確認し，受験勉強への気持ちを高めさせました。

実例

115

■3年生　■「亀の湯」第44号表（2017年2月6日発行）

合格の先を見据えて

２０１７年２月６日（月）　函館市立亀田中学校　３年６組　学級通信「亀の湯」　第４４号

合格の先を見据えて

亀の湯

第４４号
函館市立亀田中学校
発行　3年6組学級担任　川端裕介

3年6組学級目標
みんなGU（自由）　みんなAU（英雄）
～37＋1の挑戦！～

学活に自習させないねらいとは　見通す力と協調性を

入試が迫る中ですが、学級では入試対策だけをしているわけではありません。一見、余計に感じる活動も、卒業後の長い人生で役立つ力を高めるというねらいがあります。

受験シーズンとなり、学習に対する意識がますます高くなっています。給食の配膳前に、わずか数分間を惜しんで勉強をする姿も当たり前の光景になっています。

その一方で、学級では左下で紹介しているカウントダウンカレンダーや、裏面で紹介している夢マップなど、入試とは関係のない活動も多数行っています。

三年生の三学期になると、学活の時間は自習と面接練習に専念する学級もあるでしょう。しかし、六組は違います。六組の皆さんが将来必要になるはずの力を磨きたいからです。

その力とは、一つは**先を見通して自分で計画を立てて実行する力**です。校長先生のお話に出てくる「未来の力」とも重ねります。カレンダーづくりは先を意識するきっかけになりますし、夢マップは将来の指針になります。高校合格をゴールとせずに、新たなスタートにするためには、こうした活動に大きな意味があると考えます。

もう一つの力は、**仲間を大切にすること**です。社会に出ると、他者とコミュニケーションを図って協力する場面が数多くあります。**学級の仲間と協力して様々な活動を行い、協調性を磨いてほしい**と考えています。

週に五十分だけの学活ですが、私はこの時間が皆さんの将来に役立つと考えています。受験勉強にはならなくても、人生の勉強になります。皆さんの時間を、少しだけください。

残り一週間ですべきこと

今日は公立推薦入試の一週間前、私立一般入試の八日前です。限られた時間の使い方を良く考えて、行動に移しましょう。

一番大切なのは、万全の状態で入試に臨むことです。体調管理と怪我の予防を最優先し、無理をしないようにしましょう。とくにインフルエンザにかからないように、丁寧な手洗いとこまめな水分補給が不可欠です。

学習面では、まずは過去問を何度も解きましょう。私立高校は出題傾向がはっきり決まっている所が多いため、本番で慌てずに問題を解けるようになります。また、新しい問題集などに手を付けるのは厳禁です。残り一週間で学力を劇的に高めるのは現実的ではありませんし、かえって不安になる可能性もあります。使い慣れたものを解き直しましょう。一方、面接の受け答えは残り一週間でも改善できます。

残された時間はわずかですが、まだできることやすべきことはあります。時間を味方につけましょう。

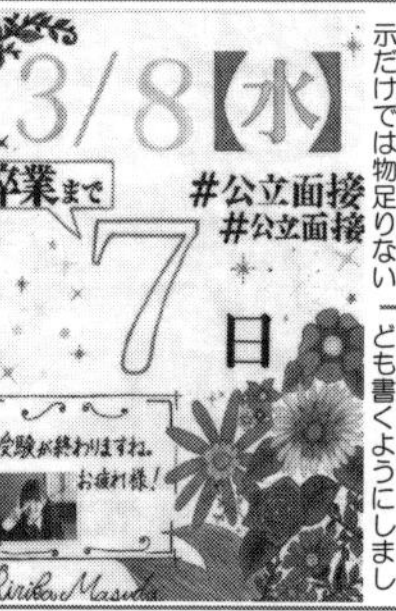

卒業までのカウントダウンカレンダーの一例です。璃梨加さんが、字も絵も美しく、見やすい作品に仕上げました。

こだわりのカウントダウン

学校では定番の卒業や進級までのカウントダウンカレンダーを、六組でも作成しました。しかし、残り日数の表示だけでは物足りないので、担当者の顔写真を貼りつけた上で、皆へのひと言や、その日に起きそうなこと、感じていそうな気持ちなども書くようにしました。左上の璃梨加さんのように、イラストを描いた人もいます。手抜きはありません。

私が職員室で、出来上がったカレンダーにラミネート加工をしている時に、他の先生から「さすが六組」とほめてもらいました。六組の皆さんのすばらしさが広く認められている証拠と感じ、とてもうれしく思いました。六組は良い意味で、こだわる学級です。

６組の鬼退治

２月３日（金）の節分に、教室でも豆まきを行いました。私と合格内定済みの２人の計３人が鬼になりました。鬼は「寝たい鬼」と「遊びたい鬼」「（ＴＶやネットを）見たい鬼」の貼り紙を胸に付けていました。皆は、追い出したい欲望の貼り紙（を付けた鬼）へ目がけて豆をまきました。

教室は落花生だらけになりました（節分で大豆ではなく落花生を投げるのは北海道や東北だけだそうです）が、見事に鬼を外に追い出しました。豆は各自で持って帰ったり、その場で食べたりしました。

実は、前日まで実施を悩んでいました。時間がかかるし、片づけも大変だからです。しかし、皆の表情を見て、実施して良かったと確信しました。伝統的な年中行事を皆で楽しく経験し、良い思い出になりました。担任の思いつきに付き合ってくれた６組の皆さん（とくに鬼役の２人）、ありがとうございました。掃除の手伝いも助かりました。

【格言～未来へ歩む参考に～】●●●●●●●●●●●●●●●●●●●●（●●●●）

３年生にとって３学期は，受験の時であり，卒業の時でもあります。そこで，受験勉強の意欲を高め，不安をできるだけ取り除くのと同時に，学級への帰属感を高めることが大切です。トップ記事では，学活の時間に自習ではなく卒業に向けた活動をすることの意義を伝えました。

実例
116 夢の実現へ一歩ずつ

3年生　「亀の湯」第44号裏（2017年2月6日発行）

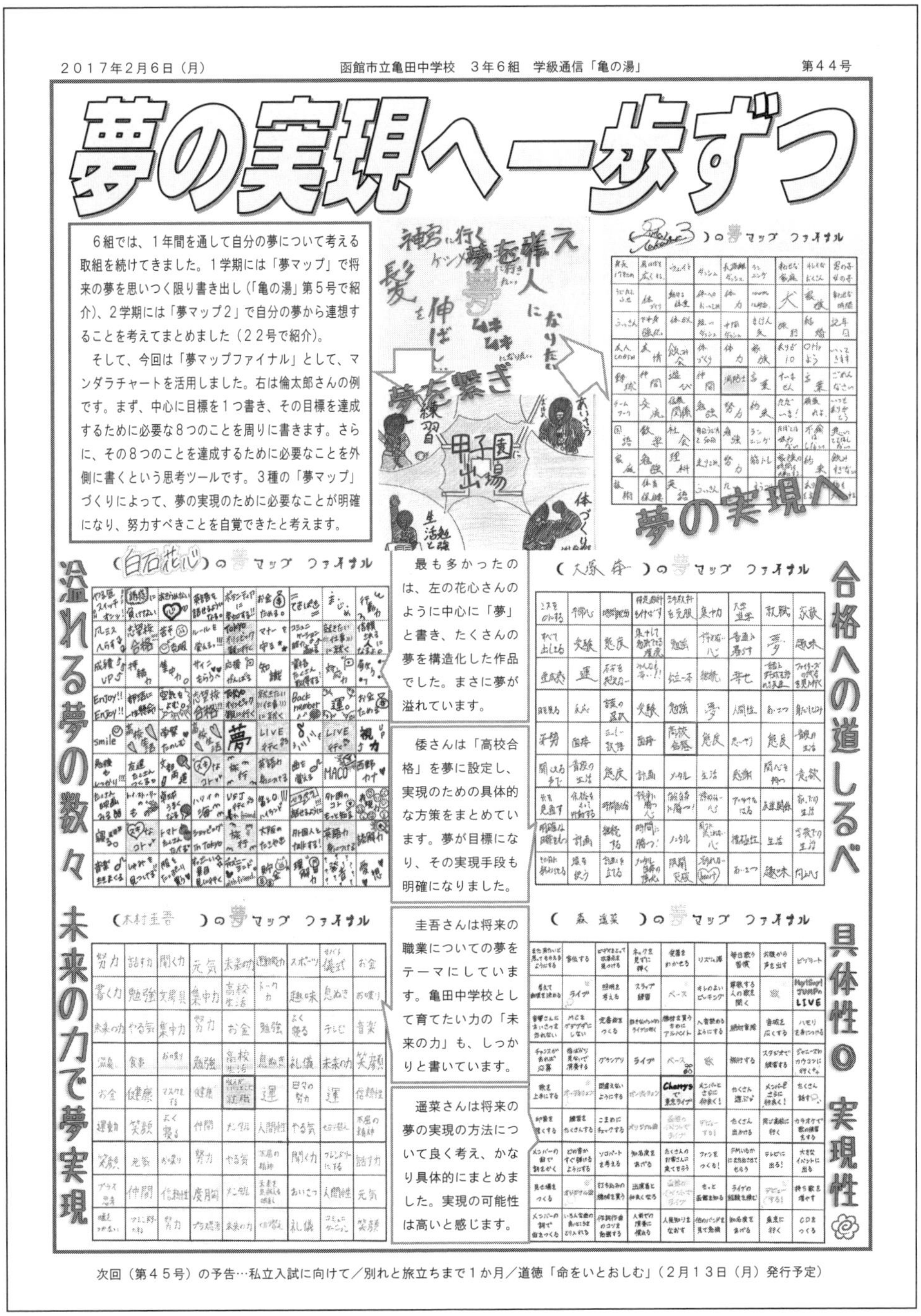

２０１７年２月６日（月）　函館市立亀田中学校　３年６組　学級通信「亀の湯」　第４４号

夢の実現へ一歩ずつ

６組では、１年間を通して自分の夢について考える取組を続けてきました。１学期には「夢マップ」で将来の夢を思いつく限り書き出し（「亀の湯」第５号で紹介）、２学期には「夢マップ２」で自分の夢から連想することを考えてまとめました（２２号で紹介）。

そして、今回は「夢マップファイナル」として、マンダラチャートを活用しました。右は倫太郎さんの例です。まず、中心に目標を１つ書き、その目標を達成するために必要な８つのことを周りに書きます。さらに、その８つのことを達成するために必要なことを外側に書くという思考ツールです。３種の「夢マップ」づくりによって、夢の実現のために必要なことが明確になり、努力すべきことを自覚できたと考えます。

最も多かったのは、左の花心さんのように中心に「夢」と書き、たくさんの夢を構造化した作品でした。まさに夢が溢れています。

倭さんは「高校合格」を夢に設定し、実現のための具体的な方策をまとめています。夢が目標になり、その実現手段も明確になりました。

圭吾さんは将来の職業についての夢をテーマにしています。亀田中学校として育てたい力の「未来の力」も、しっかりと書いています。

遥菜さんは将来の夢の実現の方法について良く考え、かなり具体的にまとめました。実現の可能性は高いと感じます。

次回（第４５号）の予告…私立入試に向けて／別れと旅立ちまで１か月／道徳「命をいとおしむ」（２月１３日（月）発行予定）

年間を通して夢をもつことの大切さを説き，時期をみて「夢マップ」づくりを続けてきました。その集大成として，夢を実現する方法を多面的に考えました。その成果を通信で紹介することで，受験がゴールではなく夢へのスタートだと，生徒は実感することができました。

実例 117

■3年生　■「亀の湯」第45号表（2017年２月13日発行）

未来への挑戦

２０１７年２月１３日（月）　函館市立亀田中学校　３年６組　学級通信「亀の湯」　第４５号

未来への挑戦

亀の湯

第４５号
函館市立亀田中学校
発行　3年6組学級担任　川端裕介

3年6組学級目標
みんなGU（自由）　みんなAU（英雄）
～37+1の挑戦！～

仲間の存在を自信に変えて
公立推薦・私立一般入試

いよいよ、入試が本格化します。不安や緊張を感じるのは当然ですが、皆さんは合格するだけの努力を仲間と共に積み重ねてきました。さあ、未来を切り拓くための挑戦に臨みましょう。

今日は公立推薦入試が行われ、明日は私立一般入試があります。多くの人にとって初めての入試が、ついに始まります。

教室でも、先週あたりから緊張感が漂っていました。おそらく、今日の午後からの下見を経て不安が次第に高まり、明日の一般入試では（たとえ第二志望であっても）相当に緊張するのではないかと予想されます。

しかし、心配する必要はありません。その理由は二つあります。

一つは、受験生の大多数が、皆さんと同じように緊張しているからです。「自分の力を発揮できるだろうか」や「隣の人はもっと解けたのではないだろうか」といった不安を抱くのは、誰もが同じです。

もう一つの理由は、六組の皆さんは、合格の基準に十分に届くだけの努力を積み重ねてきたからです。とくに、六組では面接練習を生徒同士で行ったり、勉強のわからないところを教え合ったりするなど、仲間と共に入試対策を続けてきました。**六組の温かさが緊張を和らげ、六組の絆が不安を取り除いてくれるはずです。挑戦する学校は違っても、教室で仲間と支え合ってきた経験が、入試当日も味方してくれます。**

これまでの努力と経験に自信をもって、入試に挑みましょう。学級目標の通り、**皆さんの未来への「挑戦」の瞬間がやってきました。人生の大舞台ですが、皆さんは六組の「英雄」です。勝ちます！**

学級力 向上中

「学級力アンケート」結果　2017年1月実施

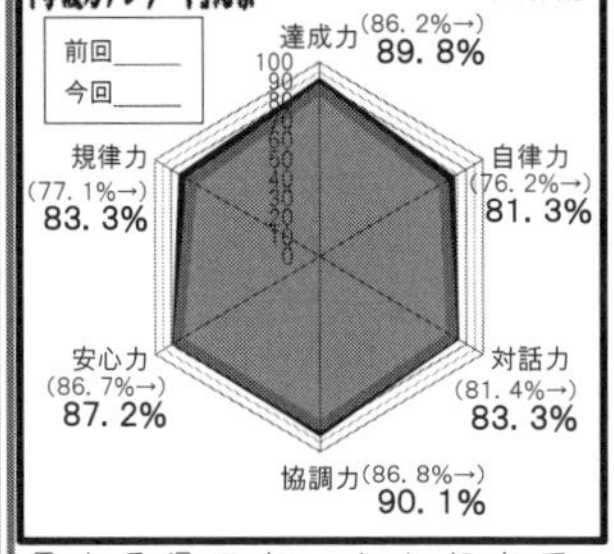

二週間前に、三学期に入って初めての「学級力アンケート」を実施しました。六日（月）にはアンケート結果を分析し、改善の方向性について話し合いました。

上のグラフは、今回のアンケートの総合的な結果です。二か月前に実施の前回（「亀の湯」三十六号で紹介）と比べると、すべての項目で数値が上昇しました。前回の数値を見ずに評価しているにもかかわらず、良い結果でした。

この結果に私は驚きました。前回は学校行事の続く二学期後半だったこともあり、かなり高い数値でした。三学期にこれを上回るのは簡単ではありませんでした。それでも評価が上がったことは、担任としてうれしい限りです。皆さんが六組を大切に思ってくれていることが、データに表れています。詳細な分析と改善案は、裏面で紹介します。

一に休息　二に確認
入試前日の過ごし方

今日の私立入試の下見が終わってから、皆さんはどのように過ごそうと計画しているでしょうか。

基本的には、自分の力を高めるよりは、自分の力を発揮できるように準備をしましょう。したがって、新しい問題集を解くよりは、これまで解いてきたものを見直す方が効果的です。自分のこれまでの努力の蓄積を再確認することで、不安が薄れます。

面接の準備も同じです。志望動機を中心にこれまで準備してきた内容を淀みなく伝えることができるか、最終確認をしましょう。

そして、何より大切なのが、体調管理です。胃に負担をかけないように、脂質の取りすぎに気を付けましょう。

そして、夜は早めに布団に入ることを勧めます。十時には照明を消して目をつぶりましょう。緊張で眠るのが難しい場合でも、目と体を休める効果があります。こうした行動を通して、心の準備もできるものです。万全の備えで、未来のための挑戦に臨みましょう。

仲間と過ごす20日間

先週から始まったカウントダウンカレンダー。今日のカレンダー（萌乃さん作成）は３０日前の表示ですが、これは休日も含んでいます。実は、学校に来るのは今日を含めてわずか２０日です。これまでの登校日数は１７９日なので、６組で過ごす日々が本当に残り少なくなってきました。

学校による差はあるものの、高校では中学校ほど、学級単位で活動する場が一般的には多くありません。学級目標を考えて達成に向けて努力したり、学級の皆でテーマを立てて話し合ったりすることも少ないでしょう。

だからこそ、今、この瞬間が大切です。６組を巣立つまでの残りの日々の中で、学級という集団の意義を、ぜひ意識しながら過ごしてほしいと思います。教室での何気ない会話や、皆で取り組む活動を楽しみましょう。

【格言～未来へ歩む参考に～】●●●●●●●●●●●●●（●●●●）

私立高校入試の前日に発行した例です。トップ記事では，学級の絆が不安を払拭してくれるはずだというメッセージを贈りました。左上の囲み記事で，学級の力の高さをデータとして示しました。「根拠のない励ましではない」と生徒が確信できるような紙面構成を心がけました。

実例 118

■３年生　■「亀の湯」第45号裏（2017年２月13日発行）

皆がクラスの主人公

２０１７年2月１３日（月）　函館市立亀田中学校　３年６組　学級通信「亀の湯」　第４５号

皆がクラスの主人公

表面でも紹介した通り、１月の「学級力アンケート」を元に、学級をより良くするための話し合いを行いました。内容としては、数値の変化の原因を分析した後に、学級をより良くするための具体的なアイディアを交流し、班ごとにまとめ、発表しました。入試対策で忙しい時期の合間を縫っての実施でしたが、下の写真で紹介している通り、とても意欲的に話し合いを行っていました。

この活動の特色は、生徒がアンケート結果を分析して改善策を考える点にあります。学級の現状が赤裸々になるので、担任として怖い部分もありますが、それ以上に意義があると考えて実施しています。６組の皆さんが活発に話し合う姿を見て、実施して良かったと確信しました。

①結果の分析

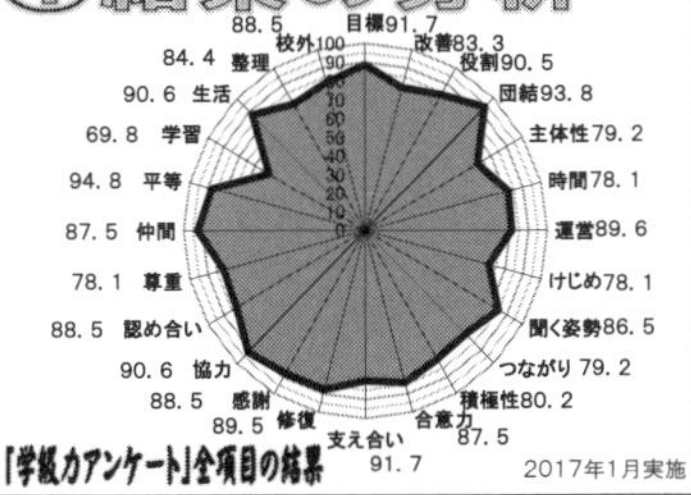

「学級力アンケート」全項目の結果　2017年1月実施

まずはアンケート結果を分析しました。使用したのは、表面で紹介したものより細かい、２４の項目のグラフ（左）と、大項目ごとに分けられた６種のグラフ、さらに前回との数値の変化を示した表です。全体的に数値が上がった理由としては**「受験への意識が高まり、皆で受験を乗り越えようという感じが出たから」**（潤也さん）など、入試と関連付けて分析をした意見が中心でした。他には**「卒業も近くなって団結力や安心感が出たから」**（綺さん）という意見や**「みんなで話す、関わり合う時間が多かった。また、みんなの仲の良さが一番生きるクラスだから」**（陽加里さん）などの意見がありました。

改善点については、項目別で数値の下がった「時間」と「尊重」や、前回より改善したものの、依然として数値が低い「学習」について重点的に改善したいという意見が多く出されました。十分に高い数値ではありますが、さらに良くしようとする前向きな姿勢が立派です。

②改善案の交流

次に、学級力をさらに向上させる方法について、個人で考えた上で、生活班ごとに意見を交流しました。印象的だったのは、個人思考の場面から隣や前後の席の人との話し合いが自然と行われていたことです。教科の授業ではいけないことですが、学活の時間であれば素晴らしいことだと考えます。なぜなら、思わず話してしまうほど、自分の考えを伝えたり、他者の考えを聞いたりしたいという気持ちが強いからです。

班での話し合いも、かなり活発に進みました。右の写真は４班の様子ですが、皆がお互いの顔を見ながら、次々と発言していました。**「このクラスをさらに良くしたい」という思いが表情や言葉に表れていました。これこそ、生徒の手によって学級の自治が行われている姿です。**

学級をより良くするための意見を活発に交流する四班

③改善策の提案と決定

ピラミッドランキングの形式で改善策をまとめる一班

最後に、ピラミッドランキングという形式で、学級をより良くするための具体的なアイディアを班ごとにまとめました。例えば「秘密の親切」（相手に内緒で親切な行動をする）などの定番の活動の他に「朝のローテーショントーク」や「握手あいさつ」、「ほめ文しりとり」など独創的なアイディアが次々と出されました。さすが６組です。

話し合いが盛り上がったために、どの行動をするかを決める時間がありませんでした。そこで、今週中に総務班と相談しながら具体的な改善策を固めて提案し、さっそく実行する予定です。どんなアイディアが実行されるのか、とても楽しみです。

次回（第４６号）の予告…私立入試を終えて／卒業文集／学級力向上への取組／道徳「目の見えない彫刻家」（2月２０日（月）発行予定）

入試直前の時期ですが，学級に関するアンケートを皆で分析し，具体的な改善策を提案する様子を紹介しました。すでに，私立推薦入試などで進路が決まっている生徒もいます。受験だけではなく，より良い学級づくりも大切にしてほしいという願いから記事を掲載しました。

実例 119

■3年生 ■「亀の湯」第46号表（2017年２月20日発行）

受験が皆を英雄に

２０１７年２月２０日（月）　函館市立亀田中学校　３年６組　学級通信「亀の湯」　第４６号

受験が皆を英雄に

亀の湯

第４６号
函館市立亀田中学校
発行　3年6組学級担任　川端裕介

3年6組学級目標
みんなGU（自由）　みんなAU（英雄）
～37+1の挑戦！～

すべてが人生の糧になる　一週間に三つの入試

私立一般入試直前の集会の様子。真剣です。

先週の十三日（月）には公立推薦入試、十四日（火）には私立一般入試が実施されました。緊張の中、努力の成果を発揮できたようです。明日には一般入試の結果も発表されます。

先週は入試週間ともいえるくらい、各校の試験が続きました。月曜日に公立推薦、火曜日に私立一般入試、昨日は高専一般入試がありました。これで六組全員が、一度は入試を経験したことになります。

私立入試翌日の十五日（水）は、教室の中が入試の話題でもちきりでした。テストや面接の話はもちろん、入試独特の緊張感のある雰囲気も強く印象に残ったようです。私語をしてはいけないと、無言でお弁当を食べた人や、試験官の先生が笑顔で励ましてくれて緊張が和らいだ人もいました。

入試で経験したこのような出来事は、きっと大人になっても忘れず、鮮明に覚えていることでしょう。それが、入試の意義です。**進学先が決まるという結果だけではなく、入試に向けての努力や、入試当日の緊張感が、皆さんの今後の人生の糧になります。入試を経て、六組の皆さんは確実に強くなりました。学級目標の通り「英雄」に近づいています。**

あとは、明日の発表で良い知らせが来ることを願うのみです。ただし、多くの生徒が第一志望としているのは、公立高校です。今回の経験を生かしながら、努力の過程にも結果にも満足できるように、勉強のラストスパートを始めましょう。

サポート体制を万全に　公立一般入試まで二週間

公立高校一般入試は三月七日(火)なので、今日で十五日前です。私立入試を経験してわかったと思いますが、二週間あれば、努力次第で当日の得点を伸ばすことが可能です。

家でのがんばりはもちろん、学校での過ごし方で、当日の結果が変わります。休み時間や自習の時間を上手に使いましょう。その際に、公立入試を受けない人たちの存在が大切です。自分の進学先が決まったからといって、だらしない姿勢で授業を受けたり、友達を遊びに誘ったりしてはいけません。逆に、公立入試を控えている仲間の手助けをしてあげましょう。

例えば、晴歩さんは前の席の武さんに、社会の問題を出していました。すばらしい姿勢です。勉強を人に教える自信がない人は、自分がしっかりと集中して授業に参加するだけで十分です。真剣に学習する雰囲気づくりにつながります。皆で、最後の試験へ向けてサポートする体制をつくりましょう。

あっち向いてホイ！

下の写真は、十六日（木）の朝の学活の一場面です。席の近い四人が一組になって「あっち向いてホイ」をしています。

その理由は、この日から朝の学活の内容に「一分間ふれ合いタイム」が追加されたからです。卒業まで一か月を切りましたが、学級の仲間との絆をさらに深めるために導入しました。

具体的には、サイコロの目に応じて「あっち向いてホイ」や「指スマ」、しりとりなどを行います。中学三年生にもなって少し幼稚かもしれませんが、短い時間で誰もができる内容ということで、総務班の倫太郎さんと相談しながら決めました。

実際に行ってみると、下の写真の通り、楽しく時間を過ごしていました。好意的に受け入れ、前向きに参加してくれてうれしかったです。今後も六組の教室で過ごす残りの日々を、様々な方法でより充実させたいと考えます。

朝の「1分間ふれ合いタイム」の様子

秘密の親切実行中

現在、６組では「秘密の親切」活動を実施しています。これは、くじで選んだ学級の仲間に対して、気づかれないようにこっそりと親切な行動をする取組です。先週紹介した「学級力」を高める方法の１つとして、学級の意見を元に学級委員長の茉惟さんたちが実施を決めました。

１７日（金）にくじ引きをして「ターゲット」を決めました。「できるかなぁ」という声も出ていましたが、なんと侑汰さんはさっそく親切に成功したそうです。また、倫太郎さんはターゲットではない人に対しても、当番の仕事をフォローしてあげていました。さすが倫太郎さんです。

私も誰が誰の親切をするのかわからないので、様子を楽しく見守っています。この「秘密の親切」は、２７日（月）まで行います。

【格言～未来へ歩む参考に～】●●●●●●●●●●●●●●●●●●●●（●●●●）

入試を振り返る際に，学級目標と関連付けを図りました。学級目標の「自由」「英雄」「挑戦」の中でも，「英雄」は達成への道筋が見えづらいものでした。しかし，２学期の合唱コンクールでの英雄的な行動（実例65）や，受験を経て強く成長したことから，達成が見えてきました。

実例 120

3年生　「亀の湯」第46号裏（2017年２月20日発行）

ふれ合い　笑い合い　助け合い

２０１７年２月２０日（月）　　函館市立亀田中学校　３年６組　学級通信「亀の湯」　　第４６号

ふれ合い　笑い合い　助け合い

先週の道徳の時間は、他者への信頼をテーマに「目の見えない彫刻家」という活動を行いました。概要は下に紹介している通りですが、体のふれ合いを通して仲間を信頼し、協力することの意味について考える活動です。

私はこの題材で道徳を３回ほど実施した経験がありますが、今回の６組の活動が最も充実したものになりました。それは、どのグループも嫌がるどころか、楽しんで活動したからです。学級の雰囲気が良い方向に生かされました。また、活動だけをして満足するのではなく、振り返りの時間でもきちんと一人一人が意見を述べて、本音を出しながら交流していました。何度も行ってきた道徳の時間の成果と、一年間深めてきた仲間との絆が表れていました。

目の見えない彫刻家

４～５人グループになり、右のように役割分担をしながら活動しました。活動の時間は約２０分と、けっして長くはありませんでしたが、ほとんどの班でそれぞれの役を１回ずつは行うことができました。

グループは、男女別の出席番号順で機械的に分けたものでしたが、どのグループも意欲的に活動していました。また、ひと通り役割を経験してから「もう１回やろう！」と言って２周目を行うグループもありました。**今回のように身体接触を伴う活動を、普段仲の良い人だけではなく、誰とでも楽しく行えることが、６組の絆の深さを示していると考えます。**

モデル役…自由にポーズを決めますが、決めたら変更できません。

助手役…彫刻家の手伝いをしますが、言葉が話せません。

彫刻家役…「素材」を動かして「モデル」と同じポーズの彫刻に完成させます。しかし、目が見えません。

粘土役…自分からは動けません。彫刻家に身をゆだねます。

笑顔でふれ合い

彫刻家の梨々香さんをしっかりとサポートする助手の萌乃さん。活動のねらいに忠実に取り組むほど、このように笑いが起きます。

モデル（陽加里さん）と同じポーズで彫刻（まみさん）を完成できました。古乃実さんと花心さんが助け合い、見事に彫刻を完成させていました。

最後はシェアリング（ふりかえり）の時間です。上の写真のグループでは、将吾さんが進行役を務めながら、和やかに交流を行っていました。活動をして終わるのではなく、感想やこの時間を通して学んだことを対話によって交流することで、深い学びになります。

面白かったことだけではなく、助け合いにつながらなかった場面では、その理由を考えるグループもありました。

道徳の時間に仲間と本音が飛び交うのは、すばらしいことです。成長しました。

道徳の感想

彫刻家の時に難しいポーズでわからなかったけど、助手の人が手の場所を誘導してくれたからわかった。自分の目が見えなくても、助手が言葉を話せなくても、みんなで協力したからきちんとできた。楽しかった。【玲愛さん】

手助けし合いながら取り組むことができた。

助け合うことによってより一層仲を深めることができた。相手を信頼し、協力することは改めて大切だなと思った。【美月さん】

次回（第４７号）の予告…公立入試に向けて／未来の「はがき新聞」／道徳「自然を守る」（２月２７日（月）発行予定）

道徳の時間で体を使った活動を行い，その様子を紹介しました。身体接触を伴いましたが，嫌がらずに楽しんだ様子や，活動後の振り返りで道徳的価値の理解を深めた様子を伝えました。保護者に学びの姿を具体的に伝えると共に，生徒は学習の成果を確認することができました。

実例 **121** 　■3年生　■「喜怒哀楽」第46号裏（2015年2月16日発行）

学級掲示も集大成

2015年2月16日（月）　八雲町立熊石第二中学校　3年A組　学級通信「喜怒哀楽」　第46号

学級掲示も集大成

今回は、三Aの教室内の掲示物について紹介します。入学時から、「楽しい学級は、掲示物も楽しい」という考えに基づき、入学時から学級掲示に工夫を図ってきました。
卒業まで一か月を切り、教室掲示も完成といえる状態になりました。入試を控え、不安と緊張の日々ですが、掲示物を眺めることで前向きな気持ちになれれば幸いです。

夢実現

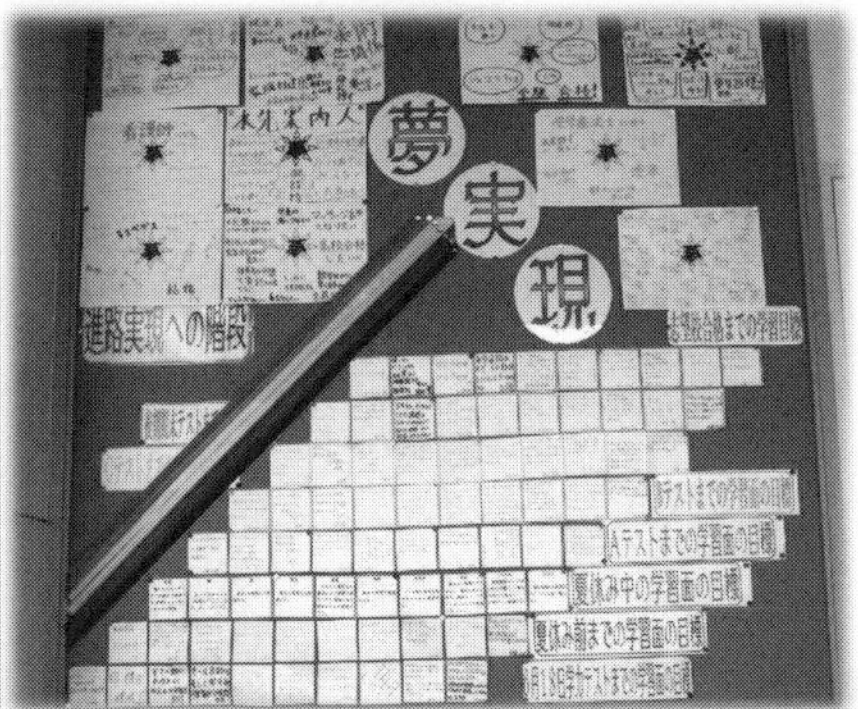

学習面の個人目標を「進路実現への階段」と銘打って掲示しています。虹をイメージしたものです。入試への不安や学習の辛さを乗り切り、夢の実現へ近づくことを願います。

いつでも面接練習

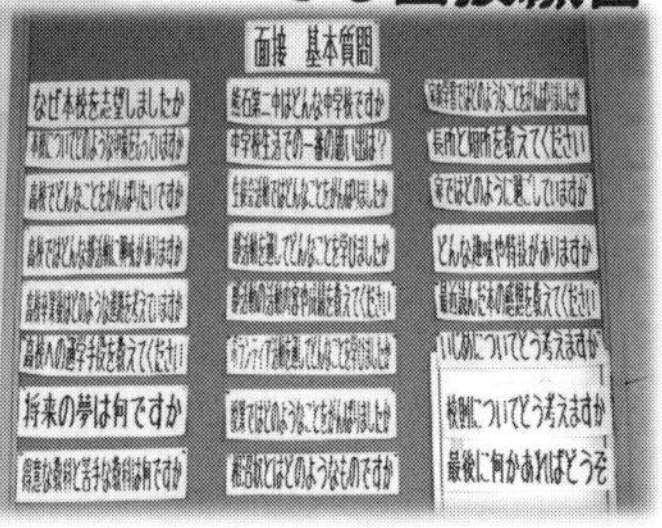

面接でよく出る質問の一覧です。休み時間に、質問し合いながら練習する姿がよく見られます。

三年間の歩みを一目で

教室の正面には学級目標があります。また、後ろには一・二年生の時の学級目標を掲示しています。さらに、三年間の主な学校行事の集合写真も飾ってあります。写真を見ると、成長が良くわかります。入学時にはあどけなさの残る十人でしたが、中学生らしい顔つきになりました。
また、一Aと二Aの時の学級目標を掲示できるのは、クラス替えがないからです。小規模校の良さの一つといえます。
卒業まで残り一か月。入試の壁を乗り越え、学級目標である「最高の学級」として卒業することを目指しましょう。

【最高の学級ためのひと言】入試に加え，卒業というゴールが見えてきました。ゴールへ向け，全力疾走を続けましょう。

居心地の良い学級づくりとして，学級掲示の工夫にも努めています。４月から計画していた掲示物がほぼ完成したのに合わせて，学級通信で紹介しました。保護者が来校して教室の掲示物を見る機会は，意外と多くありません。そのため，通信で紹介する効果は大きいと考えます。

実例
122 残り５秒まで手を止めない

■２年生　■「亀の湯」第45号表（2016年２月22日発行）

２０１６年２月２２日（月）　函館市立亀田中学校　２年２組　学級通信「亀の湯」　第４５号

残り５秒まで手を止めない

亀の湯

第４５号
函館市立亀田中学校
発行　川端裕介

２年２組学級目標
Ａ・Ｙ・Ｋ！

学年末テスト開始
入試のつもりで全力で

今日と明日の二日間で、学年末テストが実施されます。急遽、音楽のテストが中止になる事態となりましたが、残る八教科すべてに手を抜かず、時間を有効に使い、全力で取り組んでほしいと思います。

さあ、学年末テスト当日です。今年度最後のテストであり、学年末の評定を左右する重要なテストです。これまでの二組の皆さんの様子を見ていると、今まで以上にがんばってきた人と、あまり危機感が見られない人の割合は、半々といったところです。先日の社会の単元テストの答案を見ても、努力の跡が見られない生徒が多数いました。この週末で遅れを取り戻せたことを祈るのみです。

テスト当日を迎えてしまったため、これからできることは限られると思っている人は多いでしょう。しかし、テストはこれからが本番です。点数を一点でも多く取ることができるように、入試のような気持ちでテストに臨みましょう。

例えば、テストの最中に机に伏せるようなことは、あってはいけません。テストの時間に「余った時間」は存在しません。例えば、得意教科（または極端に苦手な教科）であれば二十分ほどで解き終わることもあるでしょう。残りは、休憩の時間ではなく、すべて見直しの時間です。ケアレスミスがないか点検し、問題文を読み直し、わからない語句を必死に思い出すための時間です。

今年の集大成となるテストです。終了五秒前まで、必死に手を動かし続けるような気持ちで臨みましょう。強い決意が、良い結果を引き寄せます。

こだわりのお便り
ひまりさんの力作

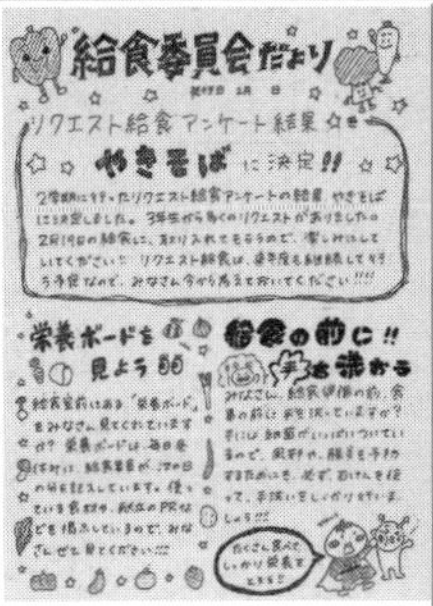

一目見て、「すごい」と感じるお便りではないでしょうか。上に紹介しているのは、先週配布された、給食委員会だよりです。内容は、先週金曜日に実施されたリクエスト給食の告知や、給食室前にある栄養ボードの紹介、手洗いの励行の三点についてです。書かれている文章が簡潔にまとめられていますが、それ以上に目を引くのが、レイアウトやイラストの秀逸さです。作成したのは、給食委員のひまりさんだそうです。見出しのレタリングや、右下のイラスト（トマトがばい菌を撃退する絵）、囲みの線を野菜のイラストで表現するなど、手書きの良さを生かした素晴らしい作品です。二組の皆さんも、受け取った時に「かわいい」「さすが」など感嘆の声を上げていました。私も、ここまで工夫された委員会だよりを見るのは初めてです。

学校からは、毎日無数のプリントが配布されます。内容が良くても、読んでもらえないこともあるかもしれません。生徒はもちろん、忙しい保護者の方はなおさらです。したがって、お便りに「何を書くか」と同じくらい「どのように書くか」ということが大切になります。

この「亀の湯」も、「読まれる・待たれる・参加する」学級通信を目指して発行しています。残り五号になりましたが、これからも工夫を重ね、思わず手にとって読みたくなるような紙面づくりを心がけます。

えっ…全然わからない…

先日の総合的な学習の時間のことです。進路学習の一環として、「家族の誰か一人について、中学卒業から社会人になるまでの進路を書こう」と伝えたところ、見出しのようなセリフが続出しました。実際、学級の３分の１ほどの生徒が、家族の出身高校や就職先を覚えていませんでした。

２組の皆さんには、保護者の方やお兄さん、お姉さんの進路を尋ねるように伝えました。進路について考える際に、身近な家族の進路はとても参考になります。「この仕事をするにはこの高校（大学）が良い」という判断材料にもなります。

保護者の皆様からも、ご自身の進路選択の理由などを折に触れてお話していただけると、これから受験に向かう子どもたちにとっては大いに参考になるはずです。あるいは、受験勉強の大変さを伝えながら叱咤激励をしてほしいと思います。時には、誘惑に負けてしまったことなど、失敗談を話すことも良いかもしれません。失敗や挫折を乗り越えて今があることを、子どもが実感できるからです。

教室でも将来の夢について語る機会を増やすつもりです。ご家庭でも、ぜひご協力をお願いします。

次回（第４６号）の予告…受験の準備、進級に向けて、春の掲示物　他（２月２９日（月）発行予定）

手書きの通信には，独特の良さがあります。パソコンで作成する場合も，生徒の手書きの作品を掲載することで，紙面に温かみが出る効果があります。とくに，この例の「給食委員会だより」は相当な力作です。通信に力を入れる身として，紹介せずにはいられませんでした。

実例 123

3年生　「亀の湯」第47号表（2017年２月27日発行）

一人だけど一人じゃない

２０１７年２月２７日（月）　函館市立亀田中学校　３年６組　学級通信「亀の湯」　第４７号

一人だけど一人じゃない

亀の湯

第４７号
函館市立亀田中学校
発行　3年6組学級担任　川端裕介

3年6組学級目標
みんなGU（自由）　みんなAU（英雄）
～37+1の挑戦！～

公立入試へラストスパート
合格目指して今こそ団結

受験シーズンも大詰めを迎え、最後に控える公立高校一般入試まで、残り八日です。希望する進路を実現するために、六組の仲間と力を合わせ、ラストスパートを始めましょう。

公立一般入試を控える人たちにとって、決戦の時はもうすぐです。次第に緊張感や焦りが募っていると思います。一方で、私立や推薦入試で進学先がすでに決まっている人もいます。そのため、学級内で進路に関する温度差が生じやすく、時にはトラブルの原因になることもあります。

そのようなトラブルを未然に防ぎ、学級全体で最後の入試に向かう姿勢をつくるために、すでに進路が決まった人たちは、公立入試を控えた人たちの応援団として全力を尽くしましょう。自分と同じ喜びを仲間も得ることができるように、精一杯支えましょう。自分の入試は終わっても、六組の入試が終わったわけではありません。

また、公立一般入試に臨む人たちに、ぜひ忘れてほしくないことがあります。それは、**「受験は一人だけど一人じゃない」**ということです。一見矛盾した表現ですが、次のような意味です。**入試の本番は一人で臨むものですが、受験勉強は一人で行うものではありません。教えてくれた先生方がいます。支えてくれた家族がいます。そして、共に苦労し、励まし合った仲間がいます。**その存在を思い出せば、ラストスパートの力になるはずです。

六組全員で、最後の試練を乗り切りましょう。栄光を目指し、もうひと踏ん張りです。

努力で変わる結果の評価

二十一日（火）の放課後、私は一人一人に私立一般入試の結果を伝えました。なかでも、私立が第一志望の人たちは、合格の知らせにガッツポーズをしたり、歓喜の涙を流したりするなど、喜びの感情を爆発させていました。翌日に家族の反応を聞くと、お祝いでごちそうを食べた人がいる一方で「公立に向けてもっと気合を入れなさい」と諭された人もいたそうです。

なかには、お母さんが「賭けに出て」（本人談）買っていた「合格おめでとう」のメッセージ付きケーキを食べた人もいます。聞いて、心がほっこりしました。

さて、すでに第一希望の学校への合格を勝ち取った人がいる一方で、来週の公立一般入試は狭き門です。厳しい言い方ですが、努力しても絶対に合格できるとは限りません。しかし、努力の量によって、結果に対する自分の評価は変わるものです。「自分の限界までがんばった」という経験ができれば、結果はどうあれ、皆さんの今後の人生にとってプラスとなります。もちろん、合格という結果の可能性も高まります。あと一週間、悔いのないように挑戦を続けましょう。

緊急事態も前向きに

２０日（月）の朝、６組の教室に異変が起きました。ストーブが点火しません。色々と試したものの、ストーブは沈黙を続け、結局近くの特別教室（第一視聴覚室）に移ることになりました。業者が来ても直らず、最終的には特別教室のストーブと交換し、６組の教室を戻ることができました。入試を控えた大切な時期に寒い思いをさせ、丸２日間も慣れない場所で過ごさせることになり、申し訳ありませんでした。また、緊急事態にも前向きに「大丈夫です」とフォローしてくれたり、移動の手伝いをしてくれたりして、ありがとうございました。

教室に戻った後に和希さんが班ノートに「やっぱり教室が落ち着く」と書いていました。やはり、我が家（６組）が一番です。

仲間との協力が隠し味
中学校最後の調理実習

二十一日（火）の家庭科の時間に、調理実習を行いました。テーマが「小麦粉を使った料理」ということで、お好み焼きなどの主食からスコーンなどのデザートまで、幅広い献立に挑戦していました。

実習班は学級委員の茉惟さんと航大さんが考えたそうです。その成果か、どの班もテキパキと実習を進めていました。

私は三時間目に様子を見に行ったのですが、ほとんどの班が片づけまで終えていました。上の写真の班は、まだ食事中だったのでおじゃましてみると、たこ焼きパーティー中でした。和気あいあいとした雰囲気は、まるで昨年十二月の学級レクのようでした。もちろん授業の一環なので、丸くきれいな形で完成度はばっちりでした。

調理科に進学する人を除けば、学校で料理を作るのも最後かもしれません。仲間と協力して楽しみながら実習を行い、卒業前の良い思い出になったようです。

調理実習でたこ焼きを作る様子。

【格言～未来へ歩む参考に～】●●●●●●●●●●●●●●●●●●●●●（●●●●）

最後の入試であり，第一志望の生徒が最も多い公立高校入試に向けて，仲間の存在の大切さを最も伝えたいと考えていました。そこで，見出しに「一人だけど一人じゃない」という表現で読み手の関心を引くように工夫した上で，トップ記事の最後でその意味を説明しました。

3月の学級通信

実践編

実例 124

合格への挑戦！

2017年3月6日（月）　函館市立亀田中学校　3年6組　学級通信「亀の湯」　第48号

合格への挑戦！

亀の湯

第48号

函館市立亀田中学校

発行　3年6組学級担任　川端裕介

3年6組学級目標
みんなGU（自由）　みんなAU（英雄）
～37+1の挑戦！～

大丈夫！努力は十分
明日　公立入試実施

明日、北海道の公立高校一般入試が行われます。最後であり、第一志望とする生徒が最も多いのが明日の入試です。中学校生活の集大成として全力で挑戦し、合格を勝ち取りましょう。

いよいよ、最後の挑戦の時がやってきました。明日七日（火）には公立一般入試、八日（水）には面接試験が実施されます。試験に臨む人たちは、不安や緊張がかなり高まっているでしょう。これから下見を経て、筆記試験の開始直前や、面接試験の控室で待つ時には、人生で経験したことがないほどの緊張に見舞われるかもしれません。

もし、緊張の余りパニックになりそうな時は、一瞬で良いので六組の教室を思い出してください。黒板の上に貼られた学級目標の「挑戦」の文字や、マスコットのサボテンのハチマキに書かれた「合格」の文字が、皆さんの気持ちを落ち着かせてくれるでしょう。

この一年間で、六組の教室は皆さんに安心感を与える場であり続けたはずです。それは、入試の時も変わりません。また、皆さんはこの教室や家庭で、十分合格できるだけの努力を重ねてきました。たとえ寝不足でも、たとえ緊張していても、少しくらい体調が悪くても、合格を勝ち取るはずです。教室で担任として皆さんを見守ってきた者として、私が保証します。**がんばってきた、みんなだから大丈夫。がんばってきた、あなただから大丈夫。合格できます。**亀田中学校三年六組の一員として、自信をもって挑戦しましょう。

秘密の親切でほっこりと

「秘密の親切」メッセージを読む潤也さん。

六組の絆を深める取組として、二十八日（火）まで「秘密の親切」を実施しました（詳細は「亀の湯」第四十六号で紹介）。上の写真は、秘密の親切の相手に対して書いたメッセージカードを読んでいる場面です。内容は「二回しかできなかったけど、バレてたかなー」などと成功を伝えるものから「何もできなかった。卒業までに一回はできるようにがんばるよ」というものまで幅広くありました。読んだ人の反応を見ると、驚きながらも、心が温まったようです。

秘密の親切についての感想も紹介します。「ドキドキした（意味深）。良いことをすると気持ちが良い。」（侑汰さん）や「秘密にすることに苦戦したけれど、上手くできた。クラスが少し明るくなった気がする。」（悠太さん）という感想に加えて「機会がなくてできなかったことが残念だった。秘密の親切を実行している人がいて気持ちがほんわかした。」（亜由美さん）など、成否に関わらず、肯定的な評価ばかりでした。

入試を控えた忙しい時期でしたが、実施した意味がありました。卒業まで、さらに絆を深めましょう。

未来の力の集大成
はがき新聞で未来を予想

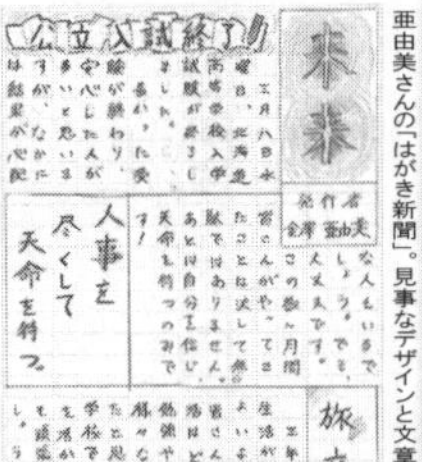

亜由美さんの「はがき新聞」。見事なデザインと文章力です。

先日、学級で最後の「はがき新聞」を作りました。テーマは「未来のはがき新聞」です。これから起きる出来事の様子を想像して、それが実際に起きた事実であるかのように書きました。

右の亜由美さんの作品は入試終了後の様子を想像したものです。入試や高校生活に向けての励ましの言葉が書かれています。そのまま学級通信として配布できそうなほど、よくまとまった文章です。

左の茉惟さんの作品は、来週の卒業式の日を想像して書いたものです。六組への温かい思いが伝わり、読むと涙がこぼれそうになります。この想像の通り、感動と充実感に包まれながら卒業の日を迎えられたら最高です。

他の人の作品も、卒業式を扱ったものが中心でした。やはり、卒業には特別な思い入れがあるようです。なお、作品はすべて卒業文集に掲載する予定です。

一年間、夢や未来をテーマにした活動を続け、六組の皆さんの先を見通す力は高まりました。そして、六組を離れ、未来へ歩み出すのはもうすぐです。

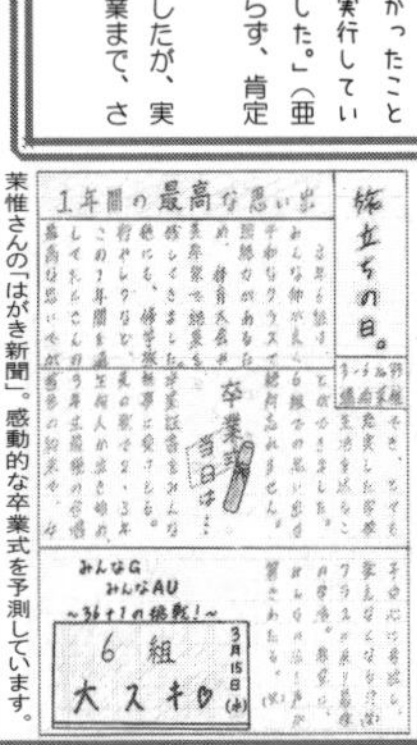

茉惟さんの「はがき新聞」。感動的な卒業式を予測しています。

【格言～未来へ歩む参考に～】●●●●●●●●●●●●●●●●●●●●●●（●●●●）

3月に入り，学級通信も残すは3号となった時の例です。受験直前であり，学級のゴールを意識する時期のため，記事にしたい内容も豊富にあります。しかし，大事な時期だからこそ，トップ記事で受験，下の記事で卒業，囲み記事で生徒間の温かい交流と，内容を厳選しました。

実例
125
■3年生　■「亀の湯」第48号裏（2017年3月6日発行）

母校への想いを熱く

2017年3月6日（月）　函館市立亀田中学校　3年6組　学級通信「亀の湯」　第48号

母校への想いを熱く

卒業を間近に控え、一年間続けてきた道徳の時間も大詰めです。先週は愛校心をテーマに「目に見えない卒業記念品」という題で、後輩に残すべき亀田中学校の良さについて話し合いました。

最初は意見が分かれるかと思いましたが、個人で考えた所、合唱とあいさつ、未来の力の３つに意見が集中していました。次に班ごとに一つに意見をまとめる時には、これまでの道徳の時間以上の激論が交わされていました。学校への思いが、議論を加熱させたのだと推測できます。

道徳の時間の感想も、いつもより長く、内容の濃いものが多く寄せられました。紙面でも普段より多めに紹介しています。６組の愛校心の深さを実感した一時間でした。

「目に見えない卒業記念品」で大激論

在校生に受け継いでもらいたい「亀中の良さ」は、個人思考の段階では合唱、あいさつ、未来の力の３つに集中していました。班では個人の意見をまとめ、１つに絞りました。

この際に大激論となったのが、右の写真の２班です。「未来の力」を推す大輝さんは、面接試験でも好きな言葉に「未来の力」と答えたそうです。しかし、他の班員は合唱を１位と考える人が多く、なかなか意見がまとまりません。最終的には、「校長先生が今年で定年退職だから」という大人の事情まで持ち出し、合唱にまとめていました。しかし、学校が掲げる「未来の力」をこれだけ意識できているのは、さすが６組の皆さんです。

「未来の力」を主張する大輝さんと、反論する圭吾さん。

議論の結果

合唱に決定！

【理由】
・市内で一番、北海道でもトップクラスの歌声だから。
・クラスの団結力が高まるから。
・コンクールも合唱部もすごいから。
・全校生徒のまとまりを感じるから。

亀中への思いが溢れる感想

亀中の良い所はたくさんあって、絞るのは大変だった。卒業の実感はわかないけど、後輩には亀中の良い所をたくさん残し、さらに良い所をどんどん増やしてほしいと思った。【美月さん】

亀中の良い所は、気づいていないだけでたくさんあると思う。だから、卒業前に改めて気づけたことが、自分の中でとても大きいと思う。

正直、辛いことや苦しいことを乗り越えたことが、３年生の最後の方になるとよくわかる。亀中の良さが、そう思えたことを後押ししてくれている。良い学校だし、良いクラスだった。【陽加里さん】

物を用意しなくても、記念になる亀中の良い所がたくさんあると改めてわかった。これらは亀中が他校に誇れるものだと思う。【麻優さん】

考えれば考えるほど亀中の良い所が出てきた。悪い所が目立ちがちだが、実際は良い所の方が多いとわかった。【倭さん】

改めて亀中の良さを認識できた。後輩にも受け継いでほしいなと思った。皆、けっこう合唱のことを書いていて、少しうれしくなった。【亜由美さん】

やはり、亀中の合唱が皆の中でも一番なんだなと思った。

未来の力だって負けてられない！校長先生のキャッチコピーは世界一だ！【璃梨加さん】

6組の良さ

この時間の議論の最中に「後輩に真似してほしい、６組の良い所は？」という話題も持ち上がりました。すると「とにかく平和！」「思いやり」「仲の良さ」「いざという時の集中力」「掲示物の華やかさ」など、次々と意見が出されました。学級の良さを堂々と語る姿を見て、担任として感無量でした。私も、皆さんの意見に同感です。

次回（第４９号）の予告…学級目標を達成できたか？／入試を終えて／卒業式に向けて／道徳「私がいっぱいいる」（3月１３日（月）発行予定）

母校愛をテーマにした道徳を紹介した例です。話し合いの様子を紙面で紹介することで，卒業を意識し，学校と学級への思いをさらに深めることができました。保護者に対しても，生徒が学校のことをよく理解し，深い愛着をもっているという事実を伝えることができました。

3
月の学級通信

実例 126 できる

2015年3月2日（月）　八雲町立熊石第二中学校　3年A組　学級通信「喜怒哀楽」　第48号

できる

喜怒哀楽

発行
八雲町立熊石第二中学校
3年A組担任　川端裕介

3年A組学級目標
最高の学級
［全力疾走］
～二中を支える柱となれ～

努力した自分を信じよう
明後日から公立入試

四日（水）の公立高校学力検査まで、残り二日です。三Aの皆さんの不安と緊張も日に日に増しています。しかし、皆さんは合格を勝ち取るだけの努力をしてきました。自信をもち、その力を存分に発揮してほしいと思います。

いよいよ、この日が訪れます。入試に向けて、先週は校長先生と教頭先生を試験官役に、模擬面接を行いました。また、各教科の授業では予想問題などに挑戦し、学習の総仕上げを行いました。上の写真は、社会の授業のひとこまです。教室の空気がぴんと張り詰めていました。

先週の授業の様子

三Aの皆さん、あなたたちは、できます。希望進路の実現を目指し、努力を重ねてきました。競うように家庭学習をしたり、各教科の先生に次々に質問をしたり、休み時間や給食時間にも問題を出し合ったりする姿は、受験前としては理想的な学級の姿でした。

入試本番に、自信をもって臨みましょう。それは、根拠のない自信ではありません。確固たる努力にもとづく自信です。希望進路というゴールは、目の前です。落ち着いて、確実にゴールテープを切りましょう。三Aの皆さんなら、できます。

自分の力を出すために
入試前日・当日の過ごし方

入試に向けて、自分の力をできる限り発揮するために、前日や当日にすべきことを再度確認しましょう。不安や緊張を和らげ、自信を深めるようにするのが大原則です。

前日は、休息をとるのが最優先です。復習は、ほどほどにしておきましょう。二～三時間で十分です。これまで一番使ってきた問題集などを見直し、自分の努力の跡を確認しましょう。

また、十時前には就寝しましょう。寝付けなくても、横になるだけで疲れはとれます。逆に「眠れなくて当然だ」と思うのも一つの方法です。開き直ると、意外と眠ることができるかもしれません。

当日の試験では、時間配分に十分に気をつけましょう。緊張から思わぬミスをする可能性があります。見直しの時間を確保できれば理想的です。

また、わからない問題があっても気にしないことが大切です。他の多くの受験生も、わからないはずですから。

入試当日は、緊張して当然です。しかし、三Aの皆さんは緊張しても合格できるだけの努力をしました。自信をもちましょう。

受験生から卒業生へ
入試が終わってだらけない

入試が終わってから心配なのは、だらけることです。何か月もの間、入試のために学習に打ち込んできた皆さんです。ゆっくり休みたい気持ちはわかります。しかし、休むのとだらけるのは違います。入試後は体を休めながらも、卒業に向けて気を引き締め直す必要があります。

学習面のゴールは明後日の入試といえますが、中学校生活のゴールは卒業式です。皆さんは「受験生」から「卒業生」へと変わります。入試後の一週間の過ごし方にも、三Aの皆さんの力が試されます。

十日（火）には三年生を送る会が開催されます。また、部活動の練習に参加する人もいるでしょう。それらの場面で、模範となる態度を徹底しましょう。入試後に目指すのは、学級目標「最高の学級」の達成です。全力疾走は終わりません。

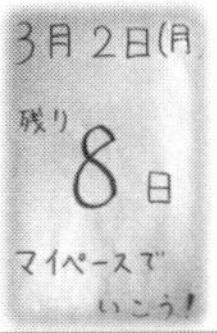

自分を信じて，マイペースでいきましょう。

保護者の皆様へ

公立高校入試におきまして，下見を含めて会場への送迎にご協力していただき，誠にありがとうございます。入試直前の今，生徒の緊張は最も高まっています。入試当日まで，変わらぬご支援をお願いします。

また，卒業に関わり，3月の諸費納入日が今週の金曜日（6日）と普段より早い時期になっています。先日ご依頼した卒業文集の「親から子へ」の原稿も6日までとなっております。ご多忙の中，大変恐縮ですが，ご協力をお願いします。

perfect

先週，英単語コンクールと再・W試験が実施されました。受験勉強との両立が難しい中，あまねさんが見事8段に合格しました。漢字コンクールの翔さんと同じく，3年間のすべてのコンクールで合格しました。立派の一言です。

また，英単語コンクールの解答用紙には，英語科の先生から「受検，全力で！」という励ましのメッセージが添えてありました。入試に向けて，保護者の皆様だけではなく，他学年の先生方も3Aの皆さんを支援してきましたし，応援しています。入試当日はその思いに応え，全力を尽くしましょう。

次回（第49号）の予告…卒業に向けて，3年間の学級通信　他（3月9日（月）発行予定）

受験に向けて生徒に自信をもたせるために，見出しでシンプルに「できる」とだけ書きました。見出しの原則は「8本10本」（主の見出し8文字で袖見出し10字）と言われます。しかし，学級通信の場合，その原則をあえて破ることで読み手の印象に強く残ることもあります。

実例 127 ■3年生 ■「喜怒哀楽」第48号裏（2015年3月2日発行）

満足できる人生のために

2015年3月2日（月）　八雲町立熊石第二中学校　3年A組　学級通信「喜怒哀楽」　第48号

満足できる人生のために

先週，最後の道徳の時間がありました。三年間で，様々なテーマについて活発に意見を出しあってきました。先週は，「人生」という，最後にふさわしい大きなテーマを設定しました。人生に関する国内外の偉人の名言を紹介してから，「人生とは何か」「満足できる人生とは何か」を考えてもらいました。その言葉は，左記の通りです。これほど素晴らしい意見を出せるのが，三Aの十名です。自分の生き方についてしっかりとした考えをもつほどの成長を遂げました。中学校を卒業するにふさわしいだけの力を，きちんと身につけています。

人生とは何か

- **人生はゲームだ。自分だけの道をつくるマネジメントだ。決して初期化してはならない。上書き保存せよ！**（過去は消えず，失敗したらまた積み上げるから）
- **人生とは，最後に思った感情。**（最後に思った感情があるから「人生」ってどういうものか，自分なりの結論が出ると思うから。「人生」は自分がつくっていくものだと思うから。）
- **人生は自分以外の人がいるから意味がある。**（人がいるから自分がわかると思うから）
- **人生とは，今にも崩れ落ちそうな吊り橋である。**（一見危なそうな橋でも渡ってみないとわからないように，人生も挑んでみなくては進むことはできないから。また，いざ橋の真ん中に来てしまったら，進むことよりも引き返すことの方が難しいから。）
- **深海**（深海のように未知数なことやわかっていないことが多いし，まだまだいろいろな人間と出会うことができるから）
- **できないことを人のせいにするな。できたことを自分のおかげだと思うな。**（たくさんの人の協力や助けがあって物事を成し遂げることができるから）
- **人生は大変だ。けれど，そこで終わっては何も進まない。**（逃げたって何も変わらない）
- **生まれながらに不平等なもの。だから，負けないように必死に過ごすもの。**（生まれた時から，お金持ちとお金のない家，容姿が美しい人とそうではない人がいるので，その不平等さをひっくり返すためにがんばろうとするものだと思うから。）
- **人生とは苦難の道である**（人生にはいろいろ苦しいことや楽しいこともあるけど，苦しいことを乗り越えるからこそ人生だから）

満足できる人生とは何か

- 死ぬ時に一人でも多くの人が泣いてくれる人生。
- 自分が生きられるだけ生きて，その中で誰かのために生きられたって思えたら。
- 自分という存在を誰かに認めてもらえる人生。
- 満足できる人生とは，自分のしてみたかったことをすべてし終わった時に感じることではない。満足できる人生とは，したいことに溢れている人生。
- 自分が相手に対して行ったことが，その人の心に残ることができて，その心の隅にでも自分がいること。みんなに愛し愛されながら生きること。
- 自分の幸せのために生きて，生きていることに誇れる人生。
- 自分が死ぬ時に泣いてくれる人が一人でもいること。
- 死ぬまで生きること。
- 変化がある人生。毎日同じことをしていても楽しくないし，何も変化がなければ死んでいるのと同じ気がする。
- 今まで，お世話になった人に心から「ありがとう」と言える人生。

道徳の時間の感想

今は受検という人生の山に登山中で，山頂までいけたら，次は下山。そしたらまた登る山が出てくるんだろうなとしみじみ思った時間だった。
「人生山あり谷あり」という言葉を胸の内にしまい，合格と言う山頂まで，全力疾走したいと思った。
【拓海さん】

人は死んでしまったら，自分のためにしてきたことは何も残らないと思う。他人のために生きてきた人は，誰でも人の記憶に残るのだと思う。そして，他人のために生きるのは，高い知識をもった人間にできることだと思う。僕は，科学者や研究者はその点で，とても尊敬することができる。自分の人生を費やして，今後の人達のために新たな発明や，自然の摂理を解くのは本当にすごいと思う。そして，研究に成功した人は，アインシュタインのようにその名が後世に残る。それが他人のために生きた結果だと思う。　【悠馬さん】

本当に人生とは何だろうと思ったし，今，自分は自分の人生を満足できているのかと思った。そして，これからの人生はどうなるのかすごく気になった。他の人の思う人生もまた，自分と少し似ていたり，まるで違ったりと，数多くの人生というものがあると実感した。そして，いつかは「人生」そのものが自分にとっての名言になれば良いと思った。　【慧さん】

「人生」というのは，元々はなくて，自分が生きていく中で，誰かと何かを共有していく中で，だんだん「道」ができてきて，そして，死ぬ時に，その「道」を振り返って思った気持ちが「人生」のすべて…だったら良いなあと思います。だから，できるだけ悔いのない「人生」にしたいなと思う。
【紫帆さん】

【最高の学級ためのひと言】いよいよ入試です。あとは，自分を信じてすべての力を発揮するだけです。必ずできます。

中学校生活の最後の道徳として「人生とは何か」について話し合った例です。先人たちに負けず劣らずの名言が出た様子などを伝えました。入試と卒業を前に，人生という大きなテーマを扱うことで，卒業後の自分たちの生き方について，生徒が考えるきっかけにもなりました。

実例

128 最高の３月13日を目指して

3年生　「喜怒哀楽」第49号表（2015年３月９日発行）

2015年3月9日（月）　八雲町立熊石第二中学校　3年A組　学級通信「喜怒哀楽」　第49号

最高の3月13日を目指して

喜怒哀楽

発行
八雲町立熊石第二中学校
3年A組担任　川端裕介

3年A組学級目標
最高の学級
［全力疾走］
～二中を支える柱となれ～

ゴールまで全力疾走
卒業まであと五日

三月十三日（金）の卒業式まで、今日を含めて残り五日です。公立入試が終わったばかりですが、息つく間もなく卒業を迎えます。あわただしい中でも、卒業の日を最高の形で迎えるために、気持ちを引き締め直しましょう。

公立入試が終わって初めての週末を、三Aの皆さんはきっとゆっくりと過ごせたと思います。久しぶりに好きなことを思う存分に満喫した人も多いのではないでしょうか。

しかし、今日からまた忙しい日々が始まります。卒業に向けた準備が一気に進みます。卒業式の練習に加え、卒業文集の仕上げや三年生を送る会の準備など、しなければいけないことが山積みです。しかも、残された時間はほとんどありません。この状況を乗り切るには、学級の団結が最も大切です。皆で協力し、自分の役割を果たすと同時に、他の人の仕事のカバーも必要です。「行事に強い三A」の本領を発揮する場面です。

とくに卒業式は、中学校生活最後の行事です。三Aの皆さんが成長した姿を、保護者や地域の方々、後輩たちや先生方に見せる場面です。卒業式では所作や返事、歌声など、すべての面で学級目標「最高の学級」にふさわしい姿を見せたいものです。三月十三日、中学校生活最後の日を最高の形で迎え、最高の形で終えましょう。そのためには、残りの五日間を全力疾走です。ゴールは目前です。

今月末まで中学生
卒業後の過ごし方

今週の金曜日には卒業式があり、十七日（火）には公立高校の合格発表があります。合格発表後は、早くも高校生気分になる人もいるでしょう。しかし、気分は高校生でも、三Aの皆さんの立場は今月末まで中学生です。

したがって、卒業後に中学校へ来る時、今月いっぱいは、これまで通り制服か学校指定ジャージになります。携帯電話や音楽プレーヤーなどの不要物を学校に持ってくることはできません。部活動の練習に参加する場合も当てはまるので、気を付けましょう。また、十七日（火）の合格発表後の報告と、二十四日（火）の離任式の際は制服での登校です。登校時間は別途連絡をするので、確認してください。

卒業式後には、三週間ほどの春休みがあります。それは、進学準備のための休みです。遊んで過ごすのではなく、三年間の復習を行いましょう。高校の授業は、内容も進む速さも中学校と比べ物になりません。とくに、数学と英語は中学校の内容を理解していないとついていくのが大変です。春休み中に、しっかりと復習しましょう。

努力した経験を財産に
公立高校入試を終えて

三月四日（水）・五日（木）の二日間で、公立高校学力検査と面接が実施されました。辛かった受験勉強の日々も、ようやく終わりです。三Aの皆さんも、開放的な気持ちに包まれているのではないでしょうか。その反面、合格が気になって心が休まらない人もいることでしょう。中学時代の私もそうでした。しかし、今できるのは待つことだけです。自分の努力の成果を信じて、待ちましょう。

また、入試に感じていた不安や緊張は、今後の人生の財産となります。この経験が、大学や専門学校の試験や就職試験などの壁を乗える武器になるはずです。また、誘惑を退けて努力を続けた経験も、三Aの皆さんを一段と成長させました。入試を通して、「したいこと」より「すべきこと」ができる人へ成長できました。これも財産です。

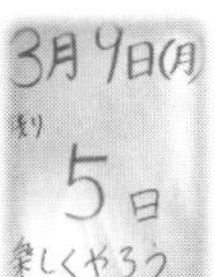

中学校生活最後の１週間を楽しく，平和に過ごしましょう。

保護者の皆様へ

公立高校入試におきましては、会場への送迎等にご協力していただき、誠にありがとうございました。また、下見や面接のために急な送迎をお願いしたご家庭もありました。ご連絡が不十分で大変ご迷惑をおかけしました。

三年生は、今週でついに卒業を迎えます。先日ご案内を差し上げた通り、当日は九時五十分に式場にご案内する予定です。また、卒業式後の謝恩会は、保護者の皆様に準備をお願いしております。生徒共々、楽しみにしています。よろしくお願いします。

金曜には卒業

３Aの１０名で過ごす日々は，今日を含めてあと５日です。３Aの皆さんにとって，この３年間はどんなものだったでしょうか。今週１週間は，これまでの中学校生活を振り返る期間でもあります。中学校生活で学んだことを自覚し，自信をもって高校生活を送ってほしいと思います。

また，卒業後に熊石を離れる生徒もいます。故郷を離れ，新しい場所での生活を始めることになります。熊石の素晴らしさは，皆さんが文化祭の劇で叫んだ通りです。故郷の良さをかみしめながら，新生活の準備をしましょう。別れと旅立ちの時は，すぐそこです。

次回（第５０号）の予告…卒業（3月１３日（金）発行予定）

すべての入試が終わり，卒業を目前に控えた時期に発行した例です。生徒は受験勉強からの解放感に包まれています。担任としては，気を抜かせずに，卒業へ気持ちを一気に高めさせる必要があります。そこで，見出しに卒業式の日時や学級目標を取り入れる工夫を図りました。

実例
129

3年間の歩み

■3年生 ■「喜怒哀楽」第49号裏（2015年３月９日発行）

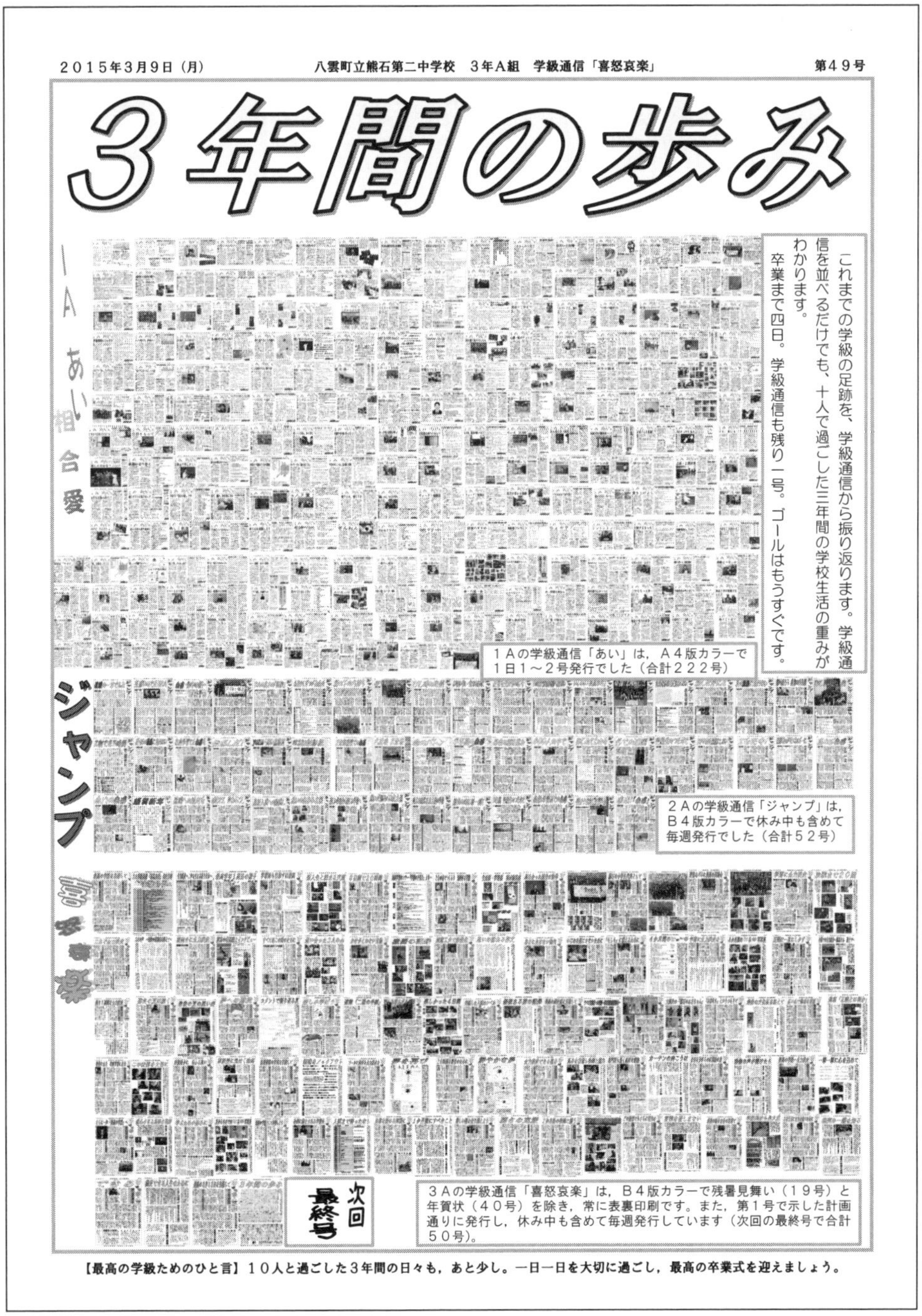
２０１５年３月９日（月）　八雲町立熊石第二中学校　３年Ａ組　学級通信「喜怒哀楽」　第４９号

３年間の歩み

これまでの学級の足跡を、学級通信から振り返ります。学級通信を並べるだけでも、十人で過ごした三年間の学校生活の重みがわかります。
卒業まで四日。学級通信も残り一号。ゴールはもうすぐです。

1A あい 相合愛

１Ａの学級通信「あい」は，Ａ４版カラーで１日１～２号発行でした（合計２２２号）

ジャンプ

２Ａの学級通信「ジャンプ」は，Ｂ４版カラーで休み中も含めて毎週発行でした（合計５２号）

喜怒哀楽

次回 最終号

３Ａの学級通信「喜怒哀楽」は，Ｂ４版カラーで残暑見舞い（１９号）と年賀状（４０号）を除き，常に表裏印刷です。また，第１号で示した計画通りに発行し，休み中も含めて毎週発行しています（次回の最終号で合計５０号）。

【最高の学級ためのひと言】１０人と過ごした３年間の日々も，あと少し。一日一日を大切に過ごし，最高の卒業式を迎えましょう。

３年間クラス替えがなく，担任も持ち上がりだったため，このような紙面を考えました。かなり縮小してあるので，１枚１枚の通信の内容がわかるわけではありません。しかし，３年間のすべての通信を一覧の形で見ることで，中学校３年間の歩みを振り返る機会になりました。

みんな GU　みんな AU

2017年3月13日（月）　函館市立亀田中学校　3年6組　学級通信「亀の湯」　第49号

みんなGU　みんなAU

亀の湯

第49号
函館市立亀田中学校
発行　3年6組学級担任　川端裕介

3年6組学級目標
みんなGU（自由）　みんなAU（英雄）
～37+1の挑戦！～

見事達成　学級目標
一年間の挑戦の結果

卒業を前に、最後の学級目標達成度調査と学級力アンケートを実施しました。その結果から、学級目標は達成できたと考えられます。一年間の努力の成果に、自信をもちましょう。

学級目標達成度調査の結果は、左の通りです。すべての生徒の評価を平均した数値ですが、いずれも九十五%を越えました。この結果から**学級目標「みんなGU（自由）　みんなAU（英雄）～三十七＋一の挑戦！～」を達成できたといえます。**

その要因を、六組の皆さんは次のように分析しました。「目標の達成を目指した取組の質が上がっている」（悠宇さん）ことや「公立入試、卒業が近づくにつれて、さらにクラスの団結力が高まった」（茉惟さん）ことは確かです。一年間を通して様々なことに挑戦した成果が表れました。また、入試の時期にも話し合いを積極的に行ったり、受験勉強と並行してレクや「秘密の親切」を企画したりした成果でもあります。

卒業を間近に控えて感傷的になり、甘い評価をしたわけではありません。航大さんの言う通り「みんなが「自由」なやり方で努力をして、「英雄」になるために絶えず「挑戦」し続けた」から、目標を達成できました。

また、一〇〇%の達成ではないことも、意味があると考えます。平均値なので、そもそも一〇〇%になるのは不自然です。「このクラスは良かったが、一%何か足りなかった。完璧なクラスよりも一%でも欠ける方が良いクラスだと思う」（和希さん）という気持ちでいるのが良いでしょう。

この一年間の経験を生かして、高校の学級などの新たな場所で、新しい目標の達成に向けてがんばりましょう。

「英雄」になった六組の皆さんなら、どんなことにも「自由」に「挑戦」して、素晴らしい結果を出せます。

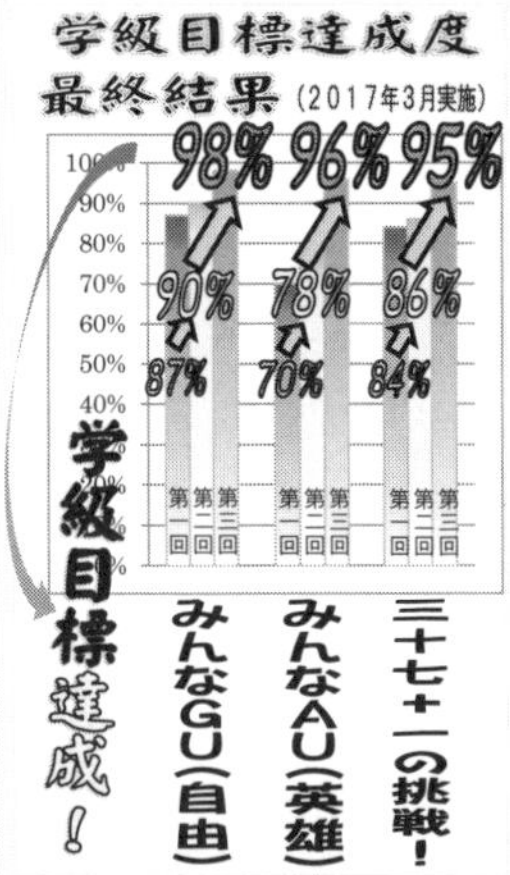

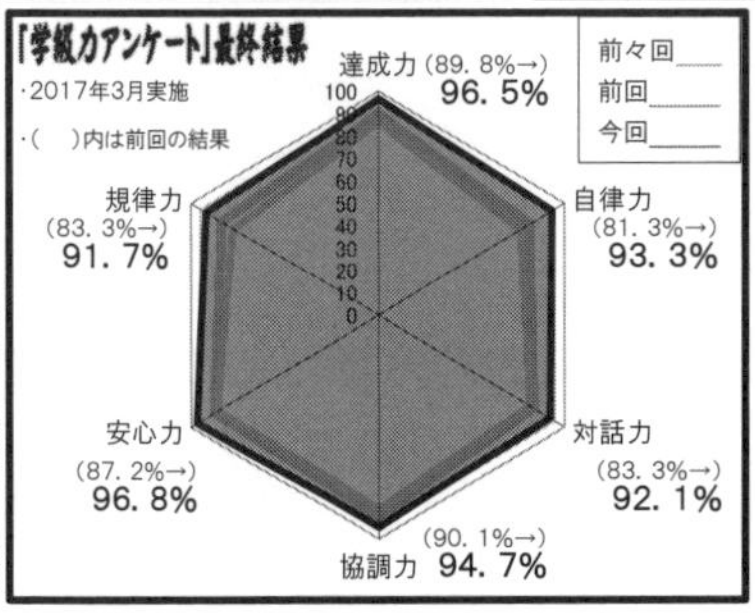

六組の力の証明
主体的な努力の成果

学級力アンケート最終結果

左のレーダーチャートは、最終の「学級力アンケート」の結果です。すべて九十%を超えました。過去二回では比較的低い数値だった「自律力」と「対話力」「規律力」のいずれも、大幅に上昇しています。前回の集計から二か月しか経っていませんが、かなり良い結果になりました。六組の皆さんが主体的に学級のことを考え、仲間と協力しながら様々な取組を行った成果です。

評価の基準は人それぞれなので、数値に一喜一憂すべきではないという考え方もあるでしょう。しかし、このアンケートを考案した早稲田大学の田中博之教授は「数値こそ子どもたちの真実である」とおっしゃっていました。六組の皆さんが学級に満足しているからこそ、高い数値になったと考えられます。

私は「亀の湯」第一号で**「不安を安心に変えたい」「温泉のような学級にしたい」と述べました。アンケートの「安心力」などの高さから考えて、担任としての目標を達成できました。六組の皆さんの、努力のおかげです。**

3．15

先週は嵐のような一週間でした。水曜に公立一般入試が終わり、金曜には3年生を送る会がありました。3年生を送る会では、大輝さんと晴歩さんが後輩の出し物のゲストとして活躍する場面もありました。

卒業文集も今日、完成の予定です。下は遥菜さん作成の表紙です。学級目標を書いてくれたのも、うれしいですね。

卒業式の3月15日は「サイコー」や「サイゴ」と読めます。6組最後の日を、最高の一日にしましょう。

遥菜さんが素敵な表紙絵を描いてくれました。

【格言～未来へ歩む参考に～】●●●●●●●●●●●●●●●●●●●●●●（●●●●）

卒業２日前の学級通信では，生徒対象の２種類のアンケート結果を根拠に，生徒の意見を多く引用しながら，学級目標が達成できたことを伝えました。４月から目標を意識し続け，達成に向けて生徒が主体的に努力した成果が表れています。その達成感を，生徒と共有できました。

3年生　「亀の湯」第49号裏（2017年３月13日発行）

感謝のリレー　バトンは１枚の紙

２０１７年３月１３日（月）　函館市立亀田中学校　３年６組　学級通信「亀の湯」　第４９号

感謝のリレー　バトンは１枚の紙

１０日（金）に、今年度の最後の道徳として、感謝の気持ちをテーマに「私がいっぱいいる」という活動を行いました。下で紹介しているように、仲間一人一人の名前を書くだけという、シンプルな内容です。しかし、活動の様子や感想を見ると、深く感じるものがあったようです。卒業を間近に控え、仲間と過ごした日々を思い返すきっかけにしていました。

今年度は、「亀の湯」第１号の発行計画でも紹介しているように、年間を通して計画的に道徳を実施しました。最初はぎこちなさもありましたが、次第に皆が本音で語り合い、意欲的に活動に参加するようになりました。学び合いの中で、道徳的な価値観や実践力を磨いた一年でした。

道徳「私がいっぱいいる」最後の道徳の感想

六組一人一人の名前を書く紀佳さん。真剣です。

この日の道徳の時間の内容は、一枚の紙に皆で同じ人の名前を書くというだけです。ただし、名前を書く時にその人のことを思い浮かべながら丁寧に書くようにしました。

入試の願書のように一画一画を丁寧に書く人や、枠いっぱいに大きな文字を書く人など、同じ字でも個性が表れていました。つい、漢字間違いをしてしまう人もいましたが、笑って許してあげていたのが印象的でした。私も一緒に参加しましたが、さみしさを感じながらも、幸せに包まれた時間でした。

右の写真は和希さんの書く様子です。このように、一人ずつの名前を一枚の紙に順番に書き足していきました。

そして完成です。家族などの大切な人の分として、空欄も残してあります。

最後の道徳ということもあってか、紹介したいと思う感想がたくさんありました。皆、素敵な文章です。

自分の名前が丁寧に書かれていたのが、とても感動した。うれしかった。他の人の名前も丁寧に書くのが楽しかった。自分が知ったふりをしている人の漢字が違っていてびっくりした。こうしてクラスの人の名前を書くのが最後だと思うと、さみしい。【晴歩さん】

人の名前を書くのは難しいと思ったけれども、親がたくさん考えてつけた名前なので、難しいのは当たり前だと思った。ところで、「まみ」で気が抜けるのか、適当な人が多かった（自分を含め）。【まみさん】

今日の授業で、あらためて仲間の大切さについて知ることができた。卒業式まであとわずかだが、最後の日まで仲間と語り合いたいと思った。【佑樹さん】

いつもより丁寧に書こうと努力した。字ってすごい人それぞれだなと思った。思いが伝わってくるような気がする！楽しかった！！！！【花心さん】

全員の名前を書くのが、なんかさみしかった。改めて「卒業するんだな」ということがわかった。
みんなの特徴や、楽しかったことを思い出していた。字を見るだけで、だいたい誰が書いたかわかるのが不思議だった。【梨々香さん】

最後の道徳。
初めてクラス全員の名前を書いた。一人一人との思い出がよみがえってきた。
３－６ＬＯＶＥ！【萌乃さん】

「藤」が間違っていたり…でも、みんな丁寧に、きれいに書いてくれて、一人一人のクセとか間違い方とかがわかる。いつも「ひっか」って呼ばれるからか、フルネームで書いているのが不自然でたまりません（笑）【陽加里さん】

最終回（第５０号）の予告…卒業（３月１５日（水）発行予定）

卒業の５日前に行った，最後の道徳に関するものです。１枚の紙に１人ずつ，学級の仲間の名前を書くだけという活動ですが，とても温かく感動的な時間でした。その様子が伝わるように，私が文章で飾り立てるようなことは避け，生徒の写真と感想を中心にした紙面にしました。

■2年生　■「ジャンプ」第51号表（2014年3月17日発行）

実例 132 受け継ぐバトン

第５１号　八雲町立熊石第二中学校　２年Ａ組　学級通信「ジャンプ」　２０１４年３月１７日（月）発行

受け継ぐバトン

ジャンプ

第５１号
熊石第二中学校
発行　川端裕介

①受け継ぐバトン
②「より良い生活」を目指して
③どんな「自進」ができた？
④やっぱり最高
⑤保護者の皆様から

２年Ａ組学級目標
自進

送辞を述べる拓海さん。卒業生への感謝の気持ちと跡を継ぐ決意を，堂々と述べました。

次は二Aの番 最高学年の自覚を

感動の卒業式でした。二年生にとっても、式での役割が増え、卒業生との関わりの深さも増したことで、昨年以上に思い出深い卒業式になったのではないでしょうか。

在校生の代表として、生徒会長の拓海さんが送辞を述べました。送辞の中に、次のような文章がありました。

私たちは、みなさんとの生活を通して、明るく、学校を造りあげる力を、しっかりと受け継いでいます。心配しないで私たちにバトンを渡してください。絶対に、さらに良い伝統を創り続けていくことを誓います。

力強い決意の言葉に、頼もしさを感じます。また、卒業生の答辞には、次のような激励の言葉がありました。

春からみなさんは最高学年となり、学校の顔となります。二中のリーダーとして後輩に優しく、そして、威厳を持って接し、引っ張ってあげてください。

これらの言葉を胸に刻み、最高学年としての一歩を踏み出しましょう。

「より良い生活」を目指して

さて、最高学年として、まず意識すべきなのは、どんなことでしょうか。今月の学校だよりの校長先生の文章に、「二年生は実践」「三年生は充実」という言葉がありました。学校生活に「工夫を加えより良い生活を目指す」ことが大切です。

二Aの皆さんにとって、工夫は得意分野です。前例を踏襲するだけではなく、改善できる力があります。十人で協力して、二中をより良くするために努力しましょう。

やっぱり最高

卒業式は、やはり最高です。昨年の学級通信でも述べましたが、卒業式は学校行事の中で、私が一番好きなものです。とくに卒業担任をしていると、感慨もひとしおです。

中学校教師として、ひいき目に見ているかもしれませんが、小学校よりも、高校よりも、中学校の卒業式が感動的であるように感じます。やはり、思春期という激動の時期にあたることや、幼い頃から共に過ごした仲間と別れることが、涙を誘うのではないでしょうか。

今年の卒業式を見ている間、私が考えていたのは、「一年後、二Aのみんなはどんな風にこの日を迎えるのだろうか」ということでした。中学校生活最後の日を、最高の形で迎えてほしいと願っています。

年齢を重ねるほどに、時の流れを早く感じるものです。一年後の卒業式は、あっという間に訪れます。最高学年として、日々の学校生活を充実させ、最高の卒業式を迎えたいものです。

保護者の皆様から～テストの取り組みへのコメント～

期末テストの取り組みに対する、保護者の皆様にコメントを紹介します。ご協力ありがとうございました。二Aの皆さんは、今回結果が良かったことに浮かれず、コメントを励みに努力を続けましょう。

・前回までより、机に向かっている姿がよく見られました。自分でも「やればできる」ということを実感できたのではないかと思います。目指す進路に向けて、点数を上げることを目標にがんばってもらえたらと思っています。
・とても良くできました。がんばったと思います。この調子でずっとがんばってほしいと思います。やればできる！！
・前半はテレビの誘惑に負けて、なかなか集中できなかったみたいです。後半で焦り出したのか、集中して学習に取り組んでいた結果です。3年生になったら、今以上にコツコツ家庭学習に取り組んでがんばるだけですヨ！これからも、数学の学習に力を入れてください。
・今回はがんばったね！毎日勉強しようね！
・「有言実行」まさにこの通りですね。がんばりが結果に出ました。この調子で最後の一年波に乗っていきましょう！よくがんばりました。
・自分の目標に向けた頑張りが実を結び、点数として成果が現れたと思います。期間限定の努力ではなく、日々の継続を大切にしてみてください。
・頭を使え！何事も努力！プラス忍耐！！

どんな「自進」ができた？

卒業式は終わりましたが、修了式までも残り一週間です。二Aの一員として生活する日々も、あとわずかです。そこで、学級目標を振り返りたいと思います。

二Aの学級目標「自進～縁の下の力持ち～」には、先輩として新しいことに挑戦し、後輩として上級生を支えるという意味があります。達成できたことと残った課題について、二十日（木）の学級の時間に考えましょう。

最高学年の立場の重さを自覚しよう

来週の「ジャンプ」予告（３月２４日）…一年間の「自進」　他

２年生に向けて，卒業式の様子を振り返った例です。在校生代表として送辞を述べた生徒の姿をトップ記事に載せ，卒業式の意義に触れました。最高学年になる自覚を促すと共に，１年後には卒業生としてステージに上がるというイメージを明確にさせる効果がありました。

実例

133 達成！「自進」

■2年生 ■「ジャンプ」第52号表（2014年3月24日発行）

最終号（第５２号）　八雲町立熊石第二中学校　２年Ａ組　学級通信「ジャンプ」　２０１４年３月２４日（月）発行

達成！「自進」

ジャンプ

第５２号
熊石第二中学校
発行　川端裕介

①達成！「自進」
②５つの課題
③ごちそうさまでした
④保護者の皆様へ
（送別会準備について）
⑤登校日のお知らせ

２年Ａ組学級目標
自進

個人としての成長 学級としての成長

一年間の努力の結果、学級目標「自進〜縁の下の力持ち〜」を達成できました。「自進」には先輩として新しい挑戦をすること、「縁の下の力持ち」には後輩として上級生を支えるという意味を込めました。

最後の学級会で、学級目標の達成状況について話し合いました。様々な意見が出されましたが、学級目標を達成できたという点では一致していました。

行事での活躍

学級全体としての最大の「自進」は、学校行事への取り組みです。大爆笑で大成功だった文化祭の学年劇を始め、「がんばって楽しくする」という姿勢を徹底できました。大きな成長です。

また、卒業式の装飾や生徒会活動など、様々な仕事でも成長が見られました。最低限の仕事をこなすだけで終わらず、工夫を図る姿勢を貫き、先輩を支えるとともに、後輩の模範となっていました。

個人の成長

学級全体の成長を支えたのが、個人の成長です。個人の振り返りでは、学校行事に加え、普段の係や委員会の仕事を丁寧にできたことを挙げている人が多くいました。

目立たない仕事にも地道に取り組んだ一年間でした。中堅学年として、縁の下の力持ちの役割を果たせました。

「最高の学級」に

一年前、私は「一Ａの担任で良かった」という話をしましたが、この一年間でその思いをさらに強くしました。素晴らしい十人です。

四月からは最高学年です。年齢が最も上の学年・学級というだけではなく、最も素晴らしい学級という意味で、「最高の学級」になることを期待します。

五つの課題

「最高の学級」になるには、まだまだ課題もあります。学級会では、次のような課題が挙げられました。

目上の人に失礼な態度をとる。忘れ物が多い。疲れていると学級全体が暗い。仕事を嫌がることがあった。たまにチャイム席があった。以上の五点です。とくに、失礼な態度は、場に応じた言動や行動ができないことを意味し、問題です。最高学年であれば「できて当然」と思われることなので、三Ａの課題として、必ず克服しましょう。

個人の課題は学習面

個人の課題として最も多く挙げられたのが、勉強です。最後の定期テストで見せたがんばりは見事でした。そのがんばりを続けることが課題です。

四月十一日に、最初の学力テストがあります。もう受験生。春休み中も勉強です。

登校日のお知らせ

四月四日（金）前日登校
十時四十五分までに三年生教室へ登校。十二時下校。
四月七日（月）始業式
十二時に登校。制服に女子はタイツ、男子は長靴下。

最高学年でのさらなる「ジャンプ」に期待します！

一年間、残さずにきちんと食べました。今年度の給食の「完食賞」です。

百八十七回の給食の内、残したのはわずか八回。百七十九回が「完食」でした。

１年間の「完食賞」です。赤い「完食」の文字が並ぶ姿は，圧巻です。

ごちそうさまでした

残さず食べるのは、食事のマナーの基本です。また、一年間でこれほどの数の給食を食べてきたことに、改めて驚きます。調理員さんや栄養士さんに加え、食材を作った人など、給食に関わる人のすべてに、感謝の気持ちを忘れないでほしいと思います。

残さず食べること以外にも、よくかんで食べることや、会話を楽しむこと、きれいな食べ方をすることなど、食事のマナーはたくさんあります。三年生では、それらのマナーも意識してほしいと思います。

保護者の皆様へ

昨年度に引き続き、今年度も様々な面でご協力いただき、誠にありがとうございました。担任として至らない点も多々ありましたが、保護者の皆様と生徒に助けられながら、無事に進級させることができました。四月からはいよいよ最高学年です。生徒十名が、学校の顔としてさらに成長するように、変わらぬご支援をお願いいたします。

送別会準備について

日程が迫ってきたので，再度ご連絡します。

・３月２７日（木）の１７時から準備をします。なお，総会は１８時，送別会は１９時からです。
・場所は館平総合センターです。

来年度の学級通信は…？？？

２年生の修了式に発行した例です。１年間の成長を振り返りながら，学級目標「自進」（新しいことに挑戦するという意味の造語）が達成できたことを示しました。また，学級としての課題にも触れることで，３年生に進級する上で改善すべき点があることにも気付かせました。

実例 134

■3年生　■「喜怒哀楽」第50号表（2015年３月13日発行）

最高の学級

２０１５年３月１３日（金）　八雲町立熊石第二中学校　３年Ａ組　学級通信「喜怒哀楽」　第５０号

最高の学級

喜怒哀楽

発行
八雲町立熊石第二中学校
3年A組担任　川端裕介

３年Ａ組学級目標
最高の学級
［全力疾走］
～二中を支える柱となれ～

最高の卒業

三月十三日。三Aの皆さんは、最高の学級の一員として、熊石第二中学校を卒業します。

この一年間で、最高学年にふさわしい姿を後輩、保護者や地域の方々、そして先生方に見せることができました。三Aの皆さんは、とくに発表する場においてすばらしい力を発揮しました。総合的な学習の発表、三年生を送る会、相沼奴、運動会、文化祭の器楽と舞踊、そして学年劇。いずれも、見る人を感心させ、感動させる発表でした。それができたのは、高い団結力があるからです。お互いの個性を尊重しながらも、いざという場面では一致団結する、すばらしい学級に成長しました。

また、さまざまな課題も克服しました。まず、学習面で大きく成長しました。入試に向けて、お互いに刺激しつつ、学習時間の増加と学力の向上に成功しました。あとは、良い知らせを待つだけです。

入学時から学級の課題だった、思いやりも身につきました。受験を乗り切ることができたのも、互いの気遣いがあったからです。教室で十人全員が笑い合う姿は、とてもほほえましいものでした。私も、十人からたくさんのものをもらいました。担任としての失敗は数え切れないほどありますが、それでも皆さんは最後まで信じて付いてきてくれました。私自身が「教室にいたくて仕方がない」と感じた三年間でした。この学級が、大好きです。

翔さんの答辞に、「川端先生は、いつまでも僕達の担任の先生です。」という一節がありました。私にとっても、皆さんはいつまでも教え子です。そして、最高の教え子たちです。

拓海、慧、翔、悠馬、風香、紫帆、知恵美、涼凪、あまね、ななみ、卒業おめでとう。皆は、最高の十人です。そして、三Aは間違いなく、最高の学級です。

高校でも全力疾走
世界と地域を支える柱に

四月からの高校生活は、皆さんにとって初めてのことばかりです。四十人がひしめき合う教室。高度な内容の授業。中学校以上に厳しい練習の部活動。どれをとっても、中学校以上の高い壁です。

しかし、三Aの皆さんなら、大丈夫です。壁を乗り越える力を、十分に身につけました。自信をもちましょう。

高校でも全力疾走です。そして、熊石や日本、そして世界を支えるような人になってほしいと思います。

保護者の皆様へ

三年前にお預かりした生徒たちは、心身ともに大きく成長しました。三Aの十名は、本校の校訓である「明るく　賢く　逞しく」を体現しています。それもひとえに、保護者の皆様のおかげです。担任として至らない点が多々あったにもかかわらず、温かいご支援と多大なご協力をいただいたことに、心よりお礼申し上げます。

義務教育を終え、生徒は自由とともに大きな責任を負います。その中で、さらなる成長と活躍を期待します。ご卒業おめでとうございます。

３Ａ　好きだー！

３年生を送る会での先生方の出し物は，劇「二中グランドフィナーレ」でした。シリアスな劇ではありませんでしたが，台本に私が込めた思いは，真剣そのものでした。

その思いとは，熊石を，二中を，そして３Ａの皆さんを愛する気持ちです。二中の伝統を受け継ぎながら，それをさらに磨いたのは，まぎれもなく３Ａの１０名です。たとえ二中がなくなっても，この財産と思い出は失われません。私は，３Ａの皆さんが築き上げた今の二中を，誇りに思います。だから，劇の最後はこのセリフにしました。

「二中が，好きだー！」

共に過ごした３年間の思い出は，ずっと心に残ります。

これが３年間の最終号です。ご愛読ありがとうございました。

実例136・137もそうですが，私は卒業式後の最後の学活で，学級通信の最終号を配って読み上げることにしています。推敲を重ね，担任としての思いのすべてを込めました。「最高の学級」という目標に恥じない学級だったという思いを，生徒とも保護者とも共有できました。

実例 135

■３年生　■「喜怒哀楽」第50号裏（2015年３月13日発行）

素敵な笑顔　最高の10人

２０１５年3月１３日（金）　八雲町立熊石第二中学校　３年Ａ組　学級通信「喜怒哀楽」　第５０号

素敵な笑顔　最高の１０人

三年間を共に過ごした十名の仲間との別れの時です。共に「喜」び、時には「怒」り、涙を流して「哀」しみ、そして何より共に「楽」しく過ごした三年間は、何ものにも代えがたい宝物です。上のイラストは、卒業文集の表紙です。涼凪さんが一生懸命に描いてくれました。楽しい学級の雰囲気が伝わる、最高の作品です。

今後の人生の中で、もしつらくなった時は、この写真のように仲間と自分の笑顔を思い出してください。文集やアルバム、もし残っていれば学級通信を読み返してみてください。きっと笑顔になり、きっと元気が出てきます。最高の学級をつくりあげたことに自信と誇りをもち、夢の実現へ向けて、一歩一歩進んでいきましょう。

ありがとう。そしてさようなら。

【最高の学級ためのひと言】卒業おめでとう。そしてありがとう。最高の３年間でした。

３年間，担任も生徒の顔ぶれも変わることなく同じ時間を過ごしたので，格別の思い入れがありました。最後の通信の裏面には，３年間で撮りためた数千枚の写真の中から，個性が表れた，とっておきの写真を選びました。生徒の記憶にずっと残るような紙面を目指しました。

6組で良かった

2017年3月15日（水）　函館市立亀田中学校　3年6組　学級通信「亀の湯」　第50号（最終号）

亀の湯

第50号

函館市立亀田中学校

発行　3年6組学級担任　川端裕介

3年6組学級目標
みんなGU（自由）　みんなAU（英雄）
～37+1の挑戦！～

温かく熱い　最高の学級　仲間と共に未来へ進もう

六組の皆さん、卒業おめでとうございます。皆さんは、この一年間努力を重ね、すばらしい集団へと成長しました。六組での経験を人生の宝物にして、未来へ向かって力強く歩き出しましょう。

昨年の四月七日、六組の皆さんとの出会いの翌日に、私は目指す学級の姿を次のように話しました。**「目指すのは、教室にいるとほっとするような学級。まるで温泉に入っている時のように、リラックスして自分を出せる場所にしたい」**と。その目標は、達成できました。六組の皆さんの努力のおかげです。

進級当初は、おとなしくて「前のクラスが良かった」という声さえありました。しかし、修学旅行で打ち解け、体育大会では、運動が苦手な人も一生懸命に挑戦し、正々堂々と戦いました。

そして、美原祭です。グランプリにはあと一歩届きませんでしたが、もっと大切なものを手に入れました。あの時の一体感は、忘れられません。

これらの学校行事以上に、教室で語り合い、助け合い、笑い合った日々こそ、大切な宝物です。学級目標を意識しながら生活し、「自由」な雰囲気の中、皆で協力して「挑戦」し、「英雄」といえる活躍をしました。一人一人が学級の主人公として輝いていました。

こうした経験が、皆さんに自信を与え、絆を深め、学級への想いを育みました。上の、最後の集合写真からも、皆さんの満足感が十分に伝わります。「六組で良かった」と何人もが口にしていましたが、そう思えるだけの経験をしてきました。

私も六組の温かい雰囲気に癒され、熱く努力する姿に感動した一年間でした。担任として、もっと様々なことをしてあげたいと思わせる皆さんでした。教師失格かもしれませんが、初めて「卒業してほしくない」ということさえ感じました。

断言します。**六組で良かった。一人一人がかけがえのない存在でした。私も、六組が大好きです。担任ができて、幸せでした。**

名残惜しいですが、旅立つ時です。高めた力を、新たな場で発揮してください。もし辛いことがあったら、六組での日々を思い出してください。きっと、元気になるはずです。

さあ、仲間と共に、未来へ歩み出しましょう。六組の皆さんなら、大丈夫です。幸せな人生を送ってください。

茉惟さん作成の卒業まで「0日」のカレンダー。最後を飾るにふさわしい作品です。

新たな自由の中で成長を

保護者の皆様、一年間、温かいご支援と多大なご協力をいただき、誠にありがとうございました。とくに、学級懇談会や茶話会等へのご参加の他、学級通信への意見の掲載にもご協力いただき、重ねて感謝申し上げます。生徒たちが個人としても集団としてもここまで成長できたのは、保護者の皆様と連携を密にしながら、生徒一人一人のことを考えて、学級づくりができたおかげです。

義務教育が終わり、生徒は自由と共に大きな責任を負います。六組の生徒たちは、その責任の中で、さらなる成長を果たすと信じています。どうぞ温かい目で見守っていただければと思います。ご卒業おめでとうございます。

黒板の卒業のメッセージ。感動的です。

【格言～未来へ歩む参考に～】 [redacted]（[redacted]）

卒業式の後に生徒と保護者が教室に集まる中で，この最終号を読み上げました。生徒に向けて，担任としての幸せな気持ちと感謝の思い，そして今後の活躍への願いを率直に書きました。見出しにも文章にも，ひねりはありません。しかし，これ以上の通信を，私は書けません。

■3年生　■「亀の湯」第50号裏（2017年3月15日発行）

実例 137　最高の笑顔をありがとう

2017年3月15日（水）　函館市立亀田中学校　3年6組　学級通信「亀の湯」　第50号（最終号）

最高の笑顔をありがとう

この一年間、個性あふれる36人の「英雄」たちが、お互いを高め合い、学級へ様々な力を与えてくれました。6組の教室で見せてきた、下のような素敵な笑顔を忘れずに、新たな舞台で活躍することを願っています。私にとっても、皆さんと過ごした一年間は、最高の宝物です。

「亀の湯」は本日で店じまいです。6組の皆さんの活躍と保護者の皆様のご協力のおかげで、第1号でお知らせした予定通りに1年間を通して発行できました。ありがとうございました。

36名の卒業生一人一人の笑顔の写真を載せ，学級に与えてくれた力を書き添えました。かなり前から紙面の構想を温め，何日もかけて写真を選び，言葉を考えました。生徒へ向けた卒業プレゼントのつもりで作りましたが，この通信は私にとっての宝物にもなりました。

あとがき

学級の主役は，もちろん生徒たちです。それと同様に，学級通信の主役も生徒たちです。その主役たちが輝く姿を，私は通信で精一杯伝えてきました。生徒の輝きを，今度は本として世に広められることを，担任を務めてきた身として，とてもうれしく思います。

私が学級通信に力を入れるようになったのは，小規模校に転勤し，時間と心に余裕ができた時でした。教師としての資質を磨く手段として，注目したのが学級通信でした。学級通信を選んだのは，他の学級経営に関する内容や教科指導，生徒指導，部活動指導などに比べると，研究と工夫の余地が多く残されていると感じたからです。昔の自分も含め，専門的な知識や理論的な裏付けがない中で，なんとなく通信を書いてしまっている先生が意外と多いのではないでしょうか。学級通信のもつ魅力や教育的な効果に気付かないのは，もったいないことです。本書で紹介した実践をたたき台として，通信づくりの研究が進展することを願っています。

私の場合は，学級通信に関する先行実践を探す中で，公益財団法人理想教育財団の主催する通信のコンクールに出会ったことが，学級通信づくりの転機となりました。より良い通信づくりの理論を磨き，実践を重ねながら，５度目の応募で最優秀賞をいただくことができました。この賞がなければ，本書が世に出ることはなかったと思います。理想教育財団の斎藤靖美専務理事をはじめ，関係の皆様にお礼申し上げます。

また，本書の出版に際して，写真や作品の掲載を快諾してくれた，八雲町立熊石第二中学校と函館市立亀田中学校で担任をしてきた生徒たちと保護者の皆様に，あらためて感謝します。通信の主役が生徒の皆さんであったように，本書の主役も生徒の皆さんです。

最後になりましたが，本書の刊行をご提案いただき，細やかな心遣いで編集の労を執ってくださった明治図書出版の大江文武さんに心より感謝申し上げます。私が通信づくりで学んだことを他の先生方に広めたいと考えながら，具体的な方法が思い浮かばず悩んでいた時に，出版のお話をいただきました。まさに渡りに船のご提案でした。

学級通信には，不思議な力があります。生徒の思い，保護者の思い，そして担任の思いを通信という１枚の紙に表現するだけで，大きな力が生まれます。生徒たちは目指すべき方向を理解し，前へ進み出すことができます。また，保護者に向けて学級が開かれます。そして，教師と生徒と保護者が思いを１つにしながら，学級づくりを進めることができるようになります。

思いを込めた通信は，読む人の心に響き，感動をもたらします。熱意をもって工夫を続ければ，生徒たちが目を輝かせながら通信を読む姿に，きっと出会えるようになるはずです。そして，通信を書く教師も，生徒や学級のことがもっと好きになります。本書をきっかけとして，学級通信の不思議な力を体験する方が１人でも増えれば，心からうれしく思います。

2018年２月

川端　裕介

【著者紹介】

川端　裕介（かわばた　ゆうすけ）

現在，北海道函館市立亀田中学校に勤務。
1981年札幌市生まれ。北海道教育大学札幌校大学院教育学研究科修了（教育学修士）。
学級通信に関わり，理想教育財団主催の「プリントコミュニケーションひろば」において，第11回に学級通信部門優秀賞，第12回に学級通信部門優良賞，第13回に最優秀賞・理想教育財団賞を受賞。小学館主催の第49回「わたしの教育記録」にて入選。また，社会科教育では平成24年度法教育懸賞論文にて公益社団法人商事法務研究会賞，第64回読売教育賞にて社会科教育部門最優秀賞を受賞。平成29年度からＮＩＥアドバイザーを務める。

学級経営サポートBOOKS
豊富な実例ですべてがわかる！
中学校クラスが輝く365日の学級通信

2018年３月初版第１刷刊 ©著　者　川　端　裕　介
2018年11月初版第３刷刊　発行者　藤　原　光　政
発行所　明治図書出版株式会社
http://www.meijitosho.co.jp
（企画・校正）大江文武
〒114-0023　東京都北区滝野川7-46-1
振替00160-5-151318　電話03(5907)6702
ご注文窓口　電話03(5907)6668

＊検印省略　組版所　中　央　美　版

Printed in Japan　ISBN978-4-18-156514-5

もれなくクーポンがもらえる！読者アンケートはこちらから →

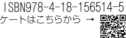